中华人民共和国行业标准

公路桥涵地基与基础设计规范

Code for Design of Ground Base and Foundation of Highway Bridges and Culverts

JTG D63—2007

主编单位：中交公路规划设计院有限公司
批准部门：中华人民共和国交通部
实施日期：2007年12月01日

人民交通出版社

图书在版编目（CIP）数据

公路桥涵地基与基础设计规范.JTG D63—2007/中交公路规划设计院有限公司主编. --北京:人民交通出版社，2007.11

ISBN 978-7-114-06892-8

I.公... II.中... III.公路桥-桥涵工程-地基-设计规范-中国 IV.U448.143.1-65

中国版本图书馆 CIP 数据核字(2007)第 165729 号

中华人民共和国行业标准

公路桥涵地基与基础设计规范

JTG D63—2007

中交公路规划设计院有限公司　主编

人民交通出版社出版发行

（100011　北京市朝阳区安定门外外馆斜街 3 号）

各地新华书店经销

北京市密东印刷有限公司印刷

开本：880×1230　1/16　印张：12　字数：264 千

2007 年 11 月　第 1 版

2019 年 9 月　第 19 次印刷

定价：48.00 元

ISBN 978-7-114-06892-8

中华人民共和国交通部公告

2007 年第 32 号

关于公布《公路桥涵地基与基础设计规范》(JTG D63—2007)的公告

现公布《公路桥涵地基与基础设计规范》(JTG D63—2007),自 2007 年 12 月 1 日起施行,原《公路桥涵地基与基础设计规范》(JTJ 024—85)同时废止。

《公路桥涵地基与基础设计规范》(JTG D63—2007)中,第 4.1.1-2、4.1.1-5、4.1.1-6、4.4.3、5.2.2-1、7.1.2、7.2.1、7.2.4 条为强制性条文,必须严格执行。

该规范的管理权和解释权归交通部。日常解释和管理工作由主编单位中交公路规划设计院有限公司负责。请各有关单位在实践中注意总结经验,若有修改意见,请函告中交公路规划设计院有限公司(北京市东城区东四前炒面胡同 33 号,邮编:100010,联系电话:010-65237331),以便修订时研用。

特此公告。

中华人民共和国交通部

二〇〇七年九月二十九日

主题词:公路　规范　公告

交通部办公厅　　2007 年 10 月 8 日印发

前　言

根据交通部“关于下达2005年度公路行业标准制修订项目计划的通知”(交公路发【2005】354号),由中交公路规划设计院有限公司组织对《公路桥涵地基与基础设计规范》(JTJ 024—85)进行修订。

在修订过程中,编写组开展了各项专题研究和调查工作,吸取了国内有关科研、院校、设计、检测等单位的研究成果和实际工程经验;参考、借鉴了国外先进的标准规范。通过发函和召开征求意见会等多种方式征求了有关单位和人员的意见,经反复讨论、修改,最后由交通部审查定稿。

修订后的规范共有7章18个附录。修订的主要内容包括:

1.按《公路工程结构可靠度设计统一标准》(GB/T 50283—1999)的规定,引入了极限状态设计原则,使得本规范与公路桥梁系列设计规范体系协调。

2.按《工程结构设计基本术语和通用符号》(GBJ 132—90)的规定,修改了符号并列出了主要名词术语。

3.参照现行有关标准、规范的要求,结合公路工程实际,修改了地基土的分类及工程特性的有关规定。

4.补充、修改了公路桥涵浅基础设计的有关规定,按照最新的科研成果修订了冻土地区基础设计的有关规定。

5.完善、修订了桩基础设计的有关规定,补充了后压浆设计等成熟的先进技术。

6.完善了沉井计算的有关规定。

7.新增了地下连续墙设计的内容。

各单位在使用过程中,若发现问题或提出意见、建议,请及时与主编单位联系(地址:北京东四前炒面胡同33号,邮编:100010,电话:010-65237331, E-mail: ssso@hpdi.com.cn),以便修订时研用。

主 编 单 位:中交公路规划设计院有限公司

参 编 单 位:湖南大学　东南大学

主要起草人:张喜刚　鲍卫刚　赵君黎　李扬海　袁伦一　郑绍珪　赵明华　龚维明　刘明虎　陈晓东　徐　麟　刘晓娣　戴国亮　穆保岗　刘晓明　刘建华　张　玲　罗　宏　邬龙刚　刘峻龙

目　次

1　总则

1.0.1　为了适应公路桥涵地基基础设计的需要,使设计符合技术先进、安全可靠、适用耐久、经济合理、保护环境的要求,制定本规范。

1.0.2　本规范适用于公路桥涵地基基础的设计。其他道路桥涵的地基基础设计也可参照使用。

1.0.3　地基基础设计,必须坚持因地制宜、就地取材、节约资源的原则。

基础的类型应根据水文、地质、地形、荷载、材料情况、上下部结构形式和施工条件合理地选用。

1.0.4　桥址处应进行工程地质勘察,提供的勘察资料应能正确反映地形、地貌、地层结构、影响桥涵稳定的不良地质、岩土的物理力学性质及地下水埋藏等详细情况。

1.0.5　基础结构设计的作用及其效应组合,应按下列规定采用:

1　按承载能力极限状态要求,结构构件自身承载力及稳定性应采用作用效应基本组合和偶然组合进行验算。

1)基本组合:

承载力验算时作用效应组合表达式、结构重要性系数、各效应的分项系数及效应组合系数按《公路桥涵设计通用规范》(JTG D60—2004)第4.1.6条第1款规定执行;稳定性验算时,上述各项系数均取为1.0。

2)偶然组合(不包括地震作用):

作用效应组合可采用下式:

$$\gamma_0 S_{ad} = \gamma_0\left(\sum_{i=1}^{m}\gamma_{Gi}S_{Gik} + \gamma_a S_{ak} + \Psi_{11}S_{Q1k} + \sum_{i=2}^{n}\Psi_{2j}S_{Qjk}\right) \qquad (1.0.5)$$

式中:γ_0——结构重要性系数,取$\gamma_0 = 1.0$;

S_{ad}——承载能力极限状态下作用偶然组合的效应组合值;

S_{Gik}——第i个永久作用标准值效应;

S_{ak}——偶然作用标准值效应;

S_{Q1k}——除偶然作用外,第一个可变作用标准值效应;该标准值效应大于其他任意第j个可变作用标准值效应;

S_{Qjk}——其他第 j 个可变作用标准值效应；

Ψ_{11}——第一个可变作用的频遇值系数，按《公路桥涵设计通用规范》(JTG D60—2004)第 4.1.7 条第 1 款的规定取用；稳定验算时取 $\Psi_{11}=1.0$；

Ψ_{2j}——其他第 j 个可变作用的准永久值系数，按《公路桥涵设计通用规范》(JTG D60—2004)第 4.1.7 条第 2 款的规定采用；稳定验算时取 $\Psi_{2j}=1.0$；

γ_{Gi}、γ_a——上面表达式中相应作用效应的分项系数，均取值为 1.0。

2 当基础结构需要进行正常使用极限状态设计时，作用短期效应组合和长期效应组合表达式、频遇值系数及准永久值系数，均应按《公路桥涵设计通用规范》(JTG D60—2004)第 4.1.7 条确定。

1.0.6 基础结构的稳定性可按下式进行验算：

$$k \leq \frac{S_{bk}}{\gamma_0 S_{sk}} \tag{1.0.6}$$

式中：γ_0——结构重要性系数，取 $\gamma_0=1.0$；

S_{sk}——使基础结构失稳的作用标准值效应的组合值，按基本组合和偶然组合最大组合值计算；

S_{bk}——使基础结构稳定的作用标准值效应的组合值，按基本组合和偶然组合最小组合值计算；

k——基础结构稳定性系数。

1.0.7 基础结构应进行耐久性设计。

1.0.8 地基进行竖向承载力验算时，传至基底或承台底面的作用效应应按正常使用极限状态的短期效应组合采用；同时尚应考虑作用效应的偶然组合（不包括地震作用）。

作用效应组合值应小于或等于相应的抗力——地基承载力容许值或单桩承载力容许值。

1 当采用作用短期效应组合时，其中可变作用的频遇值系数均取为 1.0，且汽车荷载应计入冲击系数。

填料厚度（包括路面厚度）等于或大于 0.5m 的拱桥、涵洞，以及重力式墩台，其地基计算可不计汽车冲击系数。

2 当采用作用效应的偶然组合时，其组合表达式按本规范第 1.0.5 条采用，但不考虑结构重要性系数，式(1.0.5)中的作用分项系数 γ_{Gi} 和 γ_a、频遇值系数 Ψ_{11} 和准永久值系数 Ψ_{2j} 均取为 1.0。

1.0.9 计算基础沉降时，传至基础底面的作用效应应按正常使用极限状态下作用长期效应组合采用。

该组合仅为直接施加于结构上的永久作用标准值（不包括混凝土收缩及徐变作用、基础变位作用)和可变作用准永久值(仅指汽车荷载和人群荷载)引起的效应。

1.0.10　作用取值及其效应组合、有关系数的取用,除有特别指明外应按现行《公路桥涵设计通用规范》(JTG D60)的规定执行;基础结构计算应按现行《公路圬工桥涵设计规范》(JTG D61)和《公路钢筋混凝土及预应力混凝土桥涵设计规范》(JTG D62)的规定执行;地基基础的抗震设计尚应符合现行《公路工程抗震设计规范》的规定。

1.0.11　公路桥涵地基与基础设计时,除应符合本规范外,尚应符合现行有关国家标准的规定。

2 术语、符号

2.1 术语

2.1.1 地基 subgrade; foundation soil

承受结构作用的土体、岩体。

2.1.2 基础 foundation

将结构所承受的各种作用传递到地基上的结构组成部分。

2.1.3 安全等级 safety classes

为使结构具有合理的安全性，根据工程结构破坏所产生后果的严重程度而划分的设计等级。

2.1.4 作用短期效应组合 combination for short-term action effects

正常使用极限状态设计时，永久作用标准值与可变作用频遇值效应的组合。其中可变作用频遇值为可变作用标准值与频遇值系数的乘积。

2.1.5 作用长期效应组合 combination for long-term action effects

正常使用极限状态设计时，永久作用标准值与可变作用准永久值效应的组合。其中可变作用准永久值为可变作用标准值与准永久值系数的乘积。

2.1.6 承载力容许值 allowable value of bearing capacity

地基压力变形曲线上，在线性变形段内某一变形所对应的压力值。

2.1.7 节理 joint

岩体破裂面两侧岩层无明显位移的裂缝或裂隙。

2.1.8 持力层 bearing stratum

直接承受基础作用的地层。

2.1.9 下卧层 underlying stratum

位于持力层以下，处于被压缩或可能被剪损的一定深度内的土层。

2.1.10 重力密度（简称重度）gravity density

单位体积岩土所承受的重力，为岩土的密度与重力加速度的乘积。

2.1.11 季节性冻土 seasonal frozen soil

冬季冻结、春（夏）季全部融化的土层。

2.1.12 多年冻土 permafrost

冻结状态持续两年以上的土层。

2.1.13 桩基础 pile foundation

由桩以及连接桩顶的承台或系梁所组成的基础。

2.1.14 负摩阻力 negative friction

桩身周围土由于自重固结、自重湿陷、地面附加荷载等原因而产生大于桩身的沉降时，土对桩侧表面所产生的向下摩阻力。

2.1.15 基桩 foundation pile

桩基础中的单桩。

2.1.16 群桩基础 foundation of pile-group

由两根及以上基桩组成的桩基础。

2.1.17 沉井基础 open caisson foundation

上下敞口带刃脚的空心井筒状结构，依靠自重或配以助沉措施下沉至设计标高处，以井筒作为结构的基础。

2.1.18 地基处理 ground treatment

为提高地基土的承载力、改善其变形性质或渗透性质而采用的工程措施。

2.1.19 切向冻胀力 tangential frost-heave

地基土在冻结膨胀时所产生的作用方向平行于基础侧面的力。

2.1.20 地下连续墙 underground diaphragm wall

在地面以下为截水防渗、挡土和承受作用而建造的连续墙壁。

2.2 主要符号

2.2.1 地基抗力及应力有关符号

$[f_{a0}]$——地基承载力基本容许值；

$[f_a]$——修正后的地基承载力容许值；

f_{rk}——岩石饱和单轴抗压强度标准值；

p——基础底面处平均压应力；

p_{max}、p_{min}——基础底面边缘的最大压应力和最小压应力；

p_0——基础底面处附加压应力；

γ_R——地基承载力容许值抗力系数；

C_u——地基土不排水抗剪强度；

$[R_a]$——单桩竖向承载力容许值；

q_{ik}——第 i 层土桩侧摩阻力标准值；

q_{rk}——桩端处土的承载力标准值；

$[R_t]$——摩擦桩单桩轴向受拉承载力容许值；

τ_{sk}——季节性冻土切向冻胀力标准值；

q_{sk}——基础侧面与融化层的摩阻力标准值；

q_{pk}——多年冻土与基础侧面的冻结力标准值；

Q_S——基础周边融化层的摩阻力；

Q_p——基础周边与多年冻土的冻结力。

2.2.2 作用及其效应有关符号

N——作用于地基上的竖向力；

M——由作用于墩台的水平力和竖向力引起的对基础重心轴的弯矩；

P_i——作用于墩台或基础的分项竖向力；

H_i——作用于墩台或基础的分项水平力；

F_k——作用于基础上或桩(柱)顶上的结构自重标准值；

G_k——基础或桩(柱)自重标准值及基础上土重标准值；

T——对基础或桩(柱)的切向冻胀力；

s——地基最终沉降量。

2.2.3 几何尺寸有关符号

b——基础底面短边边长；

l——基础底面长边边长、桩在局部冲刷线以下的有效长度、桥梁跨径；

h——基础底面或桩端埋置深度、桩嵌入基岩深度；

d_{min}——基底最小埋置深度；

z_d——设计冻深；

z_0——标准冻深；

h_{max}——基础底面下容许最大冻层厚度；

A——基础底面积；

I——基础底面积惯性矩；

W——基础底面积抵抗矩；

e_0——基础底面竖向力的偏心距；

d——桩身直径；

A_p——桩端截面面积；

l_i——承台底面或局部冲刷线以下各土层厚度；

u——桩身的周长、嵌岩桩嵌入部分周长、沉井井壁周边长度。

2.2.4 参数和系数有关符号

I_P——塑性指数；

I_L——液性指数；

w——天然含水量；

e——天然孔隙比；

k_1、k_2——计算修正后地基承载力容许值$[f_a]$时，基础底面宽度、深度修正系数；

γ——地基土的重力密度，简称土的重度；

ψ_{zs}——土的类别对冻深的影响系数；

ψ_{zw}——土的冻胀性对冻深的影响系数；

ψ_{ze}——环境对冻深的影响系数；

ψ_{zg}——地形坡向对冻深的影响系数；

ψ_{zf}——基础对冻深的影响系数；

ψ_s——沉降计算经验系数；

α、$\bar{\alpha}$——附加压应力系数、平均附加压应力系数；

E_s——土的压缩模量；

μ——土与基底的摩擦系数；

K——墙侧土的水平地基反力系数；

k_0——墩台基础抗倾覆稳定性系数；

k_c——墩台基础抗滑动稳定性系数；

k——冻胀力修正系数；

α_i、α_p——振动沉桩时桩侧摩阻力和桩端承载力的影响系数；

ζ_s——在覆盖层中各层土桩侧摩阻力的发挥系数；

β_p、β_{si}——采用后压浆技术的灌注桩各层桩侧摩阻力和桩端承载力的增强系数；

φ——内摩擦角；

c——黏聚力。

3 地基岩土分类、工程特性与地基承载力

3.1 地基岩土分类

3.1.1 公路桥涵地基的岩土可分为岩石、碎石土、砂土、粉土、黏性土和特殊性岩土。

3.1.2 岩石为颗粒间连接牢固、呈整体或具有节理裂隙的地质体。作为公路桥涵地基,除应确定岩石的地质名称外,尚应按本规范第3.1.3条、第3.1.4条、第3.1.5条和第3.1.6条规定划分其坚硬程度、完整程度、节理发育程度、软化程度和特殊性岩石。

3.1.3 岩石的坚硬程度应根据岩块的饱和单轴抗压强度标准值 f_{rk} 按表3.1.3分为坚硬岩、较硬岩、较软岩、软岩和极软岩5个等级。当缺乏有关试验数据或不能进行该项试验时,可按本规范附录表A.0.1-1定性分级。岩石的风化程度可按本规范附录表A.0.1-2分为未风化、微风化、中风化、强风化、全风化5个等级。

表3.1.3 岩石坚硬程度分级

坚硬程度类别	坚硬岩	较硬岩	较软岩	软 岩	极软岩
饱和单轴抗压强度标准值 f_{rk}(MPa)	$f_{rk}>60$	$60\geqslant f_{rk}>30$	$30\geqslant f_{rk}>15$	$15\geqslant f_{rk}>5$	$f_{rk}\leqslant 5$

注:岩石饱和单轴抗压强度试验要点,见本规范附录B。

3.1.4 岩体完整程度根据完整性指数按表3.1.4分为完整、较完整、较破碎、破碎和极破碎5个等级。当缺乏有关试验数据时,可按本规范附录表A.0.1-3划分。

表3.1.4 岩体完整程度划分

完整程度等级	完 整	较完整	较破碎	破 碎	极破碎
完整性指数	>0.75	0.75~0.55	0.55~0.35	0.35~0.15	<0.15

注:完整性指数为岩体纵波波速与岩块纵波波速之比的平方。

3.1.5 岩体节理发育程度根据节理间距按表3.1.5分为节理很发育、节理发育、节理不发育3类。

表3.1.5 岩体节理发育程度的分类

程 度	节理不发育	节理发育	节理很发育
节理间距(mm)	>400	200~400	20~200

3.1.6 岩石按软化系数可分为软化岩石和不软化岩石,当软化系数等于或小于 0.75 时,应定为软化岩石,大于 0.75 时,定为不软化岩石。

当岩石具有特殊成分、特殊结构或特殊性质时,应定为特殊性岩石,如易溶性岩石、膨胀性岩石、崩解性岩石、盐渍化岩石等。

3.1.7 碎石为粒径大于 2mm 的颗粒含量超过总质量 50%的土。碎石土可按表3.1.7 分为漂石、块石、卵石、碎石、圆砾和角砾 6 类。

表 3.1.7 碎石土的分类

土的名称	颗粒形状	粒组含量
漂石	圆形及亚圆形为主	粒径大于 200mm 的颗粒含量超过总质量 50%
块石	棱角形为主	
卵石	圆形及亚圆形为主	粒径大于 20mm 的颗粒含量超过总质量 50%
碎石	棱角形为主	
圆砾	圆形及亚圆形为主	粒径大于 2mm 的颗粒含量超过总质量 50%
角砾	棱角形为主	

注:碎石土分类时应根据粒组含量从大到小以最先符合者确定。

3.1.8 碎石土的密实度,可根据重型动力触探锤击数 $N_{63.5}$ 按表 3.1.8 分为松散、稍密、中密、密实 4 级。当缺乏有关试验数据时,碎石土平均粒径大于 50mm 或最大粒径大于 100mm 时,按本规范附录表 A.0.2 鉴别其密实度。

表 3.1.8 碎石土的密实度

锤击数 $N_{63.5}$	密实度	锤击数 $N_{63.5}$	密实度
$N_{63.5} \leqslant 5$	松散	$10 < N_{63.5} \leqslant 20$	中密
$5 < N_{63.5} \leqslant 10$	稍密	$N_{63.5} > 20$	密实

注:1.本表适用于平均粒径小于或等于 50mm 且最大粒径不超过 100mm 的卵石、碎石、圆砾、角砾。
2.表内 $N_{63.5}$ 为经修正后锤击数的平均值,锤击数的修正按本规范附录 C 进行。

3.1.9 砂土为粒径大于 2mm 的颗粒含量不超过总质量 50%、粒径大于 0.075mm 的颗粒超过总质量 50%的土。砂土可按表 3.1.9 分为砾砂、粗砂、中砂、细砂和粉砂 5 类。

表 3.1.9 砂土分类

土的名称	粒组含量
砾砂	粒径大于 2mm 的颗粒含量占总质量 25% ~ 50%
粗砂	粒径大于 0.5mm 的颗粒含量超过总质量 50%
中砂	粒径大于 0.25mm 的颗粒含量超过总质量 50%
细砂	粒径大于 0.075mm 的颗粒含量超过总质量 85%
粉砂	粒径大于 0.075mm 的颗粒含量超过总质量 50%

3.1.10 砂土的密实度可根据标准贯入锤击数按表3.1.10分为松散、稍密、中密、密实4级。

表3.1.10 砂土的密实度

标准贯入锤击数 N	密实度	标准贯入锤击数 N	密实度
$N \leqslant 10$	松散	$15 < N \leqslant 30$	中密
$10 < N \leqslant 15$	稍密	$N > 30$	密实

3.1.11 粉土为塑性指数 $I_P \leqslant 10$ 且粒径大于0.075mm的颗粒含量不超过总质量50%的土。

3.1.12 粉土的密实度应根据孔隙比 e 划分为密实、中密和稍密;其湿度应根据天然含水量 w(%)划分为稍湿、湿、很湿。密实度和湿度的划分应分别符合表3.1.12-1和表3.1.12-2的规定。

表3.1.12-1 粉土密实度分类

孔隙比 e	密实度
$e < 0.75$	密实
$0.75 \leqslant e \leqslant 0.90$	中密
$e > 0.9$	稍密

表3.1.12-2 粉土湿度分类

天然含水量 w(%)	湿度
$w < 20$	稍湿
$20 \leqslant w \leqslant 30$	湿
$w > 30$	很湿

3.1.13 黏性土为塑性指数 $I_P > 10$ 且粒径大于0.075mm的颗粒含量不超过总质量50%的土。黏性土根据塑性指数按表3.1.13分为黏土和粉质黏土。

表3.1.13 黏性土的分类

塑性指数 I_P	土的名称
$I_P > 17$	黏土
$10 < I_P \leqslant 17$	粉质黏土

注:液限和塑限分别按76g锥试验确定。

3.1.14 黏性土的软硬状态可根据液性指数 I_L 按表3.1.14分为坚硬、硬塑、可塑、软塑、流塑5种状态。

表3.1.14 黏性土的状态

液性指数 I_L	状态	液性指数 I_L	状态
$I_L \leqslant 0$	坚硬	$0.75 < I_L \leqslant 1$	软塑
$0 < I_L \leqslant 0.25$	硬塑	$I_L > 1$	流塑
$0.25 < I_L \leqslant 0.75$	可塑	—	—

3.1.15 黏性土可根据沉积年代按表3.1.15分为老黏性土、一般黏性土和新近沉积黏性土。

表3.1.15 黏性土的沉积年代分类

沉积年代	土的分类
第四纪晚更新世（Q_3）及以前	老黏性土
第四纪全新世（Q_4）	一般黏性土
第四纪全新世（Q_4）以后	新近沉积黏性土

3.1.16 特殊性岩土是具有一些特殊成分、结构和性质的区域性地基土，包括软土、膨胀土、湿陷性土、红黏土、冻土、盐渍土和填土等。

3.1.17 软土为滨海、湖沼、谷地、河滩等处天然含水量高、天然孔隙比大、抗剪强度低的细粒土，其鉴别指标应符合表3.1.17的规定，包括淤泥、淤泥质土、泥炭、泥炭质土等。

表3.1.17 软土地基鉴别指标

指标名称	天然含水量 w（%）	天然孔隙比 e	直剪内摩擦角 φ（°）	十字板剪切强度 C_u（MPa）	压缩系数 a_{1-2}（MPa^{-1}）
指标值	≥ 35 或液限	≥1.0	宜小于5	< 35kPa	宜大于0.5

3.1.18 淤泥为在静水或缓慢的流水环境中沉积，并经生物化学作用形成，其天然含水量大于液限、天然孔隙比大于或等于1.5的黏性土。

天然含水量大于液限而天然孔隙比小于1.5但大于或等于1.0的黏性土或粉土为淤泥质土。

3.1.19 膨胀土为土中黏粒成分主要由亲水性矿物组成，同时具有显著的吸水膨胀和失水收缩特性，其自由膨胀率大于或等于40%的黏性土。

3.1.20 湿陷性土为浸水后产生附加沉降，其湿陷系数大于或等于0.015的土。

3.1.21 红黏土为碳酸盐岩系的岩石经红土化作用形成的高塑性黏土，其液限一般大于50。红黏土经再搬运后仍保留其基本特征且其液限大于45的土为次生红黏土。

3.1.22 盐渍土为土中易溶盐含量大于0.3%，并具有溶陷、盐胀、腐蚀等工程特性的土。

3.1.23 填土根据其组成和成因，可分为素填土、压实填土、杂填土、冲填土。

素填土为由碎石土、砂土、粉土、黏性土等组成的填土。经过压实或夯实的素填土为压实填土。杂填土为含有建筑垃圾、工业废料、生活垃圾等杂物的填土。冲填土为由水力冲填泥砂形成的填土。

3.1.24 软弱地基系指主要由淤泥、淤泥质土、冲填土、杂填土或其他高压缩性土层构成的地基。

3.2 工程特性指标

3.2.1 土的工程特性指标包括抗剪强度指标、压缩性指标、动力触探锤击数、静力触探探头阻力、载荷试验承载力以及其他特性指标。

3.2.2 地基土工程特性指标的代表值应分别为标准值、平均值及容许值。强度指标应取标准值;压缩性指标应取平均值;承载力指标应取容许值。

3.2.3 土的载荷试验应包括浅层平板载荷试验和深层平板载荷试验。两种载荷试验要点应分别符合本规范附录 D、附录 E 的规定。岩基载荷试验要点应符合本规范附录 F 的规定。

3.2.4 土的抗剪强度指标,可采用原状土室内剪切试验、无侧限抗压强度试验、现场剪切试验、十字板剪切试验等方法测定。当采用室内剪切试验确定土的抗剪强度指标时,室内试验抗剪强度指标黏聚力标准值 c_k、内摩擦角标准值 φ_k,可按本规范附录 G 确定。

3.2.5 土的压缩性指标可采用原状土室内压缩试验、原位浅层或深层平板载荷试验、旁压试验确定。当采用室内压缩试验确定压缩模量时,试验所施加的最大压力应超过土自重压力与预计附加压力之和,试验成果用 e-p 曲线表示。地基土的压缩性可按 p_1 为 100kPa,p_2 为 200kPa 相对应的压缩系数值 a_{1-2}划分为低、中、高压缩性,且应按以下规定进行评价:

1 当 $a_{1-2} < 0.1\text{MPa}^{-1}$时,为低压缩性土;

2 当 $0.1\text{MPa}^{-1} \leqslant a_{1-2} < 0.5\text{MPa}^{-1}$时,为中压缩性土;

3 当 $a_{1-2} \geqslant 0.5\text{MPa}^{-1}$时,为高压缩性土。

3.3 地基承载力

3.3.1 地基承载力的验算,应以修正后的地基承载力容许值$[f_a]$控制。该值系在地基原位测试或本规范给出的各类岩土承载力基本容许值$[f_{a0}]$的基础上,经修正而得。

3.3.2 地基承载力容许值应按以下原则确定:

1 地基承载力基本容许值应首先考虑由载荷试验或其他原位测试取得,其值不应大于地基极限承载力的 1/2。

对中小桥、涵洞,当受现场条件限制,或载荷试验和原位测试确有困难时,也可按照本规范第3.3.3条有关规定采用。

2 地基承载力基本容许值尚应根据基底埋深、基础宽度及地基土的类别按照本规范第3.3.4条规定进行修正。

3 软土地基承载力容许值可按照本规范第3.3.5条确定。

4 其他特殊性岩土地基承载力基本容许值可参照各地区经验或相应的标准确定。

3.3.3 地基承载力基本容许值[f_{a0}]可根据岩土类别、状态及其物理力学特性指标按表3.3.3-1～表3.3.3-7选用。

1 一般岩石地基可根据强度等级、节理按表3.3.3-1确定承载力基本容许值[f_{a0}]。对于复杂的岩层（如溶洞、断层、软弱夹层、易溶岩石、软化岩石等）应按各项因素综合确定。

表3.3.3-1 岩石地基承载力基本容许值[f_{a0}]

节理发育程度 / [f_{a0}]（kPa） / 坚硬程度	节理不发育	节理发育	节理很发育
坚硬岩、较硬岩	>3 000	3 000～2 000	2 000～1 500
较软岩	3 000～1 500	1 500～1 000	1 000～800
软岩	1 200～1 000	1 000～800	800～500
极软岩	500～400	400～300	300～200

2 碎石土地基可根据其类别和密实程度按表3.3.3-2确定承载力基本容许值[f_{a0}]。

表3.3.3-2 碎石土地基承载力基本容许值[f_{a0}]

密实程度 / [f_{a0}]（kPa） / 土名	密　实	中　密	稍　密	松　散
卵石	1 200～1 000	1 000～650	650～500	500～300
碎石	1 000～800	800～550	550～400	400～200
圆砾	800～600	600～400	400～300	300～200
角砾	700～500	500～400	400～300	300～200

注：1.由硬质岩组成，填充砂土者取高值；由软质岩组成，填充黏性土者取低值。

2.半胶结的碎石土，可按密实的同类土的[f_{a0}]值提高10%～30%。

3.松散的碎石土在天然河床中很少遇见，需特别注意鉴定。

4.漂石、块石的[f_{a0}]值，可参照卵石、碎石适当提高。

3 砂土地基可根据土的密实度和水位情况按表3.3.3-3确定承载力基本容许值[f_{a0}]。

表 3.3.3-3　砂土地基承载力基本容许值[f_{a0}]

土名及水位情况 ＼ [f_{a0}](kPa) ＼ 密实度		密　实	中　密	稍　密	松　散
砾砂、粗砂	与湿度无关	550	430	370	200
中砂	与湿度无关	450	370	330	150
细砂	水上	350	270	230	100
	水下	300	210	190	—
粉砂	水上	300	210	190	—
	水下	200	110	90	—

4　粉土地基可根据土的天然孔隙比 e 和天然含水量 w(%)按表 3.3.3-4 确定承载力基本容许值[f_{a0}]。

表 3.3.3-4　粉土地基承载力基本容许值[f_{a0}]

e ＼ [f_{a0}](kPa) ＼ w(%)	10	15	20	25	30	35
0.5	400	380	355	—	—	—
0.6	300	290	280	270	—	—
0.7	250	235	225	215	205	—
0.8	200	190	180	170	165	—
0.9	160	150	145	140	130	125

5　老黏性土地基可根据压缩模量 E_s 按表 3.3.3-5 确定承载力基本容许值[f_{a0}]。

表 3.3.3-5　老黏性土地基承载力基本容许值[f_{a0}]

E_s(MPa)	10	15	20	25	30	35	40
[f_{a0}] (kPa)	380	430	470	510	550	580	620

注：当老黏性土 $E_s < 10$MPa 时，承载力基本容许值[f_{a0}]按一般黏性土(表 3.3.3-6)确定。

6　一般黏性土可根据液性指数 I_L 和天然孔隙比 e 按表 3.3.3-6 确定地基承载力基本容许值[f_{a0}]。

表 3.3.3-6　一般黏性土地基承载力基本容许值[f_{a0}]

e ＼ [f_{a0}](kPa) ＼ I_L	0	0.1	0.2	0.3	0.4	0.5	0.6	0.7	0.8	0.9	1.0	1.1	1.2
0.5	450	440	430	420	400	380	350	310	270	240	220	—	—
0.6	420	410	400	380	360	340	310	280	250	220	200	180	—
0.7	400	370	350	330	310	290	270	240	220	190	170	160	150
0.8	380	330	300	280	260	240	230	210	180	160	150	140	130
0.9	320	280	260	240	220	210	190	180	160	140	130	120	100
1.0	250	230	220	210	190	170	160	150	140	120	110	—	—
1.1	—	—	160	150	140	130	120	110	100	90	—	—	—

注：1. 土中含有粒径大于 2mm 的颗粒质量超过总质量 30% 以上者，[f_{a0}]可适当提高。

2. 当 $e < 0.5$ 时，取 $e = 0.5$；当 $I_L < 0$ 时，取 $I_L = 0$。此外，超过表列范围的一般黏性土，[f_{a0}] $= 57.22E_s^{0.57}$。

7　新近沉积黏性土地基可根据液性指数 I_L 和天然孔隙比 e 按表 3.3.3-7 确定承载力基本容许值$[f_{a0}]$。

表 3.3.3-7　新近沉积黏性土地基承载力基本容许值$[f_{a0}]$

$[f_{a0}]$(kPa) e \ I_L	≤0.25	0.75	1.25
≤0.8	140	120	100
0.9	130	110	90
1.0	120	100	80
1.1	110	90	—

3.3.4　修正后的地基承载力容许值$[f_a]$按式（3.3.4）确定。当基础位于水中不透水地层上时，$[f_a]$按平均常水位至一般冲刷线的水深每米再增大 10kPa。

$$[f_a] = [f_{a0}] + k_1\gamma_1(b-2) + k_2\gamma_2(h-3) \tag{3.3.4}$$

式中：$[f_a]$——修正后的地基承载力容许值(kPa)；

b——基础底面的最小边宽(m)；当 $b<2$m 时，取 $b=2$m；当 $b>10$m 时，取 $b=10$m；

h——基底埋置深度(m)，自天然地面起算，有水流冲刷时自一般冲刷线起算；当 $h<3$m 时，取 $h=3$m；当 $h/b>4$ 时，取 $h=4b$；

k_1、k_2——基底宽度、深度修正系数，根据基底持力层土的类别按表 3.3.4 确定；

γ_1——基底持力层土的天然重度(kN/m^3)；若持力层在水面以下且为透水者，应取浮重度；

γ_2——基底以上土层的加权平均重度(kN/m^3)；换算时若持力层在水面以下，且不透水时，不论基底以上土的透水性质如何，一律取饱和重度；当透水时，水中部分土层则应取浮重度。

表 3.3.4　地基土承载力宽度、深度修正系数 k_1、k_2

土类 \ 系数	黏性土				粉土	砂土								碎石土			
	老黏性土	一般黏性土		新近沉积黏性土	—	粉砂		细砂		中砂		砾砂、粗砂		碎石、圆砾、角砾		卵石	
		$I_L\geq0.5$	$I_L<0.5$		—	中密	密实	中密	密实	中密	密实	中密	密实	中密	密实	中密	密实
k_1	0	0	0	0	0	1.0	1.2	1.5	2.0	2.0	3.0	3.0	4.0	3.0	4.0	3.0	4.0
k_2	2.5	1.5	2.5	1.0	1.5	2.0	2.5	3.0	4.0	4.0	5.5	5.0	6.0	5.0	6.0	6.0	10.0

注：1.对于稍密和松散状态的砂、碎石土，k_1、k_2 值可采用表列中密值的 50%。

2.强风化和全风化的岩石，可参照所风化成的相应土类取值；其他状态下的岩石不修正。

3.3.5　软土地基承载力容许值$[f_a]$按下列规定确定：

1　软土地基承载力基本容许值$[f_{a0}]$应由载荷试验或其他原位测试取得。载荷试验和原位测试确有困难时，对于中小桥、涵洞基底未经处理的软土地基，承载力容许值$[f_a]$

可采用以下两种方法确定：

1)根据原状土天然含水量 w，按表3.3.5确定软土地基承载力基本容许值$[f_{a0}]$，然后按式(3.3.5-1)计算修正后的地基承载力容许值$[f_a]$：

$$[f_a]=[f_{a0}]+\gamma_2 h \tag{3.3.5-1}$$

式中，γ_2、h 的意义同式(3.3.4)。

表3.3.5　软土地基承载力基本容许值$[f_{a0}]$

天然含水量 w(%)	36	40	45	50	55	65	75
$[f_{a0}]$(kPa)	100	90	80	70	60	50	40

2)根据原状土强度指标确定软土地基承载力容许值$[f_a]$：

$$[f_a]=\frac{5.14}{m}k_p C_u+\gamma_2 h \tag{3.3.5-2}$$

$$k_p=\left(1+0.2\frac{b}{l}\right)\left(1-\frac{0.4H}{blC_u}\right) \tag{3.3.5-3}$$

式中：m——抗力修正系数，可视软土灵敏度及基础长宽比等因素选用1.5～2.5；

C_u——地基土不排水抗剪强度标准值(kPa)；

k_p——系数；

H——由作用(标准值)引起的水平力(kN)；

b——基础宽度(m)，有偏心作用时，取 $b-2e_b$；

l——垂直于 b 边的基础长度(m)，有偏心作用时，取 $l-2e_l$；

e_b、e_l——偏心作用在宽度和长度方向的偏心距；

γ_2、h——意义同式(3.3.4)。

2　经排水固结方法处理的软土地基，其承载力基本容许值$[f_{a0}]$应通过载荷试验或其他原位测试方法确定；经复合地基方法处理的软土地基，其承载力基本容许值应通过载荷试验确定，然后按式(3.3.5-1)计算修正后的软土地基地基承载力容许值$[f_a]$。

3.3.6　地基承载力容许值$[f_a]$应根据地基受荷阶段及受荷情况，乘以下列规定的抗力系数 γ_R。

1　使用阶段：

1)当地基承受作用短期效应组合或作用效应偶然组合时，可取 $\gamma_R=1.25$；但对承载力容许值$[f_a]$小于150 kPa的地基，应取 $\gamma_R=1.0$。

2)当地基承受的作用短期效应组合仅包括结构自重、预加力、土重、土侧压力、汽车和人群效应时，应取 $\gamma_R=1.0$。

3)当基础建于经多年压实未遭破坏的旧桥基(岩石旧桥基除外)上时，不论地基承受的作用情况如何，抗力系数均可取 $\gamma_R=1.5$；对$[f_a]$小于150 kPa的地基，可取 $\gamma_R=1.25$。

4)基础建于岩石旧桥基上，应取 $\gamma_R=1.0$。

2　施工阶段：

1)地基在施工荷载作用下，可取 $\gamma_R=1.25$。

2)当墩台施工期间承受单向推力时，可取 $\gamma_R=1.5$。

4 基础计算与地基处理

4.1 基础埋置深度

4.1.1 桥涵墩台基础(不包括桩基础)基底埋置深度应符合下列规定:

1 当墩台基底设置在不冻胀土层中时,基底埋深可不受冻深的限制。

2 上部为外超静定结构的桥涵基础,其地基为冻胀土层时,应将基底埋入冻结线以下不小于0.25m。

3 当墩台基础设置在季节性冻胀土层中时,基底的最小埋置深度可按下式计算:

$$d_{\min} = z_d - h_{\max} \tag{4.1.1-1}$$

$$z_d = \psi_{zs}\psi_{zw}\psi_{ze}\psi_{zg}\psi_{zf}z_0 \tag{4.1.1-2}$$

式中:$d_{\min}$——基底最小埋置深度(m);

z_d——设计冻深(m);

z_0——标准冻深(m);无实测资料时,可按本规范附录H.0.1条采用;

ψ_{zs}——土的类别对冻深的影响系数,按表4.1.1-1查取;

ψ_{zw}——土的冻胀性对冻深的影响系数,按表4.1.1-2查取;

ψ_{ze}——环境对冻深的影响系数,按表4.1.1-3查取;

ψ_{zg}——地形坡向对冻深的影响系数,按表4.1.1-4查取;

ψ_{zf}——基础对冻深的影响系数,取$\psi_{zf}=1.1$;

$h_{\max}$——基础底面下容许最大冻层厚度(m),按表4.1.1-5查取。

表4.1.1-1 土的类别对冻深的影响系数ψ_{zs}

土的类别	黏性土	细砂、粉砂、粉土	中砂、粗砂、砾砂	碎石土
ψ_{zs}	1.00	1.20	1.30	1.40

表4.1.1-2 土的冻胀性对冻深的影响系数ψ_{zw}

冻胀性	不冻胀	弱冻胀	冻胀	强冻胀	特强冻胀	极强冻胀
ψ_{zw}	1.00	0.95	0.90	0.85	0.80	0.75

注:季节性冻土分类见本规范附录H。

表4.1.1-3 环境对冻深的影响系数ψ_{ze}

周围环境	村、镇、旷野	城市近郊	城市市区
ψ_{ze}	1.00	0.95	0.90

注:当城市市区人口为20~50万时,按城市近郊取值;当城市市区人口大于50万、小于或等于100万时,按城市市区取值;当城市市区人口超过100万时,按城市市区取值,5km以内的郊区应按城市近郊取值。

表 4.1.1-4 地形坡向对冻深的影响系数 ψ_{zg}

地形坡向	平坦	阳坡	阴坡
ψ_{zg}	1.0	0.9	1.1

表 4.1.1-5 不同冻胀土类别在基础底面下容许最大冻层厚度 h_{max}

冻胀土类别	弱冻胀	冻胀	强冻胀	特强冻胀	极强冻胀
h_{max}	0.38 z_0	0.28 z_0	0.15 z_0	0.08 z_0	0

注：z_0-标准冻深(m)。季节性冻胀土分类见本规范附录表 H.0.2。

4 涵洞基础设置在季节性冻土地基上时，出入口和自两端洞口向内各 2~6m 范围内(或可采用不小于 2m 的一段涵节长度)涵身基底的埋置深度可按式(4.1.1-1)计算确定。涵洞中间部分的基础埋深，可根据地区经验确定。严寒地区，当涵洞中间部分基础的埋深与洞口埋深相差较大时，其连接处应设置过渡段。冻结较深地区，也可采用将基底至冻结线处的地基土换填为粗颗粒土(包括碎石土、砾砂、粗砂、中砂，但其中粉黏粒含量不应大于 15%，或粒径小于 0.1mm 的颗粒不应大于 25%)的措施。

5 涵洞基础，在无冲刷处(岩石地基除外)，应设在地面或河床底以下埋深不小于 1m 处；如有冲刷，基底埋深应在局部冲刷线以下不小于 1m；如河床上有铺砌层时，基础底面宜设置在铺砌层顶面以下不小于 1m。

6 非岩石河床桥梁墩台基底埋深安全值可按表 4.1.1-6 确定。

表 4.1.1-6 基底埋深安全值(m)

总冲刷深度(m) / 桥梁类别	0	5	10	15	20
大桥、中桥、小桥(不铺砌)	1.5	2.0	2.5	3.0	3.5
特大桥	2.0	2.5	3.0	3.5	4.0

注：1. 总冲刷深度为自河床面算起的河床自然演变冲刷、一般冲刷与局部冲刷深度之和。

2. 表列数值为墩台基底埋入总冲刷深度以下的最小值；若对设计流量、水位和原始断面资料无把握或不能获得河床演变准确资料时，其值宜适当加大。

3. 若桥位上下游有已建桥梁，应调查已建桥梁的特大洪水冲刷情况，新建桥梁墩台基础埋置深度不宜小于已建桥梁的冲刷深度且酌加必要的安全值。

4. 如河床上有铺砌层时，基础底面宜设置在铺砌层顶面以下不小于 1m。

7 岩石河床墩台基底最小埋置深度可参考《公路工程水文勘测设计规范》(JTG C30—2002)附录 C 确定。

8 位于河槽的桥台，当其最大冲刷深度小于桥墩总冲刷深度时，桥台基底的埋深应与桥墩基底相同。当桥台位于河滩时，对河槽摆动不稳定河流，桥台基底高程应与桥墩基底高程相同；在稳定河流上，桥台基底高程可按照桥台冲刷结果确定。

4.1.2 墩台基础顶面标高宜根据桥位情况、施工难易程度、美观与整体协调综合确定。

4.2 地基与基础计算

4.2.1 设计桥梁墩台基础时，应考虑在修建和使用期间可能发生的各项作用效应，并对地基进行验算。

当桥台台背填土的高度在5m以上时，应考虑台背填土对桥台基底或桩端平面处的附加竖向压应力（参见本规范附录J）。对软土或软弱地基，如相邻墩台的距离小于5m时，应考虑邻近墩台对软土或软弱地基所引起的附加竖向压应力。

对于桥台基础，当台背地基土质不良时，应验算桥台与路堤可能一起滑动的稳定性。

4.2.2 基础底面岩土的承载力，当不考虑嵌固作用时，可按下式验算：

1 当基底只承受轴心荷载时：

$$p=\frac{N}{A}\leqslant[f_a] \tag{4.2.2-1}$$

式中：p——基底平均压应力；

N——由本规范第1.0.8条规定的作用短期效应组合在基底产生的竖向力；

A——基础底面面积。

2 当基底单向偏心受压，承受竖向力 N 和弯矩 M 共同作用时，除满足本条第1款外，尚应符合下列条件：

$$p_{max}=\frac{N}{A}+\frac{M}{W}\leqslant\gamma_R[f_a] \tag{4.2.2-2}$$

式中：p_{max}——基底最大压应力；

M——由本规范第1.0.8条规定的作用短期效应组合产生于墩台的水平力和竖向力对基底重心轴的弯矩；

W——基础底面偏心方向面积抵抗矩。

3 当基底双向偏心受压，承受竖向力 N 和绕 x 轴弯矩 M_x 与绕 y 轴弯矩 M_y 共同作用时，除满足本条第1款外，尚应符合下列条件：

$$p_{max}=\frac{N}{A}+\frac{M_x}{W_x}+\frac{M_y}{W_y}\leqslant\gamma_R[f_a] \tag{4.2.2-3}$$

式中：M_x、M_y——作用于基底的水平力和竖向力绕 x 轴、y 轴的对基底的弯矩；

W_x、W_y——基础底面偏心方向边缘绕 x 轴、y 轴的面积抵抗矩。

4.2.3 当设置在基岩上的基底承受单向偏心荷载，其偏心距 e_0 超过核心半径时，可仅按受压区计算基底最大压应力（不考虑基底承受拉力，见图4.2.3）。基底为矩形截面的最大压应力 p_{max} 按下式计算：

$$p_{max}=\frac{2N}{3da}=\frac{2N}{3\left(\frac{b}{2}-e_0\right)a} \tag{4.2.3}$$

式中：b——偏心方向基础底面的边长；

a——垂直于 b 边基础底面的边长；

d——N 作用点至基底受压边缘的距离；

e_0——N 作用点距截面重心的距离。

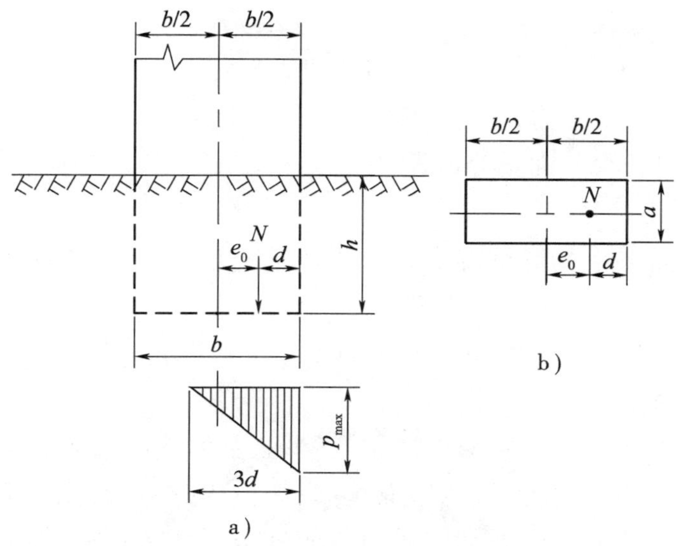

图 4.2.3 基岩上矩形截面基底单向偏心受压应力重分布图
a)基础立面;b)基础平面

4.2.4 当设置在基岩上的墩台基底承受双向偏心压应力且按本规范式(4.2.5-1)、式(4.2.5-2)计算的 $e_0/\rho>1.0$(ρ 为核心半径)时,可仅按受压区计算基底压应力(不考虑基底承受拉应力),墩台基底最大压应力可按本规范附录 K 确定。

4.2.5 桥涵墩台应验算作用于基底的合力偏心距。

1 桥涵墩台基底的合力偏心距容许值$[e_0]$应符合表 4.2.5 的规定。

表 4.2.5 墩台基底的合力偏心距容许值$[e_0]$

作用情况	地基条件	合力偏心距	备注
墩台仅承受永久作用标准值效应组合	非岩石地基	桥墩$[e_0]\leqslant 0.1\rho$	拱桥、刚构桥墩台,其合力作用点应尽量保持在基底重心附近
		桥台$[e_0]\leqslant 0.75\rho$	
墩台承受作用标准值效应组合或偶然作用(地震作用除外)标准值效应组合	非岩石地基	$[e_0]\leqslant\rho$	拱桥单向推力墩不受限制,但应符合本规范表 4.4.3 规定的抗倾覆稳定系数
	较破碎~极破碎岩石地基	$[e_0]\leqslant 1.2\rho$	
	完整、较完整岩石地基	$[e_0]\leqslant 1.5\rho$	

2 基底以上外力作用点对基底重心轴的偏心距 e_0 按下式计算:

$$e_0=\frac{M}{N}\leqslant[e_0] \tag{4.2.5-1}$$

式中:N、M——作用于基底的竖向力和所有外力(竖向力、水平力)对基底截面重心的弯矩。

3 基底承受单向或双向偏心受压的 ρ 值可按下式计算:

$$\rho=\frac{e_0}{1-\dfrac{p_{\min}A}{N}} \tag{4.2.5-2}$$

$$p_{\min}=\frac{N}{A}-\frac{M_x}{W_x}-\frac{M_y}{W_y} \tag{4.2.5-3}$$

式中：$p_{\min}$——基底最小压应力，当为负值时表示拉应力；

e_0——N 作用点距截面重心的距离。

4.2.6 在基础底面下或基桩桩端下有软弱地基或软土层时，应按下式验算软弱地基或软土层的承载力：

$$p_z=\gamma_1(h+z)+\alpha(p-\gamma_2 h)\leqslant\gamma_R[f_a] \tag{4.2.6}$$

式中：p_z——软弱地基或软土层的压应力；

h——基底或桩端处的埋置深度（m）；当基础受水流冲刷时，由一般冲刷线算起；当不受水流冲刷时，由天然地面算起；如位于挖方内，则由开挖后地面算起；

z——从基底或基桩桩端处到软弱地基或软土层地基顶面的距离（m）；

γ_1——深度（$h+z$）范围内各土层的换算重度（kN/m^3）；

γ_2——深度 h 范围内各土层的换算重度（kN/m^3）；

α——土中附加压应力系数，参见本规范附录 M 第 M.0.1 条；

p——基底压应力（kPa）；当 $z/b>1$ 时，p 采用基底平均压应力；当 $z/b\leqslant1$ 时，p 按基底压应力图形采用距最大压应力点 $b/3\sim b/4$ 处的压应力（对于梯形图形前后端压应力差值较大时，可采用上述 $b/4$ 点处的压应力值；反之，则采用上述 $b/3$ 处压应力值），以上 b 为矩形基底的宽度；

$[f_a]$——软弱地基或软土层地基顶面土的承载力容许值，按本规范第 3.3.4 条或第 3.3.5条规定采用。

若下卧层为压缩性较大的厚层软黏土时，应验算沉降量。

4.2.7 当墩台、桩基础位于冻胀土中时，应验算抗冻拔稳定性，计算方法可参照本规范附录 L。

4.3 基础沉降计算

4.3.1 当墩台建筑在地质情况复杂、土质不均匀及承载力较差的地基上，以及相邻跨径差别悬殊而需计算沉降差或跨线桥净高需预先考虑沉降量时，均应计算其沉降。

4.3.2 沉降计算时，传至基底的作用效应按本规范第 1.0.9 条规定执行。

4.3.3 墩台的沉降，应符合下列规定：

1 相邻墩台间不均匀沉降差值（不包括施工中的沉降），不应使桥面形成大于 0.2% 的附加纵坡（折角）。

2 外超静定结构桥梁墩台间不均匀沉降差值，还应满足结构的受力要求。

4.3.4 墩台基础的最终沉降量,可按下式计算:

$$s = \psi_s s_0 = \psi_s \sum_{i=1}^{n} \frac{p_0}{E_{si}} (z_i \overline{\alpha}_i - z_{i-1} \overline{\alpha}_{i-1}) \tag{4.3.4-1}$$

$$p_0 = p - \gamma h \tag{4.3.4-2}$$

式中:s——地基最终沉降量(mm);

s_0——按分层总和法计算的地基沉降量(mm);

ψ_s——沉降计算经验系数,根据地区沉降观测资料及经验确定,缺少沉降观测资料及经验数据时,可按本规范第 4.3.5 条确定;

n——地基沉降计算深度范围内所划分的土层数(图 4.3.4);

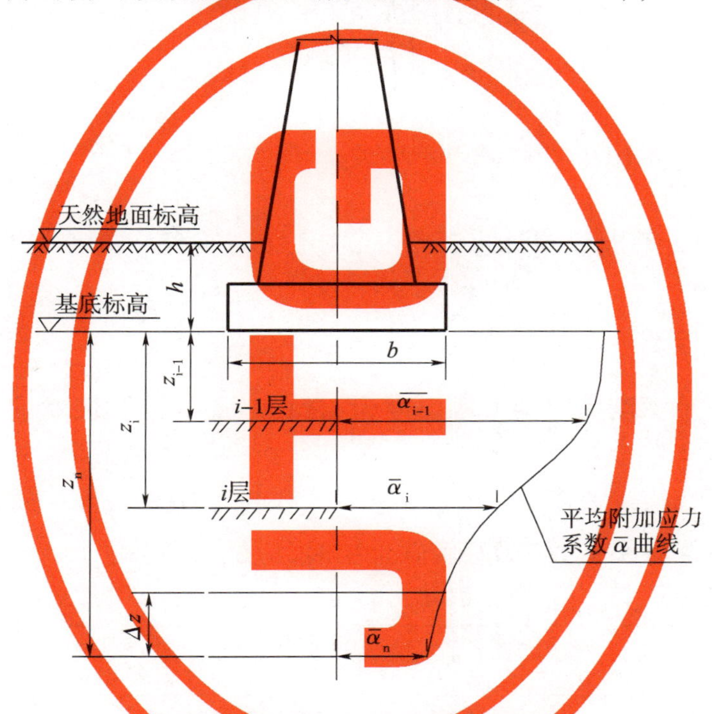

图 4.3.4 基底沉降计算分层示意图

p_0——对应于荷载长期效应组合时的基础底面处附加压应力(kPa);

E_{si}——基础底面下第 i 层土的压缩模量(MPa),应取土的“自重压应力”至“土的自重压应力与附加压应力之和”的压应力段计算;

z_i、z_{i-1}——基础底面至第 i 层土、第 $i-1$ 层土底面的距离(m);

$\overline{\alpha}_i$、$\overline{\alpha}_{i-1}$——基础底面计算点至第 i 层土、第 $i-1$ 层土底面范围内平均附加压应力系数,可按本规范附录 M 第 M.0.2 条取用;

p——基底压应力(kPa),当 $z/b>1$ 时,p 采用基底平均压应力;$z/b \leqslant 1$ 时,p 按压应力图形采用距最大压应力点 $b/3 \sim b/4$ 处的压应力(对梯形图形,前后端压应力差值较大时,可采用上述 $b/4$ 处的压应力值;反之,则采用上述 $b/3$ 处压应力值),以上 b 为矩形基底宽度;

h——基底埋置深度(m),当基础受水流冲刷时,从一般冲刷线算起;当不受水流冲刷时，从天然地面算起；如位于挖方内，则由开挖后地面算起；

γ——h 内土的重度（kN/m^3），基底为透水地基时水位以下取浮重度。

4.3.5 沉降计算经验系数 ψ_s 可按表 4.3.5 确定。

表 4.3.5 沉降计算经验系数 ψ_s

基底附加压应力 \ $\overline{E}_s$(MPa)	2.5	4.0	7.0	15.0	20.0
$p_0 \geqslant [f_{a0}]$	1.4	1.3	1.0	0.4	0.2
$p_0 \leqslant 0.75[f_{a0}]$	1.1	1.0	0.7	0.4	0.2

注：1. 表中 $[f_{a0}]$ 为地基承载力基本容许值。

2. 表中 $\overline{E}_s$ 为沉降计算范围内压缩模量的当量值，应按下式计算：

$$\overline{E}_s = \frac{\sum A_i}{\sum \frac{A_i}{E_{si}}}$$

式中：A_i——第 i 层土的附加压应力系数沿土层厚度的积分值。

4.3.6 地基沉降计算时设定计算深度 z_n，在 z_n 以上取 Δz 厚度（表 4.3.6），其沉降量应符合下式：

$$\Delta s_n \leqslant 0.025 \sum_{i=1}^{n} \Delta s_i \tag{4.3.6}$$

式中：Δs_n——在计算深度底面向上取厚度为 Δz 的土层的计算沉降量，Δz 见图 4.3.4 并按表 4.3.6 采用；

Δs_i——在计算深度范围内，第 i 层土的计算沉降量。

已确定的计算深度下面，如仍有较软土层时，应继续计算。

表 4.3.6 Δz 值

基底宽度 b(m)	$b \leqslant 2$	$2 < b \leqslant 4$	$4 < b \leqslant 8$	$b > 8$
Δz(m)	0.3	0.6	0.8	1.0

4.3.7 当无相邻荷载影响，基底宽度在 1 ~ 30m 范围内时，基底中心的地基沉降计算深度 z_n 也可按下列简化公式计算：

$$z_n = b(2.5 - 0.4\ln b) \tag{4.3.7}$$

式中：b——基础宽度（m）。

在计算深度范围内存在基岩时，z_n 可取至基岩表面；当存在较厚的坚硬黏土层，其孔隙比小于 0.5、压缩模量大于 50MPa，或存在较厚的密实砂卵石层，其压缩模量大于 80MPa 时，z_n 可取至该土层表面。

4.4 基础稳定性计算

4.4.1 桥涵墩台基础的抗倾覆稳定，按下式计算（图 4.4.1）：

$$k_0 = \frac{s}{e_0} \tag{4.4.1-1}$$

$$e_0 = \frac{\sum P_i e_i + \sum H_i h_i}{\sum P_i} \tag{4.4.1-2}$$

式中：k_0——墩台基础抗倾覆稳定性系数；

s——在截面重心至合力作用点的延长线上，自截面重心至验算倾覆轴的距离（m）；

e_0——所有外力的合力 R 在验算截面的作用点对基底重心轴的偏心距；

P_i——不考虑其分项系数和组合系数的作用标准值组合或偶然作用（地震除外）标准值组合引起的竖向力（kN）；

e_i——竖向力 P_i 对验算截面重心的力臂（m）；

H_i——不考虑其分项系数和组合系数的作用标准值组合或偶然作用（地震除外）标准值组合引起的水平力（kN）；

h_i——水平力对验算截面的力臂（m）。

注：1. 弯矩应视其绕验算截面重心轴的不同方向取正负号。

2. 对于矩形凹缺的多边形基础，其倾覆轴应取基底截面的外包线。

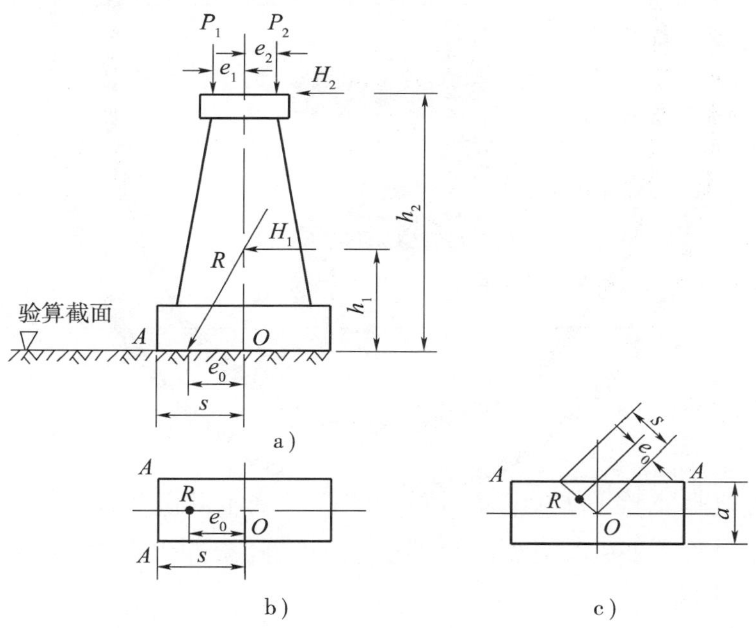

图 4.4.1 墩台基础的稳定验算示意图

a）立面；b）平面（单向偏心）；c）平面（双向偏心）

O-截面重心；R-合力作用点；A—A-验算倾覆轴

4.4.2 桥涵墩台基础的抗滑动稳定性系数 k_c 按下式计算：

$$k_c = \frac{\mu \sum P_i + \sum H_{iP}}{\sum H_{ia}} \tag{4.4.2}$$

式中：k_c——桥涵墩台基础的抗滑动稳定性系数；

$\sum P_i$——竖向力总和；

$\sum H_{iP}$——抗滑稳定水平力总和；

$\sum H_{ia}$——滑动水平力总和；

μ——基础底面与地基土之间的摩擦系数，通过试验确定；当缺少实际资料时，可参照表 4.4.2 采用。

注：$\sum H_{iP}$和$\sum H_{ia}$分别为两个相对方向的各自水平力总和，绝对值较大者为滑动水平力$\sum H_{ia}$，另一为抗滑稳定力$\sum H_{iP}$；$\mu\sum P_i$ 为抗滑动稳定力。

表 4.4.2 基底摩擦系数

地基土分类	μ	地基土分类	μ
黏土（流塑 ~ 坚硬）、粉土	0.25	软岩（极软岩 ~ 较软岩）	0.40 ~ 0.60
砂土（粉砂 ~ 砾砂）	0.30 ~ 0.40	硬岩（较硬岩、坚硬岩）	0.60、0.70
碎石土（松散 ~ 密实）	0.40 ~ 0.50		

4.4.3 验算墩台抗倾覆和抗滑动的稳定性时，稳定性系数不应小于表 4.4.3 的规定。

表 4.4.3 抗倾覆和抗滑动的稳定性系数

作用组合		验算项目	稳定性系数
使用阶段	永久作用（不计混凝土收缩及徐变、浮力）和汽车、人群的标准值效应组合	抗倾覆 抗滑动	1.5 1.3
	各种作用（不包括地震作用）的标准值效应组合	抗倾覆 抗滑动	1.3 1.2
施工阶段作用的标准值效应组合		抗倾覆 抗滑动	1.2

4.5 软土或软弱地基处理

4.5.1 在软弱地基或软土上修建桥涵基础时，可采用砂砾垫层、砂桩、砂井预压方法加固地基；根据实际条件，也可采用水泥搅拌桩、石灰桩、振冲碎石桩、锤击夯实、强夯和各种浆液灌注法等加固地基。

4.5.2 砂砾垫层适用于淤泥、淤泥质土、冲填土、素填土、杂填土的浅层处理。砂砾垫层材料可采用中砂、粗砂、砾砂和碎（卵）石，不含植物残体等杂质，其中黏粒含量不应大于5%，粉粒含量不应大于 25%，砾料粒径以不大于 50mm 为宜。

4.5.3 砂砾垫层比软弱地基或软土有较大的变形模量和强度，基础底面的压应力通过砂砾垫层的扩散作用分布到较大的面积。砂砾垫层顶面尺寸应为基底尺寸每边加宽不小于 0.3m。垫层厚度不宜小于 0.5m，且不宜大于 3m。

垫层的厚度 z 应根据下卧土层的承载力确定，并符合下式要求：

$$p_{0k} + p_{gk} \leqslant \gamma_R [f_a] \tag{4.5.3-1}$$

条形基础

$$p_{0k} = \frac{b(p'_{0k} - p'_{gk})}{b + 2z\tan\theta} \tag{4.5.3-2}$$

矩形基础

$$p_{0k} = \frac{bl(p'_{0k} - p'_{gk})}{(b + 2z\tan\theta)(l + 2z\tan\theta)} \tag{4.5.3-3}$$

注：条形基础为长宽比等于或大于 10 的矩形基础。

式中：p_{0k}——垫层底面处的附加压应力（kPa）；

p_{gk}——垫层底面处土的自重压应力（kPa）；

$[f_a]$——垫层底面处地基的承载力容许值（kPa），按本规范第 3.3.4 条或第 3.3.5 条的规定采用；

b——矩形基础或条形基础底面的宽度（m）；

l——矩形基础底面的长度（m）；

p'_{0k}——基础底面压应力（kPa）；

p'_{gk}——基础底面处的自重压应力（kPa）；

z——基础底面下垫层的厚度（m）；

θ——垫层的压力扩散角，可按表 4.5.3 采用。

垫层的宽度应满足基底压力扩散的要求，可按下式或根据当地经验确定：

$$b_1 = b + 2z\tan\theta \tag{4.5.3-4}$$

式中：b_1——垫层底面宽度（m）。

表 4.5.3 垫层压力扩散角 θ（°）

垫层材料 / z/b	中砂、粗砂、砾砂、圆砾、角砾、卵石、碎石
≤0.25	20
≥0.5	30

注：当 $0.25 < z/b < 0.5$ 时，θ 值可内插确定。

4.5.4 垫层承载力容许值 $[f_{cu}]$ 宜通过现场确定，当无试验资料时，可按表 4.5.4 参考采用。

表 4.5.4 各种垫层承载力容许值 $[f_{cu}]$

施工方法	垫层材料	压实系数 λ_c	承载力容许值（kPa）
碾压、振密或夯实	碎石、卵石	0.94～0.97	200～300
	砂夹石（其中碎石、卵石占总质量 30%～50%）		200～250
	土夹石（其中碎石、卵石占总质量 30%～50%）		150～200
	中砂、粗砂、砾砂		150～200

注：1. 压实系数 λ_c 为土的控制干密度 ρ_d 与最大干密度 $\rho_{d,max}$ 的比值。土的最大干密度宜采用击实试验确定；碎石最大干密度可取 2.0～2.2 t/m³。

2. 当采用轻型击实试验时，压实系数 λ_c 宜取高值；采用重型击实试验时，压实系数 λ_c 可取低值。

4.5.5 砂砾垫层地基的沉降量，可按下式计算：

$$s = s_{cu} + s_s \tag{4.5.5-1}$$

$$s_{cu} = p_m \frac{h_z}{E_{cu}} \tag{4.5.5-2}$$

式中：s——砂砾垫层地基沉降量(mm)；

s_{cu}——垫层本身的压缩量(mm)；

s_s——下卧层沉降量(mm)，可按本规范第4.3.4条~第4.3.7条规定计算；

p_m——垫层内的平均压应力(MPa)，即基底平均压应力与砂砾垫层底平均压应力的平均值；

h_z——砂砾垫层厚度(mm)；

E_{cu}——砂砾垫层的压缩模量(MPa)，如无实测资料时，可采用12~24MPa。

4.5.6 砂桩适用于挤密松散砂土、素填土和杂填土地基。对饱和黏土地基，如不以沉降控制，也可采用砂桩处理。砂桩内填料宜用砾砂、粗砂、中砂、圆砾、角砾、卵石、碎石等，填料中含泥量不应大于5%，并不宜含有粒径大于50mm的粒料。

砂桩直径可采用0.3~0.8m，需根据地基土质和成桩设备确定。对饱和黏性土地基宜选用较大直径。

砂桩挤密地基宽度应超出基础宽度，每边放宽宜为1~3排。砂桩用于防止砂层液化时，每边放宽不宜小于处理深度的1/2，并不应小于5m；当可液化层上覆盖有厚度大于3m的非液化层时，每边放宽不宜小于液化层厚度的1/2，并不应小于3m。

4.5.7 砂桩的中距应通过现场试验确定，但不宜大于砂桩直径的4倍。砂桩的布置如图4.5.7所示，砂桩中距可按下式计算：

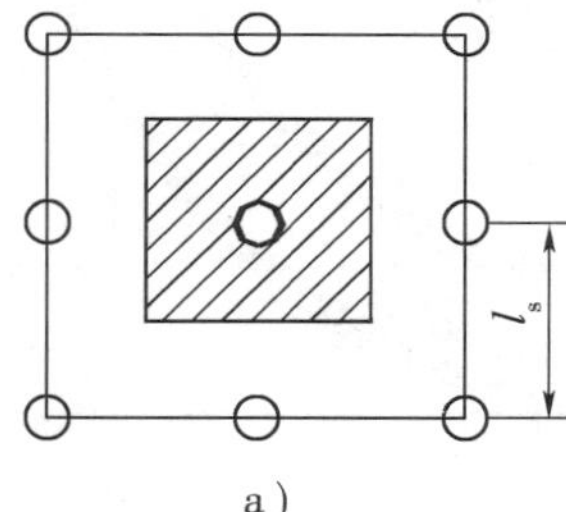

a)

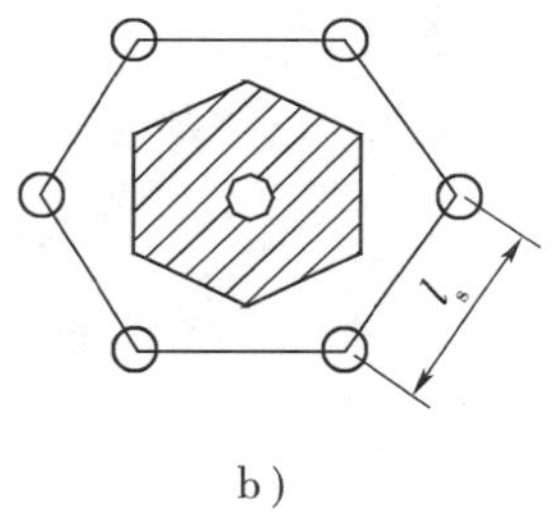

b)

图4.5.7 砂桩的布置及中距

a)正方形；b)等边三角形

1 松散砂土地基

等边三角形布置

$$l_s = 0.95d\sqrt{\frac{1+e_0}{e_0-e_1}} \tag{4.5.7-1}$$

正方形布置

$$l_s = 0.90d\sqrt{\frac{1+e_0}{e_0-e_1}} \tag{4.5.7-2}$$

$$e_1 = e_{max} - D_{r1}(e_{max} - e_{min}) \tag{4.5.7-3}$$

式中：l_s——砂桩中距；

d——砂桩直径；

e_0——地基处理前砂土的孔隙比，可按原状土样试验确定，也可根据动力或静力触探等对比试验确定；

e_1——地基挤密后要求达到的孔隙比；

e_{max}、e_{min}——分别为砂土的最大、最小孔隙比；

D_{r1}——地基挤密后要求达到的相对密度，可取 0.70～0.85。

2　黏性土地基

等边三角形布置　$$l_s = 1.08\sqrt{A_e} \tag{4.5.7-4}$$

正方形布置　$$l_s = \sqrt{A_e} \tag{4.5.7-5}$$

一根砂桩承担的处理面积 A_e　$$A_e = \frac{A_p}{m} \tag{4.5.7-6}$$

$$m = \frac{d^2}{d_e^2} \tag{4.5.7-7}$$

式中：A_p——砂桩截面面积；

m——面积置换率；

d_e——等效影响直径，d_e 可取：砂桩等边三角形布置，$d_e = 1.05l_s$；砂桩正方形布置，$d_e = 1.13l_s$。

4.5.8　砂井预压法适用于处理淤泥质土、淤泥和冲填土等饱和黏性土地基。

砂井预压法主要有普通砂井、袋装砂井和塑料排水板等。普通砂井直径可取 $d_w =$ 300～500mm，袋装砂井直径可取 $d_w = 70～100$mm 。塑料排水板的当量换算直径可按下式计算：

$$D_p = \alpha\frac{2(b+\delta)}{\pi} \tag{4.5.8}$$

式中：D_p——塑料排水板的当量换算直径；

α——换算系数，无试验资料时，可取 $\alpha = 0.75～1.00$；

b——塑料排水板宽度；

δ——塑料排水板厚度。

4.5.9　砂井的平面布置可采用等边三角形或正方形排列。砂井中距 l_s 按下式计算：

等边三角形布置　$$l_s = \frac{d_e}{1.05} \tag{4.5.9-1}$$

正方形布置　$$l_s = \frac{d_e}{1.13} \tag{4.5.9-2}$$

$$d_e = nd_w \tag{4.5.9-3}$$

普通砂井　$$n = 6～8 \tag{4.5.9-4}$$

袋装砂井或塑料排水板　　　　$n = 15 \sim 20$　　　　(4.5.9-5)

式中：d_e——一根砂井的有效排水圆柱体直径；

d_w——砂井直径，见本规范第 4.5.8 条；

n——井径比。

4.5.10　砂井的深度应根据桥涵对地基的稳定性和变形的要求确定。

对于以地基抗滑稳定性为主要因素的结构，如拱式结构的墩台，砂井深度至少应超过最危险滑动面 2m。

对于以沉降控制的桥涵，如压缩土层厚度不大，砂井深度宜贯穿压缩层；压缩土层深厚时，砂井深度应根据在限定的预压时间内需消除的变形量确定；若施工设备条件达不到设计深度，则可采用超载预压等方法来满足工程要求。

4.5.11　砂井预压法处理地基应在地表铺设排水砂砾垫层，其厚度宜大于 400mm。

砂砾垫层砂料宜用中粗砂，含泥量应小于 5%，砂料中可混有少量粒径小于 50mm 的石粒。砂砾垫层的干密度应大于 $1.5t/m^3$。

在预压区内宜设置与砂砾垫层相连的排水盲沟，并把地基中排出的水引出预压区。

砂井的砂料宜用中粗砂，含泥量应小于 3%。

4.6　湿陷性黄土地基处理

4.6.1　黄土的湿陷性应按湿陷系数 δ_s 确定。δ_s 根据室内压缩试验可按下式计算：

$$\delta_s = \frac{h_p - h'_p}{h_0} \tag{4.6.1}$$

式中：δ_s——湿陷系数；

h_p——保持天然湿度和结构的土样，加压至规定的压力时，下沉稳定后的高度（mm）；

h'_p——上述加压稳定后的土样，在浸水（饱和）作用下，附加下沉稳定后的高度（mm）；

h_0——土样的原始高度（mm）。

测定湿陷系数 δ_s 的压力：

对于基础底面压应力不大于 300kPa 的桥涵，自基底算起 10m 以上的土层采用 200kPa；10m 以下至非湿陷性层顶面，采用其上面的覆土的饱和自重压应力（当上面的覆土的饱和自重压应力大于 300kPa 时，采用 300kPa）。

对于基础底面压应力大于 300kPa 的桥涵，应采用实际压应力。

对压缩性较高的新堆积黄土，基底以下 5m 以内土层宜用 100 ~ 150kPa 的压应力；5 ~ 10m及 10m 以下至非湿陷性黄土层顶面，应分别采用 200kPa 和上面覆土的饱和自重压应力。

当湿陷系数 δ_s 小于 0.015 时，定为非湿陷性黄土；当 δ_s 等于或大于 0.015 时，定为湿陷性黄土。

4.6.2 自重湿陷系数 δ_{zs} 可按下式计算：

$$\delta_{zs}=\frac{h_z-h'_z}{h_0} \tag{4.6.2}$$

式中：δ_{zs}——自重湿陷系数；

h_z——保持天然湿度和结构的土样，加压至该土样上覆土的饱和自重压力时，下沉稳定后的高度(mm)；

h'_z——上述加压稳定后的土样，在浸水(饱和)作用下，附加下沉稳定后的高度(mm)；

h_0——土样的原始高度(mm)。

4.6.3 黄土地区桥涵的湿陷类型按自重湿陷量 Δ_{zs} 确定。当自重湿陷量 $\Delta_{zs}\leqslant 70$mm 时，为非自重湿陷性黄土地基；当 $\Delta_{zs}>70$mm 时，为自重湿陷性黄土地基。

湿陷性黄土的自重湿陷量 Δ_{zs} 可按下式计算：

$$\Delta_{zs}=\beta_0\sum_{i=1}^{n}\delta_{zsi}h_i \tag{4.6.3}$$

式中：Δ_{zs}——自重湿陷量(mm)；

δ_{zsi}——第 i 层土的自重湿陷系数；

h_i——第 i 层土的厚度(mm)；

β_0——因地区土质而异的修正系数，采用《湿陷性黄土地区建筑规范》(GB 50025—2003)有关数据：陇西地区可取 1.5，陇东—陕北—晋西地区可取 1.2，关中地区可取 0.9，其他地区可取 0.5。

自重湿陷量 Δ_{zs} 自天然地面算起累计，至其下面的非湿陷性黄土层的顶面为止，其中自重湿陷系数 δ_{zs} 小于 0.015 的土层可不计。

4.6.4 基底以下地基的湿陷量 Δ_s 可按下式计算：

$$\Delta_s=\sum_{i=1}^{n}\beta\delta_{si}h_i \tag{4.6.4}$$

式中：Δ_s——基底以下地基的湿陷量(mm)；

δ_{si}——自基底算起第 i 层土的湿陷系数，见本规范第 4.6.1 条；

β——考虑地基土侧向挤出或浸水几率等因素的修正系数，在基底以下 5m 以内可取 1.5；5～10m 取 1.0；10m 以下至非湿陷性黄土层顶面及非自重湿陷性黄土取零；自重湿陷性黄土可采用本规范公式(4.6.3)中的 β_0 值；

h_i——基底以下第 i 层土的厚度(mm)。

基底以下地基的湿陷量 Δ_s 应自基底算起，对于非自重湿陷性黄土，累计至基底以下

10m(或地基压缩层)深度为止。对于自重湿陷性黄土，累计至非湿陷性黄土层顶面为止；其中湿陷系数 δ_s(10m 以下为 δ_{zs})小于 0.015 的土层可不累计。

4.6.5 湿陷性黄土地基的湿陷等级，应根据自重湿陷量 Δ_{zs}和基底以下地基湿陷量 Δ_s的数值按表 4.6.5 确定。

表 4.6.5 湿陷性黄土地基的湿陷等级

湿陷性类型		非自重湿陷性地基	自重湿陷性地基	
自重湿陷量 Δ_{zs}(mm)		$\Delta_{zs} \le 70$	$70 < \Delta_{zs} \le 350$	$\Delta_{zs} > 350$
基底以下地基的湿陷量 Δ_s(mm)	$\Delta_s \le 300$	I(轻微)	II(中等)	—
	$300 < \Delta_s \le 700$	II(中等)	II(中等)或 III(严重)	III(严重)
	$\Delta_s > 700$	II(中等)	III(严重)	IV(很严重)

注：当湿陷量的计算值 $\Delta_s > 600$mm，且自重湿陷量的计算值 $\Delta_{zs} > 300$mm 时，可判定为 III 级，其他情况可判定为 II 级。

4.6.6 湿陷性黄土地区桥涵根据其重要性、结构特点、受水浸湿后的危害程度和修复难易程度分为 A、B、C、D 四类。

A 类：20m 及以上高墩台和外超静定桥梁；

B 类：一般桥梁基础，拱涵；

C 类：一般涵洞及倒虹吸；

D 类：桥涵附属工程。

湿陷性黄土地区的桥涵应根据湿陷性黄土的等级、结构物分类和水流特征，采取相应的设计措施和处理方案以满足沉降控制的要求。

湿陷性黄土地区地基处理的措施可参考表 4.6.6 采用。

表 4.6.6 湿陷性黄土地区地基处理的措施

类型及措施 \ 水流特征及湿陷等级		经常性流水(或浸湿可能性较大)				季节性流水(或浸湿可能性较小)			
		I	II	III	IV	I	II	III	IV
A	措施	①				①			
B	措施	②、③	②、③	①、②	①	③		②、③	②
	处理深度(m)	2.0~3.0	3.0~5.0	4.0~6.0	6.0	0.8~1.0	1.0~2.0	2.0~3.0	5.0
C	措施	③			②	③			
	处理深度(m)	0.8~1.0	1.0~1.5	1.5~2.0	3.0	0.5~0.8	0.8~1.2	1.2~2.0	2.0
D	措施	④				④			

注：表中①、②、③、④为措施编号，各编号所代表的处理措施如下：①墩台基础采用明挖、沉井或桩基，置于非湿陷性土层中；②采用强夯法或挤密桩法，并采取防水和结构措施；③采取重锤夯实，并采取防水和结构措施；④地基表层夯实。

5 桩基础

5.1 一般规定

5.1.1 桩可按下列规定分类。

1 按承载性状分类。

1)摩擦桩:

桩顶荷载主要由桩侧阻力承受,并考虑桩端阻力。

2)端承桩:

桩顶荷载主要由桩端阻力承受,并考虑桩侧阻力。

2 按成桩方法分类。

1)非挤土桩:分为干作业法钻(挖)孔灌注桩、泥浆护壁法钻孔灌注桩、套管护壁法钻孔灌注桩。

2)部分挤土桩:分为冲孔灌注桩、挤扩孔灌注桩、预钻孔沉桩、敞口预应力混凝土管桩等。

3)挤土桩:分为沉桩(锤击、静压、振动沉入的预制桩及闭口预应力混凝土管桩等)。

5.1.2 各类桩基须根据地质、水文等条件比较采用。

1 钻(挖)孔桩适用于各类土层(包括碎石类土层和岩石层),但应注意:

1)钻孔桩用于淤泥及可能发生流砂的土层时,宜先做试桩。

2)挖孔桩宜用于无地下水或地下水量不多的地层。

2 沉桩可用于黏性土、砂土以及碎石类土等。

5.1.3 各类桩基础的承台底面标高应符合下列要求:

1 冻胀土地区,承台底面在土中时,其埋置深度应符合第4.1.1条的有关规定。

2 有流冰的河流,其标高应在最低冰层底面以下不小于0.25m。

3 当有流筏、其他漂流物或船舶撞击时,承台底面标高应保证桩不受直接撞击损伤。

4 承台底面标高宜参照第4.1.2条的原则确定。

5.1.4 位于冻胀土地区的桩,桩间若需设横系梁,其位置应避开冻胀层,以免受冻胀力的作用。

5.1.5 在同一桩基中,除特殊设计外,不宜同时采用摩擦桩和端承桩;不宜采用直径不同、材料不同和桩端深度相差过大的桩。

5.1.6 对于具有下列情况的大桥、特大桥,应通过静载荷试验确定单桩承载力。

1 桩的入土深度远超过常用桩。

2 地质情况复杂,难以确定桩的承载力。

3 有其他特殊要求的桥梁用桩。

5.2 构造

5.2.1 钻孔桩设计直径不宜小于0.8m;挖孔桩直径或最小边宽度不宜小于1.2m;钢筋混凝土管桩直径可采用0.4~0.8m,管壁最小厚度不宜小于80mm。

5.2.2 混凝土桩。

1 桩身混凝土强度等级:钻(挖)孔桩、沉桩不应低于C25;管桩填芯混凝土不应低于C15。

2 钢筋混凝土沉桩的桩身,应按运输、沉入和使用各阶段内力要求通长配筋。桩的两端和接桩区箍筋或螺旋筋的间距须加密,其值可取40~50mm。

3 钻(挖)孔桩应按桩身内力大小分段配筋。当内力计算表明不需配筋时,应在桩顶3.0~5.0m内设构造钢筋。

1)桩内主筋直径不应小于16mm,每桩的主筋数量不应少于8根,其净距不应小于80mm且不应大于350mm。

2)如配筋较多,可采用束筋。组成束筋的单根钢筋直径不应大于36mm,组成束筋的单根钢筋根数,当其直径不大于28mm时不应多于3根,当其直径大于28mm时应为2根。束筋成束后等代直径为$d_e=\sqrt{n}d$,式中n为单束钢筋根数,d为单根钢筋直径。

3)钢筋保护层净距不应小于60mm。

4)闭合式箍筋或螺旋筋直径不应小于主筋直径的1/4,且不应小于8mm,其中距不应大于主筋直径的15倍且不应大于300mm。

5)钢筋笼骨架上每隔2.0~2.5m设置直径16~32mm的加劲箍一道。

6)钢筋笼四周应设置突出的定位钢筋、定位混凝土块,或采用其他定位措施。

7)钢筋笼底部的主筋宜稍向内弯曲,作为导向。

4 钢筋混凝土预制桩的分节长度应根据施工条件决定,并应尽量减少接头数量。接头强度不应低于桩身强度,接头法兰盘不应突出于桩身之外,在沉桩时和使用过程中接头不应松动和开裂。

5 桩端嵌入非饱和状态强风化岩的预应力混凝土敞口管桩,应采取有效的预防渗水软化桩端持力层的措施。

6 河床岩层有冲刷时,钻孔桩有效深度应考虑岩层最低冲刷标高。

5.2.3 钢桩。

1 钢桩可采用管型或 H 型,其材质应符合现行国家有关规范、标准规定。

2 钢桩焊接接头应采用等强度连接。使用的焊条、焊丝和焊剂应符合现行国家有关规范、标准规定。

3 钢桩的端部形式,应根据桩所穿越的土层、桩端持力层性质、桩的尺寸、挤土效应等因素综合考虑确定。

1)钢管桩可采用下列桩端形式:

①敞口带加强箍(带内隔板、不带内隔板)、敞口不带加强箍(带内隔板、不带内隔板);

②闭口平底、锥底。

2)H 型钢可采用下列桩端形式:

①带端板;

②不带端板、锥底、平底(带扩大翼、不带扩大翼)。

4 钢桩的防腐处理应符合下列规定:

1)海水环境中,钢桩的单面年平均腐蚀速度可按表 5.2.3 取值,有条件时也可根据现场实测确定。其他条件下,在平均低水位以上,年平均腐蚀速度可取 0.06mm/年;平均低水位以下,年平均腐蚀速度可取 0.03mm/年。

表 5.2.3 海水环境中钢桩单面年平均腐蚀速度

部 位	(mm/年)	部 位	(mm/年)
大气区	0.05~0.10	水位变动区,水下区	0.12~0.20
浪溅区	0.20~0.50	泥下区	0.05

注:1.表中年平均腐蚀速度适用于 pH=4~10 的环境条件,对有严重污染的环境,应适当增大。
2.对水质含盐量层次分明的河口或年平均气温高、波浪大和流速大的环境,其对应部位的年平均腐蚀速度应适当增大。

2)钢桩防腐处理可采用外表面涂防腐层、增加腐蚀余量和阴极保护等方法;当钢管桩内壁同外界隔绝时,可不考虑内壁防腐。

5.2.4 桩的布置和中距。

1 群桩的布置可采用对称形、梅花形或环形。

2 桩的中距应符合以下要求:

1)摩擦桩。

锤击、静压沉桩,在桩端处的中距不应小于桩径(或边长)的 3 倍,对于软土地基宜适当增大;振动沉入砂土内的桩,在桩端处的中距不应小于桩径(或边长)的 4 倍。桩在承台底面处的中距不应小于桩径(或边长)的1.5倍。

钻孔桩中距不应小于桩径的2.5倍。

挖孔桩中距可参照钻孔桩采用。

2)端承桩。

支承或嵌固在基岩中的钻(挖)孔桩中距,不应小于桩径的2.0倍。

3)扩底灌注桩。

钻(挖)孔扩底灌注桩中距不应小于1.5倍扩底直径或扩底直径加1.0m,取较大者。

3 边桩(或角桩)外侧与承台边缘的距离,对于直径(或边长)小于或等于1.0m的桩,不应小于0.5倍桩径(或边长),并不应小于250mm;对于直径大于1.0m的桩,不应小于0.3倍桩径(或边长),并不应小于500mm。

5.2.5 承台和横系梁的构造。

1 承台的厚度宜为桩直径的1.0倍及以上,且不宜小于1.5m,混凝土强度等级不应低于C25。

2 当桩顶直接埋入承台连接时,应在每根桩的顶面上设1~2层钢筋网。当桩顶主筋伸入承台时,承台在桩身混凝土顶端平面内须设一层钢筋网,在每米内(按每一方向)设钢筋网1 200~1 500mm^2,钢筋直径采用12~16mm,钢筋网应通过桩顶且不应截断。承台的顶面和侧面应设置表层钢筋网,每个面在两个方向的截面面积均不宜小于400mm^2/m,钢筋间距不应大于400mm。

3 当用横系梁加强桩之间的整体性时,横系梁的高度可取为0.8~1.0倍桩的直径,宽度可取为0.6~1.0倍桩的直径。混凝土的强度等级不应低于C25。纵向钢筋不应少于横系梁截面面积的0.15%;箍筋直径不应小于8mm,其间距不应大于400mm。

5.2.6 桩与承台、横系梁的连接应符合下列要求。

1 桩顶直接埋入承台连接:当桩径(或边长)小于0.6m时,埋入长度不应小于2倍桩径(或边长);当桩径(或边长)为0.6~1.2m时,埋入长度不应小于1.2m;当桩径(或边长)大于1.2m时,埋入长度不应小于桩径(或边长)。

2 桩顶主筋伸入承台连接:桩身嵌入承台内的深度可采用100mm;伸入承台内的桩顶主筋可做成喇叭形(与竖直线夹角大约为15°)。伸入承台内的主筋长度,光圆钢筋不应小于30倍钢筋直径(设弯钩),带肋钢筋不应小于35倍钢筋直径(不设弯钩)。

3 对于大直径灌注桩,当采用一柱一桩时,可设置横系梁或将桩与柱直接连接。

4 管桩与承台连接时,伸入承台内的纵向钢筋如采用插筋,插筋数量不应少于4根,直径不应小于16mm,锚入承台长度不宜少于35倍钢筋直径,插入管桩顶填芯混凝土长度不宜小于1.0m。

5 横系梁的主钢筋应伸入桩内,其长度不小于35倍主筋直径。

5.3 计算

5.3.1 桩的计算,可按下列规定进行:

1 承台底面以上的荷载假定全部由桩承受;

2 桥台土压力可自填土前的原地面起算。

5.3.2 在软土和软弱地基土层较厚、持力层较好的地基中,桩基计算应考虑路基填土荷载或地下水位下降等因素所引起的负摩阻力的影响。

5.3.3 摩擦桩单桩轴向受压承载力容许值$[R_a]$,可按下列公式计算:

1 钻(挖)孔灌注桩的承载力容许值:

$$[R_a]=\frac{1}{2}u\sum_{i=1}^{n}q_{ik}l_i+A_pq_r \tag{5.3.3-1}$$

$$q_r=m_0\lambda[[f_{a0}]+k_2\gamma_2(h-3)] \tag{5.3.3-2}$$

式中:$[R_a]$——单桩轴向受压承载力容许值(kN),桩身自重与置换土重(当自重计入浮力时,置换土重也计入浮力)的差值作为荷载考虑;

u——桩身周长(m);

A_p——桩端截面面积(m^2),对于扩底桩,取扩底截面面积;

n——土的层数;

l_i——承台底面或局部冲刷线以下各土层的厚度(m),扩孔部分不计;

q_{ik}——与l_i对应的各土层与桩侧的摩阻力标准值(kPa),宜采用单桩摩阻力试验确定,当无试验条件时按表5.3.3-1选用;

q_r——桩端处土的承载力容许值(kPa),当持力层为砂土、碎石土时,若计算值超过下列值,宜按下列值采用:粉砂1 000 kPa;细砂1 150 kPa;中砂、粗砂、砾砂1 450 kPa;碎石土2 750 kPa;

$[f_{a0}]$——桩端处土的承载力基本容许值(kPa),按本规范第3.3.3条确定;

h——桩端的埋置深度(m),对于有冲刷的桩基,埋深由一般冲刷线起算;对无冲刷的桩基,埋深由天然地面线或实际开挖后的地面线起算;h的计算值不大于40m,当大于40m时,按40m计算;

k_2——容许承载力随深度的修正系数,根据桩端处持力层土类按本规范表3.3.4选用;

γ_2——桩端以上各土层的加权平均重度(kN/m^3),若持力层在水位以下且不透水时,不论桩端以上土层的透水性如何,一律取饱和重度;当持力层透水时则水中部分土层取浮重度;

λ——修正系数,按表5.3.3-2选用;

m_0——清底系数，按表 5.3.3-3 选用。

表 5.3.3-1　钻孔桩桩侧土的摩阻力标准值 q_{ik}

土类		q_{ik}(kPa)
中密炉渣、粉煤灰		40 ~ 60
黏性土	流塑 $I_L > 1$	20 ~ 30
	软塑 $0.75 < I_L \leqslant 1$	30 ~ 50
	可塑、硬塑 $0 < I_L \leqslant 0.75$	50 ~ 80
	坚硬 $I_L \leqslant 0$	80 ~ 120
粉土	中密	30 ~ 55
	密实	55 ~ 80
粉砂、细砂	中密	35 ~ 55
	密实	55 ~ 70
中砂	中密	45 ~ 60
	密实	60 ~ 80
粗砂、砾砂	中密	60 ~ 90
	密实	90 ~ 140
圆砾、角砾	中密	120 ~ 150
	密实	150 ~ 180
碎石、卵石	中密	160 ~ 220
	密实	220 ~ 400
漂石、块石		400 ~ 600

注：挖孔桩的摩阻力标准值可参照本表采用。

表 5.3.3-2　修正系数 λ 值

桩端土情况 \ l/d	4 ~ 20	20 ~ 25	> 25
透水性土	0.70	0.70 ~ 0.85	0.85
不透水性土	0.65	0.65 ~ 0.72	0.72

2　沉桩的承载力容许值

$$[R_a] = \frac{1}{2}\left(u\sum_{i=1}^{n}\alpha_i l_i q_{ik} + \alpha_r A_p q_{rk}\right) \tag{5.3.3-3}$$

式中：$[R_a]$——单桩轴向受压承载力容许值(kN)，桩身自重与置换土重(当自重计入浮力

时,置换土重也计入浮力)的差值作为荷载考虑;

u——桩身周长(m);

n——土的层数;

l_i——承台底面或局部冲刷线以下各土层的厚度(m);

q_{ik}——与 l_i 对应的各土层与桩侧摩阻力标准值(kPa),宜采用单桩摩阻力试验确定或通过静力触探试验测定,当无试验条件时按表5.3.3-4选用;

q_{rk}——桩端处土的承载力标准值(kPa),宜采用单桩试验确定或通过静力触探试验测定,当无试验条件时按表 5.3.3-5 选用;

α_i、α_r——分别为振动沉桩对各土层桩侧摩阻力和桩端承载力的影响系数,按表5.3.3-6采用;对于锤击、静压沉桩其值均取为 1.0。

表 5.3.3-3 清底系数 m_0 值

t/d	0.3~0.1
m_0	0.7~1.0

注:1. t、d 为桩端沉渣厚度和桩的直径。

2. $d\leqslant1.5$m 时,$t\leqslant300$mm;$d>1.5$m 时,$t\leqslant500$mm,且 $0.1<t/d<0.3$。

表 5.3.3-4 沉桩桩侧土的摩阻力标准值 q_{ik}

土 类	状 态	摩阻力标准值 q_{ik}(kPa)
黏性土	$1.5\geqslant I_L\geqslant1$	15~30
	$1>I_L\geqslant0.75$	30~45
	$0.75>I_L\geqslant0.5$	45~60
	$0.5>I_L\geqslant0.25$	60~75
	$0.25>I_L\geqslant0$	75~85
	$0>I_L$	85~95
粉土	稍密	20~35
	中密	35~65
	密实	65~80
粉、细砂	稍密	20~35
	中密	35~65
	密实	65~80
中砂	中密	55~75
	密实	75~90
粗砂	中密	70~90
	密实	90~105

注:表中土的液性指数 I_L,系按 76g 平衡锥测定的数值。

表 5.3.3-5 沉桩桩端处土的承载力标准值 q_{rk}

土类	状态	桩端承载力标准值 q_{rk}(kPa)		
黏性土	$I_L \geqslant 1$	1 000		
	$1 > I_L \geqslant 0.65$	1 600		
	$0.65 > I_L \geqslant 0.35$	2 200		
	$0.35 > I_L$	3 000		
		桩尖进入持力层的相对深度		
		$1 > \frac{h_c}{d}$	$4 > \frac{h_c}{d} \geqslant 1$	$\frac{h_c}{d} \geqslant 4$
粉土	中密	1 700	2 000	2 300
	密实	2 500	3 000	3 500
粉砂	中密	2 500	3 000	3 500
	密实	5 000	6 000	7 000
细砂	中密	3 000	3 500	4 000
	密实	5 500	6 500	7 500
中、粗砂	中密	3 500	4 000	4 500
	密实	6 000	7 000	8 000
圆砾石	中密	4 000	4 500	5 000
	密实	7 000	8 000	9 000

注:表中 h_c 为桩端进入持力层的深度(不包括桩靴);d 为桩的直径或边长。

表 5.3.3-6 系数 α_i、α_r 值

土类 / 系数 α_i、α_r / 桩径或边长 d(m)	黏土	粉质黏土	粉土	砂土
$0.8 \geqslant d$	0.6	0.7	0.9	1.1
$2.0 \geqslant d > 0.8$	0.6	0.7	0.9	1.0
$d > 2.0$	0.5	0.6	0.7	0.9

当采用静力触探试验测定时,沉桩承载力容许值计算中的 q_{ik}和 q_{rk}取为:

$$q_{ik} = \beta_i \overline{q}_i \tag{5.3.3-4}$$

$$q_{rk} = \beta_r \overline{q}_r \tag{5.3.3-5}$$

式中:$\overline{q}_i$——桩侧第 i 层土由静力触探测得的局部侧摩阻力的平均值(kPa),当 $\overline{q}_i$ 小于 5kPa 时,采用 5kPa;

$\overline{q}_r$——桩端(不包括桩靴)标高以上和以下各 $4d$(d 为桩的直径或边长)范围内静力触探端阻的平均值(kPa);若桩端标高以上 $4d$ 范围内端阻的平均值大于桩端标高以下 $4d$ 的端阻平均值时,则取桩端以下 $4d$ 范围内端阻的平均值;

β_i、β_r——分别为侧摩阻和端阻的综合修正系数,其值按下面判别标准选用相应的计算公式;当土层的 $\overline{q}_r$ 大于 2 000kPa,且 $\overline{q}_i/\overline{q}_r$ 小于或等于 0.014 时:

$$\beta_i = 5.067(\overline{q}_i)^{-0.45}$$

$$\beta_r = 3.975(\overline{q}_r)^{-0.25}$$

如不满足上述 $\overline{q}_r$ 和 $\overline{q}_i/\overline{q}_r$ 条件时:

$$\beta_i = 10.045(\overline{q}_i)^{-0.55}$$

$$\beta_r = 12.064(\overline{q}_r)^{-0.35}$$

上列综合修正系数计算公式不适合城市杂填土条件下的短桩;综合修正系数用于黄土地区时,应做试桩校核。

5.3.4 支承在基岩上或嵌入基岩内的钻(挖)孔桩、沉桩的单桩轴向受压承载力容许值 $[R_a]$,可按下式计算:

$$[R_a] = c_1 A_p f_{rk} + u\sum_{i=1}^{m} c_{2i} h_i f_{rki} + \frac{1}{2}\zeta_s u \sum_{i=1}^{n} l_i q_{ik} \tag{5.3.4}$$

式中:$[R_a]$——单桩轴向受压承载力容许值(kN),桩身自重与置换土重(当自重计入浮力时,置换土重也计入浮力)的差值作为荷载考虑;

c_1——根据清孔情况、岩石破碎程度等因素而定的端阻发挥系数,按表 5.3.4 采用;

A_p——桩端截面面积(m^2),对于扩底桩,取扩底截面面积;

f_{rk}——桩端岩石饱和单轴抗压强度标准值(kPa),黏土质岩取天然湿度单轴抗压强度标准值,当 f_{rk} 小于 2MPa 时按摩擦桩计算(f_{rki} 为第 i 层的 f_{rk} 值);

c_{2i}——根据清孔情况、岩石破碎程度等因素而定的第 i 层岩层的侧阻发挥系数,按表5.3.4采用;

u——各土层或各岩层部分的桩身周长(m);

h_i——桩嵌入各岩层部分的厚度(m),不包括强风化层和全风化层;

m——岩层的层数,不包括强风化层和全风化层;

ζ_s——覆盖层土的侧阻力发挥系数,根据桩端 f_{rk} 确定:当 $2\text{MPa} \leq f_{rk} < 15\text{MPa}$ 时,$\zeta_s = 0.8$;当 $15\text{MPa} \leq f_{rk} < 30\text{MPa}$ 时,$\zeta_s = 0.5$;当 $f_{rk} > 30\text{MPa}$ 时,$\zeta_s = 0.2$;

l_i——各土层的厚度(m);

q_{ik}——桩侧第 i 层土的侧阻力标准值(kPa),宜采用单桩摩阻力试验值,当无试验条件时,对于钻(挖)孔桩按本规范表 5.3.3-1 选用,对于沉桩按本规范表 5.3.3-4 选用;

n——土层的层数,强风化和全风化岩层按土层考虑。

表 5.3.4　系 数 c_1、c_2 值

岩石层情况	c_1	c_2
完整、较完整	0.6	0.05
较破碎	0.5	0.04
破碎、极破碎	0.4	0.03

注：1. 当入岩深度小于或等于 0.5m 时，c_1 乘以 0.75 的折减系数，$c_2=0$。

2. 对于钻孔桩，系数 c_1、c_2 值应降低 20% 采用；

桩端沉渣厚度 t 应满足以下要求：$d\leqslant1.5$m 时，$t\leqslant50$mm；$d>1.5$m 时，$t\leqslant100$mm。

3. 对于中风化层作为持力层的情况，c_1、c_2 应分别乘以 0.75 的折减系数。

5.3.5　当河床岩层有冲刷时，桩基须嵌入基岩，嵌岩桩按桩底嵌固设计。其应嵌入基岩中的深度，可按下列公式计算。

1　圆形桩：

$$h=\sqrt{\frac{M_{\mathrm{H}}}{0.065\,5\beta f_{\mathrm{rk}}d}} \tag{5.3.5-1}$$

2　矩形桩：

$$h=\sqrt{\frac{M_{\mathrm{H}}}{0.083\,3\beta f_{\mathrm{rk}}b}} \tag{5.3.5-2}$$

以上两式中：h——桩嵌入基岩中（不计强风化层和全风化层）的有效深度（m），不应小于 0.5m；

M_{H}——在基岩顶面处的弯矩（kN·m）；

f_{rk}——岩石饱和单轴抗压强度标准值（kPa），黏土质岩取天然湿度单轴抗压强度标准值；

β——系数，$\beta=0.5\sim1.0$，根据岩层侧面构造而定，节理发育的取小值；节理不发育的取大值；

d——桩身直径（m）；

b——垂直于弯矩作用平面桩的边长（m）。

5.3.6　桩端后压浆灌注桩单桩轴向受压承载力容许值，应通过静载试验确定。在符合本规范附录 N 后压浆技术规定的条件下，后压浆单桩轴向受压承载力容许值可按下式计算：

$$[R_{\mathrm{a}}]=\frac{1}{2}u\sum_{i=1}^{n}\beta_{\mathrm{si}}q_{\mathrm{ik}}l_{\mathrm{i}}+\beta_{\mathrm{p}}A_{\mathrm{p}}q_{\mathrm{r}} \tag{5.3.6}$$

式中：$[R_{\mathrm{a}}]$——桩端后压浆灌注桩的单桩轴向受压承载力容许值（kN），桩身自重与置换土重（当自重计入浮力时，置换土重也计入浮力）的差值作为荷载考虑；

β_{si}——第 i 层土的侧阻力增强系数，可按表 5.3.6 取值，当在饱和土层中压浆时，仅对桩端以上 8.0～12.0m 范围的桩侧阻力进行增强修正；当在非饱和土

层中压浆时,仅对桩端以上 4.0~5.0m 的桩侧阻力进行增强修正;对于非增强影响范围,$\beta_{si}=1$;

β_p——端阻力增强系数,可按表 5.3.6 取值。

其他符号同本规范式(5.3.3-1)。

表 5.3.6 桩端后压浆侧阻力增强系数 β_s、端阻力增强系数 β_p

土层名称	黏性土、粉土	粉砂	细砂	中砂	粗砂	砾砂	碎石土
β_s	1.3~1.4	1.5~1.6	1.5~1.7	1.6~1.8	1.5~1.8	1.6~2.0	1.5~1.6
β_p	1.5~1.8	1.8~2.0	1.8~2.1	2.0~2.3	2.2~2.4	2.2~2.4	2.2~2.5

5.3.7 按本规范第 5.3.3 条、第 5.3.4 条、第 5.3.6 条规定计算的单桩轴向受压承载力容许值$[R_a]$,应根据桩的受荷阶段及受荷情况乘以表 5.3.7 规定的抗力系数。

表 5.3.7 单桩轴向受压承载力的抗力系数

受荷阶段	作用效应组合		抗力系数
使用阶段	短期效应组合	永久作用与可变作用组合	1.25
		结构自重、预加力、土重、土侧压力和汽车、人群组合	1.00
	作用效应偶然组合(不含地震作用)		1.25
施工阶段	施工荷载效应组合		1.25

5.3.8 摩擦桩应根据桩承受作用的情况决定是否允许出现拉力。当桩的轴向力由结构自重、预加力、土重、土侧压力、汽车荷载和人群荷载短期效应组合所引起时,桩不允许受拉;当桩的轴向力由上述荷载并与其他作用组成的短期效应组合或荷载效应的偶然组合(地震作用除外)所引起时,则桩允许受拉。摩擦桩单桩轴向受拉承载力容许值按下列公式计算:

$$[R_t]=0.3u\sum_{i=1}^{n}\alpha_i l_i q_{ik} \tag{5.3.8}$$

式中:$[R_t]$——单桩轴向受拉承载力容许值(kN);

u——桩身周长(m),对于等直径桩,$u=\pi d$;对于扩底桩,自桩端起算的长度$\sum l_i \leqslant 5d$时,取 $u=\pi D$;其余长度均取 $u=\pi D$(其中 D 为桩的扩底直径,d 为桩身直径);

α_i——振动沉桩对各土层桩侧摩阻力的影响系数,按本规范表 5.3.3-6 采用;对于锤击、静压沉桩和钻孔桩,$\alpha_i=1$。

计算作用于承台底面由外荷载引起的轴向力时,应扣除桩身自重值。

5.3.9 计算桩内力时,可采用 m 法(见本规范附录 P 和附录 Q)或其他可靠的方法。

5.3.10 桩应验算桩身强度、稳定性及裂缝宽度。验算方法可按照现行《公路钢筋混凝土及预应力混凝土桥涵设计规范》(JTG D62)有关章节进行。

5.3.11 9根桩及9根桩以上的多排摩擦桩群桩在桩端平面内桩距小于6倍桩径时，群桩作为整体基础验算桩端平面处土的承载力，验算方法按本规范附录R进行。当桩端平面以下有软土层或软弱地基时，还应按本规范第4.2.6条验算该土层的承载力。

5.3.12 当桩基为端承桩或桩端平面内桩的中距大于桩径（或边长）的6倍时，桩基的总沉降量可取单桩的沉降量。在其他情况下，按本规范第4.3.4条的规定按墩台基础计算群桩的沉降量，并应计入桩身压缩量。

6 沉井基础

6.1 一般规定

6.1.1 当桥梁墩台基础处的河床地质、水文及施工等条件适宜时，可选用沉井基础。但河床中有流砂、孤石、树干或老桥基等难于清除的障碍物，或在表面倾斜较大的岩层上时，不宜采用沉井基础。当水深较大，流速适宜时亦可考虑采用浮运沉井。

沉井的埋置深度应符合本规范第 4 章第 4.1 节的规定。

6.1.2 为使沉井顺利下沉，沉井重力(不排水下沉时，应计浮重度)须大于井壁与土体间的摩阻力标准值。土与井壁间的摩阻力标准值应根据实践经验或实测资料确定；当缺乏上述资料时，可根据土的性质、施工措施，按表 6.1.2 选用。

表 6.1.2 井壁与土体间的摩阻力标准值

土的名称	摩阻力标准值(kPa)	土的名称	摩阻力标准值(kPa)
黏性土	25 ~ 50	砾 石	15 ~ 20
砂性土	12 ~ 25	软土	10 ~ 12
卵石	15 ~ 30	泥浆套	3 ~ 5

注：泥浆套为灌注在井壁外侧的触变泥浆，是一种助沉材料。

6.2 构造

6.2.1 沉井平面形状及尺寸应根据墩台身底面尺寸、地基土的承载力及施工要求确定。沉井棱角处宜做成圆角或钝角，顶面襟边宽度应根据沉井施工容许偏差而定，不应小于沉井全高的 1/50，且不应小于 0.2m，浮式沉井另加 0.2m。沉井顶部需设置围堰时，其襟边宽度应满足安装墩台身模板的需要。

井孔的布置和大小应满足取土机具操作的需要，对顶部设置围堰的沉井，宜结合井顶围堰统一考虑。

6.2.2 沉井每节高度可视沉井的平面尺寸、总高度、地基土情况和施工条件而定，不宜高于 5m。

沉井外壁可做成垂直面、斜面(斜面坡度为竖/横：20/1 ~ 50/1)或与斜面坡度相当的台阶形。

6.2.3 沉井井壁的厚度应根据结构强度、施工下沉需要的重力、便于取土和清基等因素而定，可采用 0.8～1.5m；但钢筋混凝土薄壁浮运沉井及钢模薄壁浮运沉井的壁厚不受此限。

6.2.4 沉井刃脚根据地质情况，可采用尖刃脚或带踏面刃脚。如土质坚硬，刃脚面应以型钢加强或底节外壳采用钢结构。刃脚底面宽度可为 0.1～0.2m，如为软土地基可适当放宽。刃脚斜面与水平面交角不宜小于 45°。沉井内隔墙底面比刃脚底面至少应高出 0.5m。当沉井需要下沉至稍有倾斜的岩面上时，在掌握岩层高低差变化的情况下，可将刃脚做成与岩面倾斜度相适应的高低刃脚。

6.2.5 沉井材料可用混凝土、钢筋混凝土（配筋率不应小于 0.1%）和钢材等。混凝土沉井仅适用于松软土层；其井壁竖向接缝应设置接缝钢筋。沉井刃脚不宜采用混凝土结构。

浮运沉井可采用钢筋混凝土薄壁或钢模薄壁结构。

6.2.6 沉井填料可采用混凝土、片石混凝土或浆砌片石；在无冰冻地区亦可采用粗砂和砂砾填料；空心沉井应考虑受力和稳定要求。粗砂、砂砾填芯沉井和空心沉井的顶面均须设置钢筋混凝土盖板，盖板厚度通过计算确定。

6.2.7 沉井各部分混凝土强度等级：刃脚不应低于 C25；井身不应低于 C20；当为薄壁浮运沉井时，井壁和隔板不应低于 C25，腹腔内填料不应低于 C15。

6.2.8 沉井封底混凝土厚度由计算确定，但其顶面应高出刃脚根部（即刃脚斜面的顶点处）不小于 0.5m。封底混凝土强度等级，非岩石地基不应低于 C25，岩石地基不应低于 C20。

6.3 计算

6.3.1 沉井的计算应包括：

1 沉井作为整体基础计算。

沉井作为整体基础计算，可按本规范第 4 章有关规定执行。考虑土的弹性抗力作用时，可按本规范附录 Q 计算；采用泥浆套施工且采取了恢复侧面土的约束能力措施后，方可考虑土的弹性抗力作用。

对高低刃脚的沉井基础，验算抗倾覆和抗滑动稳定性时，应考虑岩面倾斜的不利因素，并采取必要的措施。

2 沉井在施工过程中的计算。

1)使沉井顺利下沉所必需的重力,可按本规范第6.1.2条规定计算。

2)沉井井壁及刃脚,可按本规范第6.3.2~6.3.4条规定计算。

3)混凝土封底层的厚度,可按本规范第6.3.5条规定计算。

4)浮运沉井在浮运过程中的横向稳定性,可按本规范第6.3.6条规定计算。

5)沉井在施工过程中,其截面应按现行《公路钢筋混凝土及预应力混凝土桥涵设计规范》(JTG D62)进行短暂状况验算。

3　沉井盖板应按现行《公路钢筋混凝土及预应力混凝土桥涵设计规范》(JTG D62)进行承载能力极限状态计算和正常使用极限状态计算。计算时其结构重要性系数和作用效应组合,应分别符合本规范第1.0.5条的规定。

6.3.2　沉井井壁应按下列规定验算。薄壁浮运沉井的井壁应根据实际可能发生的情况进行验算。

1　施工下沉时,沉井底节应按下列情况验算其竖向弯曲强度:

1)当排水挖土下沉时,沉井底节假定支承在四个支点"1"上(图6.3.2-1),验算其竖向弯曲。

2)当不排水挖土下沉时,由于挖土不均匀,沉井底节假定支承在长边的中心支点"2"上或支承在短边两端的四角支点"3"上(图6.3.2-2),验算其竖向弯曲。

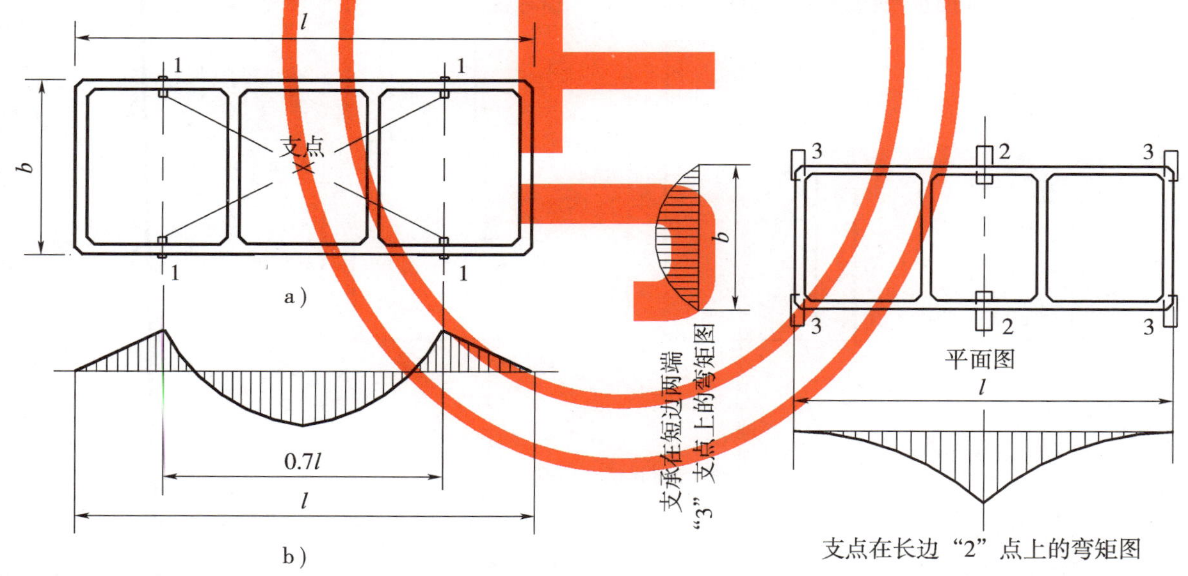

图6.3.2-1　排水下沉的沉井
a)平面图;b)弯矩图

图6.3.2-2　不排水挖土下沉的沉井

2　施工下沉过程中井壁的验算分为竖直方向和水平方向两部分。

1)竖直方向:

当沉井被四周土体摩阻力所嵌固而刃脚下的土已被挖空时,应验算井壁接缝处的竖向抗拉强度。在接缝处假定混凝土不承受拉力而由接缝处的钢筋承受。

①等截面井壁:

井壁摩阻力可假定沿沉井总高按三角形分布，即在刃脚底面处为零，在地面处为最大。此时，最危险的截面在沉井入土深度的1/2处[图6.3.2-3a)]，最大竖向拉力 P_{max} 为沉井全部重力 G_k 的1/4，即

$$P_{max}=\frac{G_k}{4} \tag{6.3.2-1}$$

②台阶形井壁：

每段井壁变阶处均应进行计算，变阶处的井壁拉力 P_x[图6.3.2-3b)]为：

$$P_x=G_{xk}-\frac{1}{2}uq_x x \tag{6.3.2-2}$$

$$q_x=\frac{x}{h}q_d \tag{6.3.2-3}$$

式中：P_x——距刃脚底面 x 变阶处的井壁拉力(kN)；

G_{xk}——x 高度范围内的沉井自重(kN)；

u——井壁周长(m)；

q_x——距刃脚底面 x 变阶处的摩阻力(kPa)；

q_d——沉井顶面摩阻力(kPa)；

h——沉井总高(m)；

x——刃脚底面至变阶处(或验算截面)的高度。

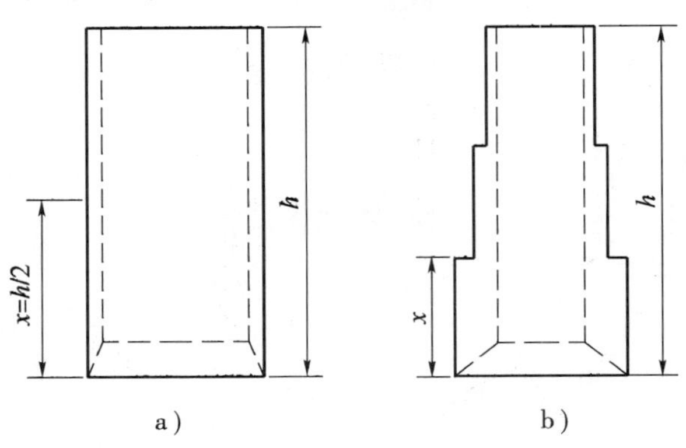

图6.3.2-3 沉井井壁竖直受拉

a)等截面井壁；b)台阶形井壁

2)水平方向：

水平方向应验算刃脚根部以上高度等于该处壁厚的一段井壁。计算时除计入该段井壁范围内的水平荷载外，还应考虑由刃脚悬臂传来的水平剪力。

根据排水或不排水的情况，沉井井壁在水压力和土压力等水平荷载作用下，应作为水平框架验算其水平方向的弯曲。

采用泥浆套下沉的沉井，泥浆压力大于上述水平荷载，井壁压力应按泥浆压力计算。

采用空气幕下沉的沉井，井壁压力与普通沉井的计算相同。

6.3.3 沉井刃脚可分别作为悬臂梁和水平框架验算其竖向和水平向的弯曲强度。

1 刃脚竖向作为悬臂梁计算。刃脚根部可以认为与井壁嵌固,刃脚高度作为悬臂长度,并可根据以下两种不利情况分别计算:

1)刃脚竖向向外弯曲。沉井下沉途中,刃脚内侧已切入土中约1m,沉井顶部露出水面尚有一定高度(多节沉井约为一节沉井高度)时,验算刃脚因受井孔内土体的侧向压力而向外弯曲时的强度。在上述情况下,作用于井壁外侧的计算侧土压力和水压力的总和不应大于静水压力的70%,井壁外侧的计算摩阻力取0.5E(E为井壁所受的主动土压力)或本规范表6.1.2数值计算的较小者。

2)刃脚竖向向内弯曲。沉井已沉到设计标高,刃脚下的土已被挖空的情况下,验算刃脚因受井壁外侧全部水压力和侧土压力而向内弯曲时的强度。水压力可按下列情况计算:

不排水下沉时,井壁外侧水压力值按100%计算,内侧水压力值按50%计算,但也可按施工中可能出现的水头差计算。

排水下沉时,在透水不良的土中,可按静水压力的70%计算;在透水土中,可按静水压力的100%计算。

2 刃脚竖向作为水平框架计算。沉井已沉到设计标高,刃脚下的土已被挖空的情况下,将刃脚作为闭合的水平框架,计算其水平方向的抗弯强度。

6.3.4 沉井刃脚上作用的水平力分配系数可用下列近似方法计算:

1 刃脚沿竖向视为悬臂梁,其悬臂长度等于斜面部分的高度。当内隔墙的底面距刃脚底面为0.5m或大于0.5m而采用竖向承托加强时,作用于悬臂部分的水平力可乘以分配系数α:

$$\alpha=\frac{0.1l_1^4}{h^4+0.05l_1^4}\leqslant 1.0 \tag{6.3.4-1}$$

式中:l_1——支承在内隔墙间的外壁最大计算跨径(m);

h——刃脚斜面部分的高度(m)。

悬臂部分的竖直钢筋应伸入悬臂根部以上0.5l_1的高度,并在悬臂总高按剪力和构造要求设置箍筋。

2 刃脚水平方向可视为闭合框架。当刃脚悬臂的水平力乘以分配系数α时,作用于框架的水平力应乘以分配系数β:

$$\beta=\frac{h^4}{h^4+0.05l_2^4} \tag{6.3.4-2}$$

式中:l_2——支承在内隔墙间的外壁最小计算跨径(m);

h——刃脚斜面部分的高度(m)。

6.3.5 混凝土封底的厚度应根据基底的水压力和地基土的向上反力计算确定。井孔不填充混凝土的沉井,封底混凝土须承受沉井基础全部荷载所产生的基底反力,井内如填砂时应扣除其重力。井孔内如填充混凝土(或片石混凝土),封底混凝土须承受填充混凝土前的沉井底部的静水压力。

6.3.6 薄壁浮运沉井在浮运过程中(沉入河床前),应验算横向稳定性。

沉井浮体稳定倾斜角 φ 可按下列公式计算:

$$\varphi = \tan^{-1}\frac{M}{\gamma_{\mathrm{w}} V(\rho - a)} \tag{6.3.6-1}$$

$$\rho = \frac{I}{V} \tag{6.3.6-2}$$

式中:φ——沉井在浮运阶段的倾斜角,不应大于 6°,并应满足 $(\rho - a) > 0$;

M——外力矩(kN·m);

V——排水体积(m^3);

a——沉井重心至浮心的距离(m),重心在浮心之上为正,反之为负;

ρ——定倾半径,即定倾中心至浮心的距离(m);

I——薄壁沉井浮体排水截面面积的惯性矩(m^4);

γ_{w}——水的重度,$\gamma_{\mathrm{w}} = 10\ \mathrm{kN/m^3}$。

6.3.7 底节以上沉井应按静水压力、流水压力、风力、导向结构反力、锚缆拉力、井内填充混凝土侧压力等,分别验算井壁和内隔墙。

7 地下连续墙

7.1 一般规定

7.1.1 本章适用于用作公路桥梁基坑支护结构及基础的现浇混凝土地下连续墙的设计，在一般地质条件下适用，对于特殊地质条件地区应结合地区工程经验应用。

7.1.2 地下连续墙支护结构的设计安全等级及结构重要性系数应根据支护结构破坏、土体失稳或过大变形对基坑周边环境及地下结构施工造成影响的严重性按表7.1.2选用。

地下连续墙基础的设计安全等级及结构重要性系数应与桥梁整体结构一致。

表7.1.2 支护结构安全等级及重要性系数

安全等级	破坏后果	γ_0
一级	很严重	1.1
二级	严重	1.0
三级	不严重	0.9

7.1.3 地下连续墙支护结构设计应综合考虑工程地质与水文地质、基础类型、基坑开挖深度、降排水条件、周边环境要求和使用期限等因素；地下连续墙基础设计应综合考虑工程地质与水文地质、上部结构条件和周边环境要求等因素。做到因地制宜、合理设计。

7.1.4 地下连续墙设计应考虑施工和环境保护的要求。

7.1.5 地下连续墙设计应对质量检测、环境监测和现场试验等提出相关要求。

7.2 支护结构设计

7.2.1 基坑支护结构应保证岩土开挖、地下结构施工的安全。

7.2.2 地下连续墙基坑支护结构设计应包括下列内容：

1 支护体系的方案技术经济比较和选型；

2 支护结构的强度、稳定和变形计算；

3 基坑内外土体稳定性计算；

4 抗渗流稳定性计算；

5 基坑降水、岩土开挖方法及要求；

6 基坑施工过程监测要求。

7.2.3 支护结构宜设置支承系统。

7.2.4 支护结构的支撑必须采用稳定的结构体系和连接构造,刚度应满足变形要求。

支撑设计应包括结构布置、结构内力和变形计算、构件强度和稳定性验算、构件结点设计及构件安装和拆除流程设计。土层锚杆(锚索)设计应包括结构布置、轴向承载力验算、土体稳定性验算。环梁、内衬设计应包括结构布置、受力计算、强度和稳定性验算。

7.2.5 应考虑结构水平变形、地下水的变化对周边环境的水平与竖向变形的影响;对于安全等级为一级或对周边环境变形有限定要求的二级基坑工程,应根据周边环境的重要性、对变形的适应能力及土的性质等因素确定支护结构的水平变形限值。

7.2.6 可根据静力平衡条件初步选定地下连续墙在基坑开挖面以下的入土深度,在进行整体稳定性和墙体变形验算后综合确定入土深度。

7.2.7 地下连续墙的侧向作用应包括土压力、水压力、基坑周围建筑物及施工荷载引起的侧向压力等。砂性土应按水土分算的原则计算;黏性土宜按水土合算的原则计算;也可按地区经验确定。

7.2.8 地下连续墙支护结构设计应根据不同设计状况,分别按承载能力极限状态和正常使用极限状态设计。

1 承载能力极限状态应包括下列计算内容:

1)土体稳定性计算;

2)墙体结构强度和稳定性计算;

3)支承系统承载力和稳定性计算。

2 正常使用极限状态应包括结构变形、抗裂和裂缝宽度验算。

7.2.9 地下连续墙支护结构应根据不同设计状态,按施工过程的不同工况进行作用效应组合。

7.2.10 构造规定:

1 墙体的截面形式和分段长度应根据整体平面布置、受力情况、槽壁稳定性、环境条件和施工条件等确定。单元墙段长度可取4~8m。墙体厚度应考虑成槽机械能力由计算确定,不宜小于600mm。成槽竖直度不应大于1/200。

2 墙体、支撑、环梁(含竖肋)及内衬的混凝土强度等级均不应低于C25。地下连续墙应满足防渗要求;当地下水具有侵蚀性时,应选择适用的抗侵蚀混凝土。

3　墙体主筋净保护层厚度应根据使用要求、地质条件、施工条件和环境条件确定，不宜小于70mm。墙体的受力钢筋直径不宜小于20mm且不应大于40mm，构造钢筋直径不宜小于16mm。

4　墙体单元槽段间可采用接头管接头。当整体性和抗渗性要求较高时，宜采用铣削接头、钢隔板或接头箱等接头形式。

5　地下连续墙钢筋笼的钢筋配置应满足结构受力和吊装要求。竖直主筋应放置在内侧，净距不应小于75mm，构造钢筋间距不应大于300mm。当必须配置双层钢筋时，内外排钢筋间距不应小于100mm。钢筋笼竖向接头位置应选在受力较小处。钢筋笼分幅长度应根据单元槽段长度、接头形式和起重设备能力等因素确定。钢筋笼底部在厚度方向宜适当缩窄，并与墙底之间宜留100~500mm的空隙；主筋应伸入墙顶帽梁内，伸入长度不应小于锚固长度。采用接头管接头时，钢筋笼侧端与接头管之间宜留150~200mm的空隙；采用铣削接头时，钢筋笼侧端与混凝土端面之间宜留不小于250mm的空隙。

6　墙体顶部应设置混凝土帽梁，帽梁两侧应各宽于墙体不小于150mm。

7　直线形地下连续墙的支撑可采用钢结构或混凝土结构。现浇混凝土支撑的截面竖向高度不应小于其竖向平面计算跨径的1/20。腰梁的截面水平向尺寸不应小于其水平向计算跨径的1/8，截面竖向尺寸不应小于支撑的截面高度。锚杆(锚索)锚固体竖向间距不宜小于2.5m，水平向间距不宜小于1.5m。锚固体上覆土层厚度不宜小于4.0m。倾斜锚杆的倾角宜采用15°~30°。锚固段长度应通过计算确定并不应小于4.0m，自由段长度不宜小于5.0m，并应超过潜在破裂面1.5m。圆形地下连续墙支护结构的环梁(含竖肋)或内衬的截面高度及厚度根据计算确定，竖肋可按构造配筋。

7.2.11　直线形地下连续墙支护结构计算应符合下列规定：

1　应进行抗倾覆稳定性、整体抗滑移稳定性、坑底抗隆起稳定性和坑底抗渗稳定性验算。

2　当按变形控制原则设计支护结构时，作用在地下连续墙上的土压力可按墙体与土体相互作用原理确定，考虑墙体水平变形对墙侧水平土压力的影响。水平土压力强度可按下式计算：

$$E_{jk} = E_{0k} - K\delta \tag{7.2.11-1}$$

$$E_{0k} = K_0(q_k + \sum \gamma_i h_i) \tag{7.2.11-2}$$

$$K = mz \tag{7.2.11-3}$$

式中：E_{jk}——墙侧水平土压力强度(kPa)，当 $E_{jk} < E_a$时，取 $E_{jk} = E_a$；当 $E_{jk} > E_p$时，取 $E_{jk} = E_p$(其中，E_a、E_p分别为墙侧水平主动土压力强度和被动土压力强度，包括土体自重和墙侧地面荷载的作用效应，可按库仑或朗金土压力理论计算)；

E_{0k}——墙侧水平静止土压力强度(kPa)；

K——墙侧土的水平地基反力系数(kN/m^3)，宜由现场试验确定，或按可靠方法计算或经验取值；当缺乏可靠方法或经验时，可按式(7.2.11-3)计算；

m——水平地基反力系数随深度增大的比例系数(kN/m^4),宜通过水平荷载试验确定,或根据经验取值;

δ——墙体的水平变形量(m),朝向土压力方向的变形为正,背向土压力方向的变形为负;

K_0——静止土压力系数,对正常固结土,$K_0 = 1 - \sin\varphi_k'$;对超固结土,$K_0 = \sqrt{1 - \sin\varphi_k'}$;$\varphi_k'$为计算点处土层的有效内摩擦角(°);

q_k——作用在地面上的竖向均布荷载(kPa);

γ_i——计算面以上第 i 层土的重度(kN/m^3);

h_i——计算面以上第 i 层土的厚度(m);

z——计算点距墙侧地面的深度(m)。

3 地下连续墙的内力和变形可按竖向弹性地基梁法计算,见本规范附录 S。

7.2.12 直线形地下连续墙支护结构构件计算应符合下列规定:

1 墙体、支撑、立柱应按偏心受压构件计算。

2 腰梁可按水平方向的受弯构件计算。当腰梁与水平支撑斜交或腰梁作为边桁架的弦杆时,应按偏心受压构件进行验算。

3 土层锚杆(锚索)的杆体应按轴心受拉构件计算。自由段和锚固段长度、锚固体直径、锚固体形状和浆体强度,应根据锚杆(锚索)轴向设计拉力、土层抗拔力及握裹力确定。外锚头和腰梁应根据锁定荷载值进行设计。

7.2.13 圆形地下连续墙支护结构计算应符合下列规定:

1 应进行稳定性验算,验算内容和方法应符合本规范第 7.2.11 条第 1 款的规定。

2 应进行土压力和水压力作用下的结构失稳验算,结构失稳的临界荷载宜安空间结构计算,也可简化为圆环按下列公式进行验算:

$$q_{pk} = \frac{3EI}{R_0^3 h} \tag{7.2.13-1}$$

$$\gamma_s q_{tk} \leqslant q_{pk} \tag{7.2.13-2}$$

式中:q_{pk}——沿环向分布的临界荷载标准值(kN/m^2);

E——混凝土的弹性模量(kN/m^2);

I——在截取高度范围内的截面惯性矩(m^4);

R_0——截取的圆环中心线半径(m);

h——截取的圆环高度(m);

q_{tk}——荷载标准值(kN/m^2);

γ_s——荷载分项系数,取 1.2~1.5。

3 圆形地下连续墙支护结构宜按空间结构计算,也可按轴线对称结构取单位宽度的地下连续墙墙体作为竖向弹性地基梁计算。墙体、环梁或内衬的环向效应,可按轴线对称结构简化为等效弹性支承,见本规范附录T。

4 环梁或内衬的内力及变形可按平面刚架环形梁进行计算。应考虑地层、地下水、地面荷载分布的不均匀性,以及圆环向外侧变形区域的土体对环梁或内衬的约束作用。

7.3 基础设计

7.3.1 根据墙段单元之间的连接组合、平面布置以及使用功能,基础可分为条壁式地下连续墙基础、井筒式地下连续墙基础和部分地下连续墙基础。

7.3.2 墙端应进入良好的持力层,墙体在持力层内的埋设深度应大于墙体厚度。当持力层为非岩石地基时,应优先考虑增加墙体的埋置深度以提高竖向承载力。

7.3.3 基础的截面形状和平面布置,宜使其形心与作用基本组合的合力作用点一致。

7.3.4 基础主要承受上部构造物传递的各种作用。基础设计应保证不发生影响上部结构功能的沉降、水平移动、倾斜等。

7.3.5 基础结构设计应按不同设计状况,分别按承载能力极限状态和正常使用极限状态设计。

1 承载能力极限状态应包括下列计算内容:

1)地基承载力计算;

2)地下连续墙结构强度计算;

3)顶板结构强度计算。

2 正常使用极限状态应包括地下连续墙及顶板的结构变形、抗裂和裂缝宽度验算。

7.3.6 当基础周围土体因自重固结或受地面大面积荷载等影响而产生地面沉降时,应考虑由此而引起的墙侧负摩阻力对墙体竖向承载力和沉降的影响。

7.3.7 基础的竖向承载力及水平承载力宜通过现场载荷试验确定。

7.3.8 构造规定:

1 墙体的构造设计应符合本规范第7.2.10条第1~5款的规定(墙体厚度除外)。

2 墙体厚度应结合成槽机械能力及墙段布置由计算确定,不应小于800mm。井筒式地下连续墙基础单室最小宽度不宜小于5m,单室最大宽度不宜大于10m;其外周墙和隔墙宜采用相同厚度。

3 墙顶应设置顶板,混凝土强度等级不应低于C30。墙体应进入顶板100~200mm;竖向钢筋应伸入顶板内,长度不应小于$b/2$与钢筋锚固长度l_a之和(图7.3.8)。单壁式地下连续墙基础墙顶可不设顶板。

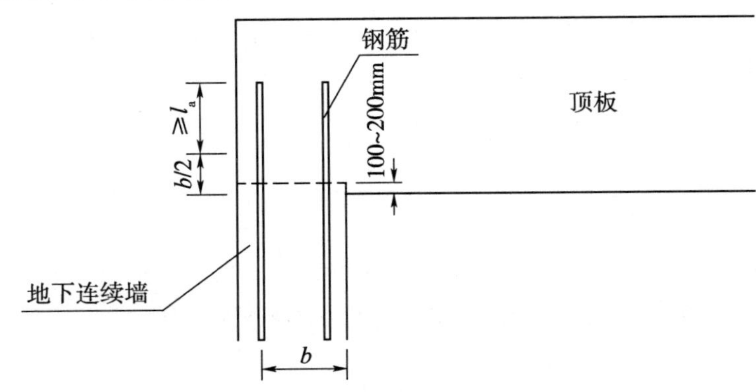

图 7.3.8 竖向钢筋

注:b 为外侧竖向钢筋至墙体内侧面的距离。

4 竖向受拉钢筋的配筋率不应小于有效计算截面面积的 0.3%,水平受拉钢筋的配筋率不应小于计算截面面积的 0.2%,接头部位的接合面水平钢筋的配筋率不宜小于一般部位水平钢筋配筋率的 2 倍。

5 井筒式地下连续墙基础的外周墙墙段之间必须采用刚性接头;内隔墙宜采用刚性接头,也可采用铰接接头。

7.3.9 地下连续墙基础结构受力应采用可靠方法按空间结构进行计算。

7.3.10 井筒式地下连续墙基础的构件计算应符合下列规定:

1 根据空间计算求出的各深度截面内力进行竖向箱形截面强度的计算。

2 按平面刚架进行水平受力计算。

3 按以地下连续墙为支承的板梁进行顶板计算,不考虑内部土承受作用。当顶板厚度超过计算跨径的 0.5 倍(简支梁)或 0.4 倍(连续梁)时,可将其作为深梁进行计算。

7.3.11 兼作基坑支护结构的基础墙体,应符合本规范第 7.2 节的规定。

附录A　桥涵地基岩土的分级

A.0.1　桥涵岩石地基可按岩石坚硬程度、风化程度、完整程度进行分级，如表A.0.1-1～表A.0.1-3所示。

表A.0.1-1　岩石坚硬程度的定性分级

坚硬程度		定性鉴定	岩　石
硬质岩	坚硬岩	锤击声清脆，有回弹，振手，难击碎，基本无吸水反应	未风化至微风化的花岗岩、闪长岩、辉绿岩、玄武岩、安山岩、片麻岩、石英岩、石英砂岩、硅质砾岩、硅质石灰岩等
	较硬岩	锤击声较清脆，有轻微回弹，稍振手，较难击碎，有轻微吸水反应	1.微风化的坚硬岩； 2.未风化至微风化的大理岩、板岩、石灰岩、白云岩、钙质砂岩等
软质岩	较软岩	锤击声不清脆，无回弹，较易击碎，浸水后指甲可刻出印痕	1.中风化至强风化的坚硬岩或较硬岩； 2.未风化至微风化的凝灰岩、千枚岩、泥灰岩、砂质泥岩等
	软岩	锤击声哑，无回弹，有凹痕，易击碎，浸水后手可掰开	1.强风化的坚硬岩或较硬岩； 2.中风化至强风化的较软岩； 3.未风化至微风化的页岩、泥岩、泥质砂岩等
极软岩		锤击声哑，无回弹，有较深凹痕，手可捏碎，浸水后可捏成团	1.全风化的各种岩石； 2.各种半成岩

表A.0.1-2　岩石的风化程度分级

风化程度	野外特征	风化程度系数指标	
		波速比 k_v	风化系数 k_f
未风化	岩质新鲜，偶见风化痕迹	0.9～1.0	0.9～1.0
微风化	结构基本未变，仅节理面有渲染或略有变色，有少量风化裂隙	0.8～0.9	0.8～0.9
中风化	结构部分破坏，沿节理面有次生矿物，风化裂隙发育，岩体被切割成岩块，用镐难挖，岩芯钻方可钻进	0.6～0.8	0.4～0.8

续上表

风化程度	野外特征	风化程度系数指标	
		波速比 k_v	风化系数 k_f
强风化	结构大部分破坏,矿物成分显著变化,风化裂痕很发育,岩体破碎,用镐可挖,干钻不易钻进	0.4~0.6	<0.4
全风化	结构基本破坏,但尚可辨认,有残余结构强度,可用镐挖,干钻可钻进	0.2~0.4	—
残积土	组织结构全部破坏,已风化成土状,锹镐易挖掘,干钻易钻进,具可塑性	<0.2	—

注:1.波速比 k_v:为风化岩石与新鲜岩石压缩波速度之比。

2.风化系数 k_f:为风化岩石与新鲜岩石单轴抗压强度之比。

3.岩石风化程度,除按表列野外特征和定量指标划分外,也可根据当地经验划分。

4.花岗岩类岩石,可采用标准贯入试验划分,为强风化、全风化、残积土。

5.泥岩和半成岩,可不进行风化程度划分。

表 A.0.1-3 岩石完整程度定性分级

完整程度	结构面发育程度		主要结构面的结合程度	主要结构面的类型	相应结构类型
	结构面组数	平均间距(m)			
完整	1~2	>1.0	结合好或结合一般	裂隙、层面	整体状或巨厚状结构
较完整	1~2	>1.0	结合差	裂隙、层面	块状或厚层结构
	2~3	1.0~0.4	结合好或结合一般	—	块状结构
较破碎	2~3	1.0~0.4	结合差	裂隙、层面、小断层	裂隙块状或中厚层结构
	≥3	0.4~0.2	结合好		镶嵌碎裂结构
			结合一般		中、薄层状结构
破碎	≥3	0.4~0.2	结合差	各种类型结构面	裂隙块状结构
		≤0.2	结合一般或结合差		碎裂状结构
极破碎	无序	—	结合很差	—	散体状结构

注:平均间距指主要结构面(1~2组)间距的平均值。

A.0.2 碎石土密实度野外鉴别按表 A.0.2 的规定判别。

表 A.0.2 碎石土密实度野外鉴别

密实度	骨架颗粒含量和排列	可挖性	可钻性
松散	骨架颗粒质量小于总质量的60%,排列混乱,大部分不接触	锹可以挖掘,井壁易坍塌,从井壁取出大颗粒后,立即塌落	钻进较易,钻杆稍有跳动,孔壁易坍塌
中密	骨架颗粒质量等于总质量的60%~70%,呈交错排列,大部分接触	锹镐可挖掘,井壁有掉块现象,从井壁取出大颗粒处,能保持凹面形状	钻进较困难,钻杆、吊锤跳动不剧烈,孔壁有坍塌现象
密实	骨架颗粒质量大于总质量的70%,呈交错排列,连续接触	锹镐挖掘困难,用撬棍方能松动,井壁较稳定	钻进困难,钻杆、吊锤跳动剧烈,孔壁较稳定

注:密实度应按表列各项特征综合确定。

附录 B　岩石饱和单轴抗压强度试验要点

B.0.1　试料可用钻孔的岩芯或坑、槽探中采取的岩块。

B.0.2　岩样尺寸一般为 ϕ50mm×100mm，数量不应少于六个，进行饱和处理。

B.0.3　在压力机上以每秒 500～800kPa 的加载速度加载，直到试样破坏为止，记下最大加载值，做好试验前后的试样描述。

B.0.4　根据参加统计的一组试样的试验值计算其平均值、标准差、变异系数，取岩石饱和单轴抗压强度的标准值为：

$$f_{rk} = \psi \cdot f_{rm} \tag{B.0.4-1}$$

$$f_{rm} = \frac{1}{n}\sum f_{ri} \tag{B.0.4-2}$$

$$\psi = 1 - \left(\frac{1.704}{\sqrt{n}} + \frac{4.678}{n^2}\right)\delta \tag{B.0.4-3}$$

$$\delta = \frac{1}{f_{rm}}\sqrt{\frac{\sum f_{ri}^2 - nf_{rm}^2}{n-1}} \tag{B.0.4-4}$$

式中：f_{rm}——岩石饱和单轴抗压强度平均值；

f_{rk}——岩石饱和单轴抗压强度标准值；

f_{ri}——第 i 个岩样饱和单轴抗压强度试验值；

ψ——统计修正系数；

n——试样个数；

δ——变异系数。

附录 C　动力触探锤击数修正

C.0.1 重型圆锥动力触探、超重型圆锥动力触探试验锤击数应视杆长 L 按下列规定进行修正。

1 当采用重型圆锥动力触探确定碎石土密实度或其他指标时，锤击数 $N_{s,63.5}$ 可按下式修正：

$$N_{63.5} = \alpha_1 \cdot N_{s,63.5} \quad (C.0.1\text{-}1)$$

式中：$N_{63.5}$——修正后的重型圆锥动力触探锤击数；

α_1——修正系数，按表 C.0.1-1 取值；

$N_{s,63.5}$——实测重型圆锥动力触探锤击数。

表 C.0.1-1　重型圆锥动力触探锤击数修正系数 α_1

L(m) \ $N_{s,63.5}$	5	10	15	20	25	30	35	40	≥50
2	1.00	1.00	1.00	1.00	1.00	1.00	1.00	1.00	—
4	0.96	0.95	0.93	0.92	0.90	0.89	0.87	0.86	0.84
6	0.93	0.90	0.88	0.85	0.83	0.81	0.79	0.78	0.75
8	0.90	0.86	0.83	0.80	0.77	0.75	0.73	0.71	0.67
10	0.88	0.83	0.79	0.75	0.72	0.69	0.67	0.64	0.61
12	0.85	0.79	0.75	0.70	0.67	0.64	0.61	0.59	0.55
14	0.82	0.76	0.71	0.66	0.62	0.58	0.56	0.53	0.50
16	0.79	0.73	0.67	0.62	0.57	0.54	0.51	0.48	0.45
18	0.77	0.70	0.63	0.57	0.53	0.49	0.46	0.43	0.40
20	0.75	0.67	0.59	0.53	0.48	0.44	0.41	0.39	0.36

注：表中 L 为杆长。

2 当采用超重型圆锥动力触探确定碎石土密度或其他指标时，实测锤击数 $N_{s,120}$ 按下式修正：

$$N_{120} = \alpha_2 \cdot N_{s,120} \quad (C.0.1\text{-}2)$$

式中：N_{120}——修正后的超重型圆锥动力触探锤击数；

α_2——修正系数，按表 C.0.1-2 取值；

$N_{s,120}$——实测超重型圆锥动力触探锤击数。

表 C.0.1-2 超重型圆锥动力触探锤击数修正系数 α_2

$N_{s,120}$ / L(m)	1	3	5	7	9	10	15	20	25	30	35	40
1	1.00	1.00	1.00	1.00	1.00	1.00	1.00	1.00	1.00	1.00	1.00	1.00
2	0.96	0.92	0.91	0.90	0.90	0.90	0.90	0.89	0.89	0.88	0.88	0.88
3	0.94	0.88	0.86	0.85	0.84	0.84	0.84	0.83	0.82	0.82	0.81	0.81
5	0.92	0.82	0.79	0.78	0.77	0.77	0.76	0.75	0.74	0.73	0.72	0.72
7	0.90	0.78	0.75	0.74	0.73	0.72	0.71	0.70	0.68	0.68	0.67	0.66
9	0.88	0.75	0.72	0.70	0.69	0.68	0.67	0.66	0.64	0.63	0.62	0.62
11	0.87	0.73	0.69	0.67	0.66	0.66	0.64	0.62	0.61	0.60	0.59	0.58
13	0.86	0.71	0.67	0.65	0.64	0.63	0.61	0.60	0.58	0.57	0.56	0.55
15	0.86	0.69	0.65	0.63	0.62	0.61	0.59	0.58	0.56	0.55	0.54	0.53
17	0.85	0.68	0.63	0.61	0.60	0.60	0.57	0.56	0.54	0.53	0.52	0.50
19	0.84	0.66	0.62	0.60	0.58	0.58	0.56	0.54	0.52	0.51	0.50	0.48

注:表中 L 为杆长。

附录 D 浅层平板载荷试验要点

D.0.1 浅层平板载荷试验可用于确定浅部地基、承压板下应力主要影响范围内土层的承载力。承压板面积不应小于 0.25m^2,对于软土地基不应小于 0.5m^2。

D.0.2 试验基坑宽度不应小于承压板宽度 b 或直径 d 的 3 倍;应保持试验土层的原状结构和天然湿度。宜在拟试压表面用厚度不超过 20mm 的粗砂或中砂层找平。

D.0.3 加荷分级不应少于 8 级。最大加载量不应小于设计要求的 2 倍。

D.0.4 每级加载后,按间隔 10min、10min、10min、15min、15min,以后为每隔半小时测读一次沉降量。当在连续两小时内,每小时的沉降量小于 0.1mm 时,则认为已趋稳定,可加下一级荷载。

D.0.5 当出现下列情况之一时,即可终止加载:

1 承压板周围的土明显地侧向挤出。

2 沉降 s 急骤增大,荷载-沉降(p-s)曲线出现陡降段。

3 在某一级荷载下,24h 内沉降速率不能达到稳定。

4 沉降量与承压板宽度或直径之比大于或等于 0.06。

当满足前三种情况之一时,其对应的前一级荷载定为极限荷载。

D.0.6 承载力基本容许值的确定应符合下列规定:

1 当 p-s 曲线上有比例界限时,取该比例界限所对应的荷载值。

2 当极限荷载小于对应比例界限的荷载值的 2 倍时,取极限荷载值的一半。

3 当不能按上述两款要求确定时,当压板面积为 0.25 ~ 0.50m^2 时,可取 s/b(或 s/d) = 0.01 ~ 0.015 所对应的荷载,但其值不应大于最大加载量的一半。

D.0.7 同一土层参加统计的试验点不应少于三点。当试验实测值的极差不超过其平均值的 30%时,取此平均值作为该土层的地基承载力基本容许值[f_{a0}]。

附录 E　深层平板载荷试验要点

E.0.1　深层平板载荷试验可用于确定深部地基及大直径桩桩端在承压板压力主要影响范围内土层的承载力。

E.0.2　深层平板载荷试验的承压板采用直径为 0.8m 的刚性板，紧靠承压板周围外侧的土层高度不应小于 0.8m。

E.0.3　加荷等级可按预估极限承载力的 1/10～1/15 分级施加。

E.0.4　每级加荷后，第一个小时内按间隔 10min、10min、10min、15min、15min，以后为每隔半小时测读一次沉降。当在连续两小时内，每小时的沉降量小于 0.1mm 时，则认为已趋稳定，可加下一级荷载。

E.0.5　当出现下列情况之一时，可终止加载：

1　沉降 s 急骤增大，荷载-沉降（p-s）曲线上有可判定极限承载力的陡降段，且沉降量超过 $0.04d$（d 为承压板直径）。

2　在某级荷载下，24h 内沉降速率不能达到稳定。

3　本级沉降量大于前一级沉降量的 5 倍。

4　当持力层土层坚硬，沉降量很小时，最大加载量不小于设计要求的 2 倍。

E.0.6　承载力基本容许值的确定应符合下列规定：

1　当 p-s 曲线上有比例界限时，取该比例界限所对应的荷载值。

2　满足第 E.0.5 条前三款终止加载条件之一时，其对应的前一级荷载定为极限荷载；当该值小于对应比例界限的荷载值的 2 倍时，取极限荷载值的一半。

3　不能按上述两款要求确定时，可取 $s/d = 0.01 \sim 0.015$ 所对应的荷载值，但其值应不大于最大加载量的一半。

E.0.7　同一土层参加统计的试验点不应少于三点。当试验实测值的极差不超过平均值的 30% 时，取此平均值作为该土层的地基承载力基本容许值［f_{a0}］。

附录 F　岩基载荷试验要点

F.0.1　本附录适用于确定完整、较完整、较破碎岩基作为天然地基或桩基础持力层时的承载力。

F.0.2　采用圆形刚性承压板,直径为 300mm。当岩石埋藏深度较大时,可采用钢筋混凝土桩,但桩周需采取措施以消除桩身与土之间的摩擦力。

F.0.3　测量系统的初始稳定读数观测:加压前,每隔 10min 读数一次,连续三次读数不变可开始试验。

F.0.4　加载方式:单循环加载,荷载逐级递增直到破坏,然后分级卸载。

F.0.5　荷载分级:第一级加载值为预估设计荷载的 1/5,以后每级为 1/10。

F.0.6　沉降量测读:加载后立即读数,以后每 10min 读数一次。

F.0.7　稳定标准:连续三次读数之差均不大于 0.01mm。

F.0.8　终止加载条件:当出现下述现象之一时,即可终止加载。

1　沉降量读数不断变化,在 24h 内,沉降速率有增大的趋势。

2　压力加不上或勉强加上而不能保持稳定。

注:若限于加载能力,荷载也应增加到不少于设计要求的两倍。

F.0.9　卸载观测:每级卸载为加载时的两倍,如为奇数,第一级可为三倍。每级卸载后,隔 10min 测读一次,测读三次后可卸下一级荷载。全部卸载后,当测读到半小时回弹量小于 0.01mm 时,即认为稳定。

F.0.10　岩石地基承载力的确定。

1　对应于 *p-s* 曲线上起始直线段的终点为比例界限。符合终止加载条件的前一级荷载为极限荷载。将极限荷载除以 3 的安全系数,所得值与对应于比例界限的荷载相比较,取小值。

2 每个场地载荷试验的数量不应少于3个，取最小值作为岩石地基承载力的容许值。

3 岩石地基承载力不进行深度修正。

附录 G 抗剪强度指标 c_k、φ_k 标准值

G.0.1 内摩擦角标准值 φ_k、黏聚力标准值 c_k,可按下列规定计算:

1 根据室内 n 组三轴压缩试验的结果,按下列公式计算某一土性指标的变异系数、试验平均值和标准差:

$$\delta = \sigma / \mu \tag{G.0.1-1}$$

$$\mu = \frac{\sum_{i=1}^{n} \mu_i}{n} \tag{G.0.1-2}$$

$$\sigma = \sqrt{\frac{\sum_{i=1}^{n} \mu_i^2 - n\mu^2}{n-1}} \tag{G.0.1-3}$$

式中:δ——变异系数;

μ——试验平均值;

σ——标准差。

2 按下列公式计算内摩擦角和黏聚力的统计修正系数 ψ_φ、ψ_c:

$$\psi_\varphi = 1 - \left(\frac{1.704}{\sqrt{n}} + \frac{4.678}{n^2}\right)\delta_\varphi \tag{G.0.1-4}$$

$$\psi_c = 1 - \left(\frac{1.704}{\sqrt{n}} + \frac{4.678}{n^2}\right)\delta_c \tag{G.0.1-5}$$

式中:ψ_φ——内摩擦角的统计修正系数;

ψ_c——黏聚力的统计修正系数;

δ_φ——内摩擦角的变异系数;

δ_c——黏聚力的变异系数。

3 按下列公式计算内摩擦角标准值 φ_k 和黏聚力的标准值 c_k:

$$\varphi_k = \psi_\varphi \varphi_m \tag{G.0.1-6}$$

$$c_k = \psi_c c_m \tag{G.0.1-7}$$

式中:φ_m——内摩擦角的试验平均值;

c_m——黏聚力的试验平均值。

附录 H　中国季节性冻土标准冻深线图及其冻胀性分类

H.0.1　中国季节性冻土标准冻深线如图 H.0.1 所示。

H.0.2　公路桥涵地基土的季节性冻胀性分类，可按表 H.0.2 分为不冻胀、弱冻胀、冻胀、强冻胀、特强冻胀和极强冻胀。

表 H.0.2　公路桥涵地基土的季节性冻胀性分类

<table>
<tr><th>土的名称</th><th>冻前天然含水量
w(%)</th><th>冻前地下水位至
地表距离 z(m)</th><th>平均冻胀率
K_d(%)</th><th>冻胀等级</th><th>冻胀类别</th></tr>
<tr><td>岩石、碎石土、
砾砂、粗砂、中砂
(粉黏粒含量≤15%)</td><td>不考虑</td><td>不考虑</td><td>$K_d \leqslant 1$</td><td>Ⅰ</td><td>不冻胀</td></tr>
<tr><td rowspan="6">碎石土、砾砂、
粗砂、中砂
(粉黏粒含量>15%)</td><td rowspan="2">$w \leqslant 12$</td><td>$z > 1.5$</td><td>$K_d \leqslant 1$</td><td>Ⅰ</td><td>不冻胀</td></tr>
<tr><td>$z \leqslant 1.5$</td><td rowspan="2">$1 < K_d \leqslant 3.5$</td><td rowspan="2">Ⅱ</td><td rowspan="2">弱冻胀</td></tr>
<tr><td rowspan="2">$12 < w \leqslant 18$</td><td>$z > 1.5$</td></tr>
<tr><td>$z \leqslant 1.5$</td><td rowspan="2">$3.5 < K_d \leqslant 6$</td><td rowspan="2">Ⅲ</td><td rowspan="2">冻胀</td></tr>
<tr><td rowspan="2">$w > 18$</td><td>$z > 1.5$</td></tr>
<tr><td>$z \leqslant 1.5$</td><td>$6 < K_d \leqslant 12$</td><td>Ⅳ</td><td>强冻胀</td></tr>
<tr><td rowspan="10">细砂、粉砂</td><td rowspan="2">$w \leqslant 14$</td><td>$z > 1.0$</td><td>$K_d \leqslant 1$</td><td>Ⅰ</td><td>不冻胀</td></tr>
<tr><td>$z \leqslant 1.0$</td><td rowspan="2">$1 < K_d \leqslant 3.5$</td><td rowspan="2">Ⅱ</td><td rowspan="2">弱冻胀</td></tr>
<tr><td rowspan="3">$14 < w \leqslant 19$</td><td>$z > 1.0$</td></tr>
<tr><td>$1.0 > z \geqslant 0.25$</td><td>$3.5 < K_d \leqslant 6$</td><td>Ⅲ</td><td>冻胀</td></tr>
<tr><td>$z \leqslant 0.25$</td><td>$6 < K_d \leqslant 12$</td><td>Ⅳ</td><td>强冻胀</td></tr>
<tr><td rowspan="3">$19 < w \leqslant 23$</td><td>$z > 1.0$</td><td>$3.5 < K_d \leqslant 6$</td><td>Ⅲ</td><td>冻胀</td></tr>
<tr><td>$1.0 > z \geqslant 0.25$</td><td>$6 < K_d \leqslant 12$</td><td>Ⅳ</td><td>强冻胀</td></tr>
<tr><td>$z \leqslant 0.25$</td><td>$12 < K_d \leqslant 18$</td><td>Ⅴ</td><td>特强冻胀</td></tr>
<tr><td rowspan="2">$w > 23$</td><td>$z > 1.0$</td><td>$6 < K_d \leqslant 12$</td><td>Ⅳ</td><td>强冻胀</td></tr>
<tr><td>$z \leqslant 1.0$</td><td>$12 < K_d \leqslant 18$</td><td>Ⅴ</td><td>特强冻胀</td></tr>
</table>

续上表

土的名称	冻前天然含水量 w(%)	冻前地下水位至地表距离 z(m)	平均冻胀率 K_d(%)	冻胀等级	冻胀类别
粉土	$w \leqslant 19$	$z > 1.5$	$K_d \leqslant 1$	Ⅰ	不冻胀
		$z \leqslant 1.5$	$1 < K_d \leqslant 3.5$	Ⅱ	弱冻胀
	$19 < w \leqslant 22$	$z > 1.5$			
		$z \leqslant 1.5$	$3.5 < K_d \leqslant 6$	Ⅲ	冻胀
	$22 < w \leqslant 26$	$z > 1.5$			
		$z \leqslant 1.5$	$6 < K_d \leqslant 12$	Ⅳ	强冻胀
	$26 < w \leqslant 30$	$z > 1.5$			
		$z \leqslant 1.5$	$K_d > 12$	Ⅴ	特强冻胀
	$w > 30$	不考虑			
黏性土	$w \leqslant w_p + 2$	$z > 2.0$	$K_d \leqslant 1$	Ⅰ	不冻胀
		$z \leqslant 2.0$	$1 < K_d \leqslant 3.5$	Ⅱ	弱冻胀
	$w_p + 2 < w \leqslant w_p + 5$	$z > 2.0$			
		$2.0 > z \geqslant 1.0$	$3.5 < K_d \leqslant 6$	Ⅲ	冻胀
		$1.0 > z \geqslant 0.5$	$6 < K_d \leqslant 12$	Ⅳ	强冻胀
		$z \leqslant 0.5$	$12 < K_d \leqslant 18$	Ⅴ	特强冻胀
	$w_p + 5 < w \leqslant w_p + 9$	$z > 2.0$	$3.5 < K_d \leqslant 6$	Ⅲ	冻胀
		$2.0 > z \geqslant 0.5$	$6 < K_d \leqslant 12$	Ⅳ	强冻胀
		$0.5 > z \geqslant 0.25$	$12 < K_d \leqslant 18$	Ⅴ	特强冻胀
		$z \leqslant 0.25$	$K_d > 18$	Ⅵ	极强冻胀
	$w_p + 9 < w \leqslant w_p + 15$	$z > 2.0$	$6 < K_d \leqslant 12$	Ⅳ	强冻胀
		$2.0 > z \geqslant 0.25$	$12 < K_d \leqslant 18$	Ⅴ	特强冻胀
		$z \leqslant 0.25$	$K_d > 18$	Ⅵ	极强冻胀
	$w_p + 15 < w \leqslant w_p + 23$	$z > 2.0$	$12 < K_d \leqslant 18$	Ⅴ	特强冻胀
		$z \leqslant 2.0$	$K_d > 18$	Ⅵ	极强冻胀
	$w > w_p + 23$	不考虑			

注:1. w_p-塑限含水量(%);w-在冻土层内冻前天然含水量的平均值。

2.本分类不包括盐渍化冻土。

H.0.3 公路桥涵地基土的多年冻土分类,可按表 H.0.3 分为不融沉、弱融沉、融沉、强融沉和融陷。

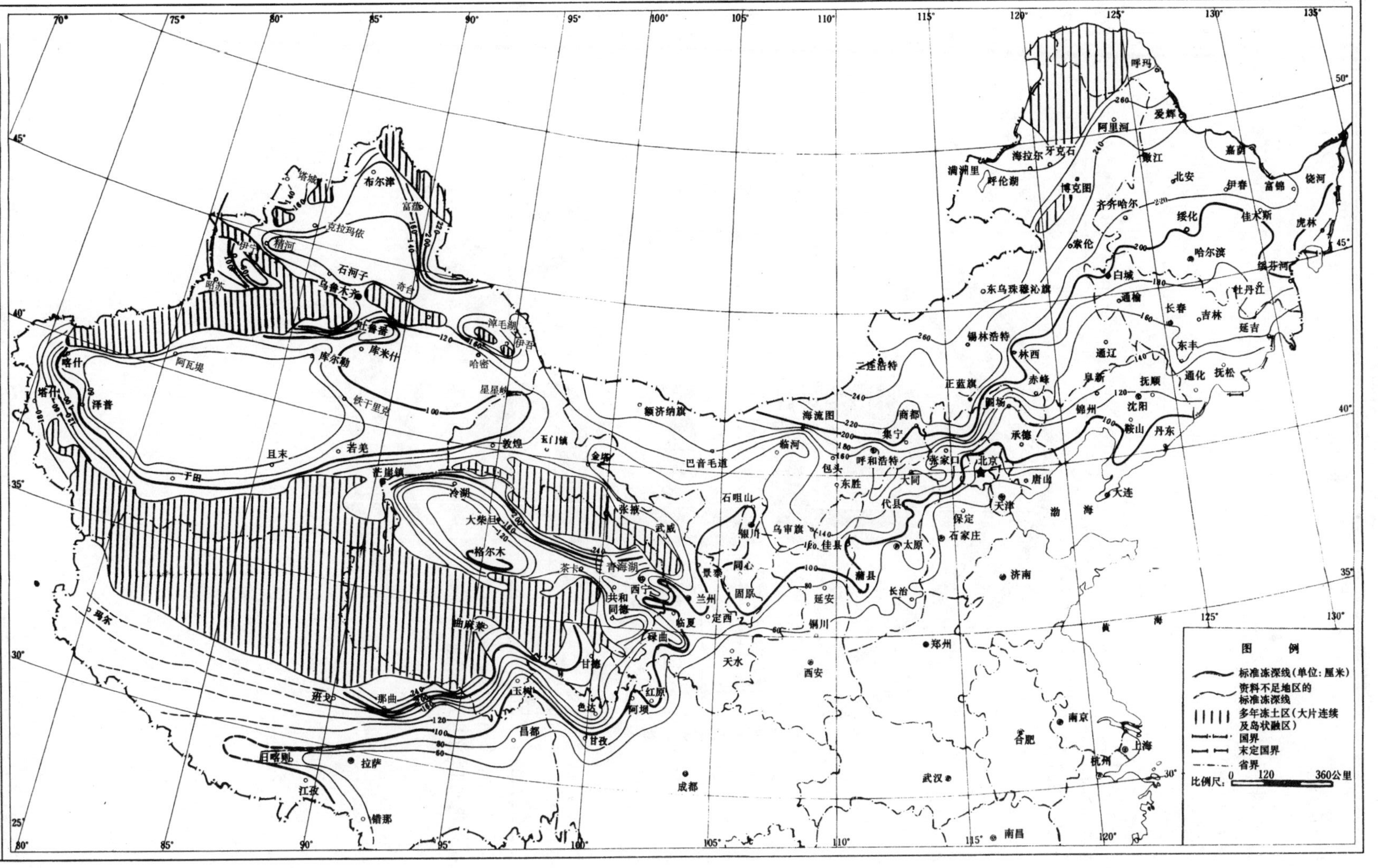

图 H.0.1　中国季节性冻土标准冻深线图

注：本图摘自《建筑地基基础设计规范》(GB 50007—2000)。

表 H.0.3 多年冻土分类表

土的名称	含水量 w(%)	平均融沉系数 δ_0	融沉等级	融沉类别	冻土类型
碎(卵)石,砾、粗、中砂(粒径小于 0.075mm 的颗粒含量不大于 15%)	$w < 10$	$\delta_0 \leqslant 1$	Ⅰ	不融沉	少冰冻土
	$w \geqslant 10$	$1 < \delta_0 \leqslant 3$	Ⅱ	弱融沉	多冰冻土
碎(卵)石,砾、粗、中砂(粒径小于 0.075mm 的颗粒含量不大于 15%)	$w < 12$	$\delta_0 \leqslant 1$	Ⅰ	不融沉	少冰冻土
	$12 \leqslant w < 15$	$1 < \delta_0 \leqslant 3$	Ⅱ	弱融沉	多冰冻土
	$15 \leqslant w < 25$	$3 < \delta_0 \leqslant 10$	Ⅲ	融沉	富冰冻土
	$w \geqslant 25$	$10 < \delta_0 \leqslant 25$	Ⅳ	强融沉	饱冰冻土
粉、细砂	$w < 14$	$\delta_0 \leqslant 1$	Ⅰ	不融沉	少冰冻土
	$14 \leqslant w < 18$	$1 < \delta_0 \leqslant 3$	Ⅱ	弱融沉	多冰冻土
	$18 \leqslant w < 28$	$3 < \delta_0 \leqslant 10$	Ⅲ	融沉	富冰冻土
	$w \geqslant 28$	$10 < \delta_0 \leqslant 25$	Ⅳ	强融沉	饱冰冻土
粉土	$w < 17$	$\delta_0 \leqslant 1$	Ⅰ	不融沉	少冰冻土
	$17 \leqslant w < 21$	$1 < \delta_0 \leqslant 3$	Ⅱ	弱融沉	多冰冻土
	$21 \leqslant w < 32$	$3 < \delta_0 \leqslant 10$	Ⅲ	融沉	富冰冻土
	$w \geqslant 32$	$10 < \delta_0 \leqslant 25$	Ⅳ	强融沉	饱冰冻土
黏性土	$w < w_p$	$\delta_0 \leqslant 1$	Ⅰ	不融沉	少冰冻土
	$w_p \leqslant w < w_p + 4$	$1 < \delta_0 \leqslant 3$	Ⅱ	弱融沉	多冰冻土
	$w_p + 4 \leqslant w < w_p + 15$	$3 < \delta_0 \leqslant 10$	Ⅲ	融沉	富冰冻土
	$w_p + 15 \leqslant w < w_p + 35$	$10 < \delta_0 \leqslant 25$	Ⅳ	强融沉	饱冰冻土
含土冰层	$w \geqslant w_p + 35$	$\delta_0 > 25$	Ⅴ	融陷	含土冰层

注:1.总含水量 w,包括冰和未冻水。

2.盐渍化冻土、冻结泥炭化土、腐殖土、高塑黏性土不在表列。

附录J　台背路基填土对桥台基底或桩端平面处的附加竖向压应力的计算

J.0.1　台背路基填土对桥台基底或桩端平面处地基土上引起的附加压应力 p_1(图J.0.1)按下列公式计算：

$$p_1 = \alpha_1 \cdot \gamma_1 \cdot H_1 (\text{kPa}) \tag{J.0.1-1}$$

对于埋置式桥台，应按下列公式加算由于台前锥体对基底或桩端平面处的前边缘引起的附加压应力 p_2(图J.0.1)：

$$p_2 = \alpha_2 \cdot \gamma_2 \cdot H_2 (\text{kPa}) \tag{J.0.1-2}$$

将 p_1 和 p_2 与其他荷载引起的相应基底或桩端平面处的边缘应力相加即得基底总应力。

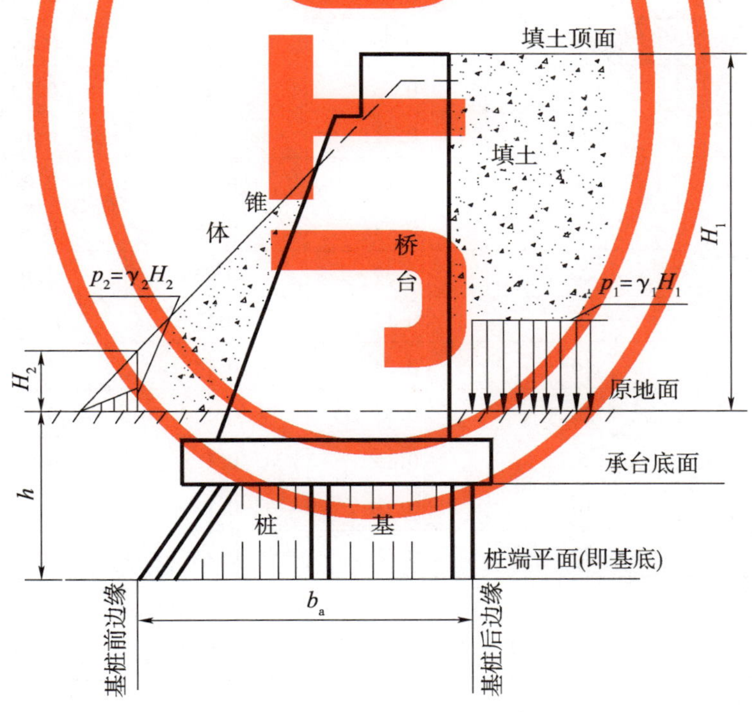

图J.0.1　台背填土对桥台基底的附加压应力

以上两式和图中：p_1——台背路基填土产生的土压应力(kPa)；

p_2——台前锥体产生的土压应力(kPa)；

γ_1——路基填土的重度(kN/m³)；

γ_2——锥体填土的重度(kN/m³)；

H_1——台背路基填土的高度(m);

H_2——基底或桩端平面处的前边缘上的锥体高度(m),取基底或桩端前边缘处的原地面向上竖向引线与溜坡相交点距离(m);

b_a——基底或桩端平面处的前、后边缘间的基础长度(m);

h——原地面至基底或桩端平面处的深度(m);

α_1、α_2——附加竖向压应力系数,见表 J.0.1-1 和表 J.0.1-2。

表 J.0.1-1 系 数 α_1 表

基础埋置深度 h (m)	填土高度 H_1(m)	桥台边缘			
		后边缘	前边缘,基底平面的基础长度 b_a(m)		
			5	10	15
5	5	0.44	0.07	0.01	0
	10	0.47	0.09	0.02	0
	20	0.48	0.11	0.04	0.01
10	5	0.33	0.13	0.05	0.02
	10	0.40	0.17	0.06	0.02
	20	0.45	0.19	0.08	0.03
15	5	0.26	0.15	0.08	0.04
	10	0.33	0.19	0.10	0.05
	20	0.41	0.24	0.14	0.07
20	5	0.20	0.13	0.08	0.04
	10	0.28	0.18	0.10	0.06
	20	0.37	0.24	0.16	0.09
25	5	0.17	0.12	0.08	0.05
	10	0.24	0.17	0.12	0.08
	20	0.33	0.24	0.17	0.10
30	5	0.15	0.11	0.08	0.06
	10	0.21	0.16	0.12	0.08
	20	0.31	0.24	0.18	0.12

注:路堤按黏性土考虑。

表 J.0.1-2 系 数 α_2 表

基础埋置深度 h(m)	台背路基填土高度 H_1(m)	
	10	20
5	0.4	0.5
10	0.3	0.4
15	0.2	0.3
20	0.1	0.2
25	0	0.1
30	0	0

附录K 岩石地基矩形截面双向偏心受压及圆形截面偏心受压的应力重分布计算

K.0.1 矩形截面双向偏心受压截面的应力重分布，当缺少资料时，可按本附录图K.0.1查取。

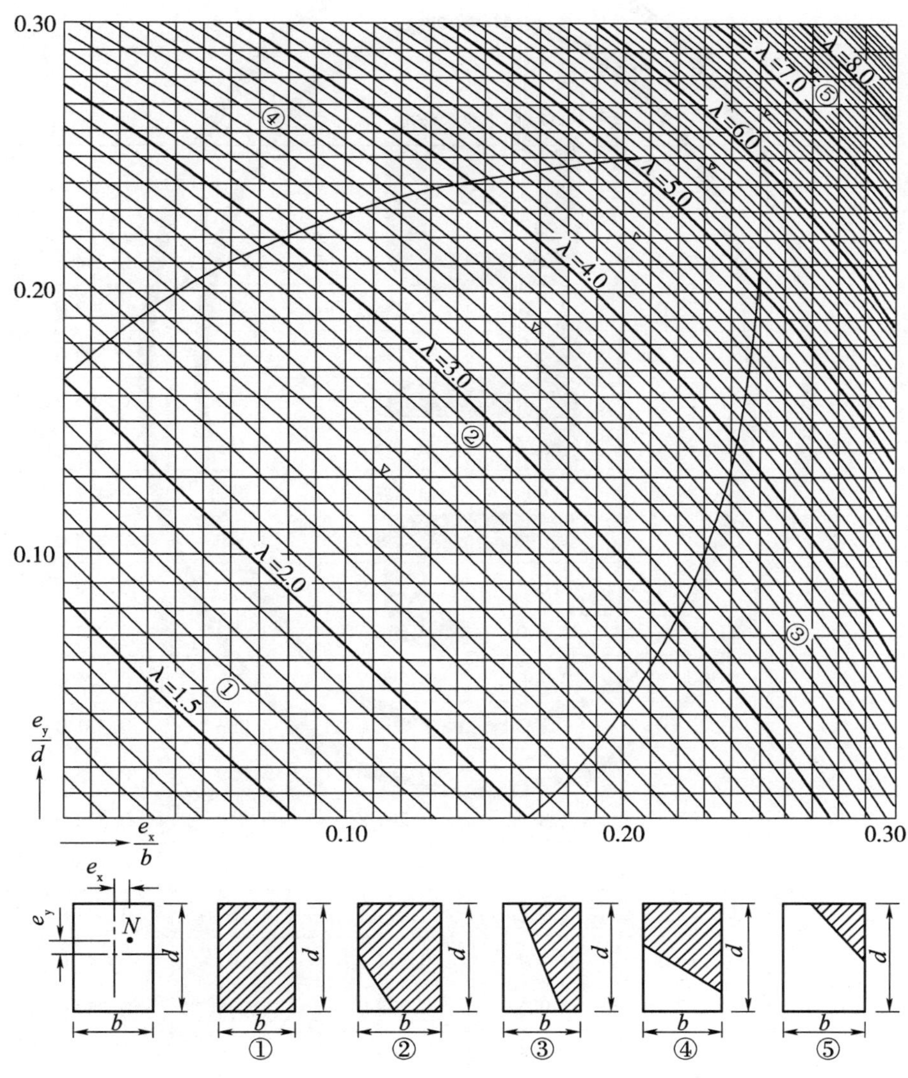

图K.0.1 矩形截面双向偏心受压截面的应力重分布图

$p_{max}=\lambda\frac{N}{A}$；λ-按 e_y/d 及 e_x/b 自图查取；N-截面轴向力；A-基底面积；e_x、e_y-分别为 N 在 x 及 y 方向的偏心距；b、d-分别为截面在 x 及 y 方向的宽度和高度

K.0.2 圆形截面偏心受压的应力重分布,当偏心率 $n=\frac{e}{d}>0.125$ 时,可按下列公式计算:

偏心率 $$n=\frac{e}{d} \tag{K.0.2-1}$$

$$p_{\max}=\lambda\frac{N}{A} \tag{K.0.2-2}$$

式中:N——截面轴向力(N);

A——基底面积(mm^2);

e——偏心距(mm);

d——圆截面直径(mm);

λ——系数,根据 n 值可按表 K.0.2 查取。

表 K.0.2 系 数 λ 表

$n=\frac{e}{d}$	λ	$n=\frac{e}{d}$	λ	$n=\frac{e}{d}$	λ	$n=\frac{e}{d}$	λ
0.125 0	2.000	0.175 2	2.457	0.231 0	3.208	0.294 5	4.729
0.126 0	2.012	0.178 0	2.487	0.234 7	3.271	0.298 0	4.828
0.127 0	2.015	0.178 7	2.499	0.238 0	3.321	0.302 0	4.949
0.129 0	2.034	0.181 5	2.524	0.241 5	3.382	0.305 0	5.074
0.133 0	2.064	0.184 8	2.571	0.245 2	3.465	0.308 0	5.203
0.137 0	2.102	0.188 6	2.608	0.247 0	3.497	0.311 5	5.334
0.138 4	2.109	0.189 0	2.620	0.249 0	3.540	0.315 0	5.484
0.141 4	2.134	0.191 6	2.645	0.252 9	3.610	0.319 0	5.634
0.143 0	2.151	0.195 1	2.690	0.256 5	3.692	0.322 0	5.793
0.144 1	2.160	0.198 9	2.736	0.259 7	3.768	0.326 0	5.957
0.146 8	2.181	0.202 0	2.777	0.262 0	3.803	0.331 0	6.130
0.150 0	2.213	0.202 2	2.773	0.264 0	3.859	0.333 0	6.311
0.153 2	2.242	0.205 5	2.823	0.267 8	3.949	0.338 0	6.512
0.156 2	2.268	0.207 0	2.851	0.271 8	4.046	0.339 0	6.700
0.158 0	2.288	0.212 2	2.920	0.274 1	4.161	0.343 0	6.911
0.159 3	2.296	0.216 0	2.967	0.277 0	4.193	0.347 0	7.141
0.162 5	2.327	0.217 4	2.996	0.278 9	4.245	0.350 0	7.368
0.165 4	2.358	0.220 0	3.036	0.282 6	4.356	0.354 0	7.620
0.168 0	2.378	0.223 2	3.080	0.286 8	4.471	0.357 0	7.881
0.168 6	2.391	0.227 1	3.143	0.290 7	4.593	0.360 0	8.157
0.171 6	2.421	0.230 0	3.193	0.294 0	4.715	0.369 0	8.467

附录 L　冻土地基抗冻拔稳定性验算

L.0.1　季节性冻土地基墩、台和基础(含条形基础)抗冻拔稳定性按下列公式验算:

$$F_k + G_k + Q_{sk} \geqslant kT_k \tag{L.0.1-1}$$

$$T_k = z_d \tau_{sk} u \tag{L.0.1-2}$$

$$z_d = z_0 \psi_{zs} \psi_{zw} \psi_{ze} \psi_{zg} \psi_{zf} \tag{L.0.1-3}$$

式中:F_k——作用在基础上的结构自重(kN);

G_k——基础自重及襟边上的土自重(kN);

Q_{sk}——基础周边融化层的摩阻力标准值(kN),按公式(L.0.2-2)计算;

k——冻胀力修正系数,砌筑或架设上部结构之前,k 取 1.1;砌筑或架设上部结构之后,对外静定结构 k 取 1.2,对外超静定结构 k 取 1.3;

T_k——对基础的切向冻胀力标准值(kN);

z_d——设计冻深(m),当基础埋置深度 h 小于 z_d 时,z_d 采用 h;

z_0——标准冻深(m),见本规范第 4.1.1 条;

ψ_{zs}——土的类别对冻深的影响系数,按本规范表 4.1.1-1 查取;

ψ_{zw}——土的冻胀性对冻深的影响系数,按本规范表 4.1.1-2 查取;

ψ_{ze}——环境对冻深的影响系数,按本规范表 4.1.1-3 查取;

ψ_{zg}——地形坡向对冻深的影响系数,按本规范表 4.1.1-4 查取;

ψ_{zf}——基础对冻深的影响系数,取 $\psi_{zf} = 1.1$;

τ_{sk}——季节性冻土切向冻胀力标准值(kPa),按表 L.0.1 选用;

u——在季节性冻土层中,基础和墩身的平均周长(m)。

表 L.0.1　季节性冻土切向冻胀力标准值 τ_{sk}(kPa)

冻胀类别 / 基础形式	不冻胀	弱冻胀	冻胀	强冻胀	特强冻胀	特强冻胀
墩、台、柱、桩基础	0 ~ 15	15 ~ 80	80 ~ 120	120 ~ 160	160 ~ 180	180 ~ 200
条形基础	0 ~ 10	10 ~ 40	40 ~ 60	60 ~ 80	80 ~ 90	90 ~ 100

注:1.条形基础系指基础长宽比等于或大于 10 的基础。

2.对表面光滑的预制桩,τ_{sk}乘以 0.8。

L.0.2　多年冻土地基墩、台和基础(含条形基础)抗冻拔稳定性按下列公式验算(图 L.0.2):

$$F_k + G_k + Q_{sk} + Q_{pk} \geqslant kT_k \tag{L.0.2-1}$$

$$Q_{sk} = q_{sk} \cdot A_s \tag{L.0.2-2}$$

$$Q_{pk} = q_{pk} \cdot A_p \tag{L.0.2-3}$$

式中：Q_{sk}——基础周边融化层的摩阻力标准值(kN)，当季节冻土层与多年冻土层衔接时，$Q_s = 0$；当季节冻土与多年冻土层不衔接时，按公式(L.0.2-2)计算；

A_s——融化层中基础的侧面面积(m^2)；

q_{sk}——基础侧面与融化层的摩阻力标准值(kPa)，无实测资料时，对黏性土可采用20～30kPa，对砂土及碎石土可采用30～40kPa；

Q_{pk}——基础周边与多年冻土的冻结力标准值(kN)，按公式(L.0.2-3)计算；

A_p——在多年冻土内的基础侧面面积(m^2)；

q_{pk}——多年冻土与基础侧面的冻结力标准值(kPa)，可按表L.0.2选用；

其余符号同L.0.1条。

注：如图L.0.2，季节性冻土层与多年冻土层之间可分为衔接的和不衔接的。当季节性冻土层下面为多年冻土层顶面时为季节性冻土层与多年冻土层衔接($Q_{sk} = 0$)；当季节性冻土层下面有融化层或融化层与多年冻土层交错相间时为季节性冻土层与多年冻土层不衔接[Q_{sk}按公式(L.0.2-2)计算]。

表L.0.2 多年冻土与基础间的冻结力标准值 q_{pk}(kPa)

土类及融沉等级 \ 温度(℃)		-0.2	-0.5	-1.0	-1.5	-2.0	-2.5	-3.0
粉土、黏性土	Ⅲ	35	50	85	115	145	170	200
	Ⅱ	30	40	60	80	100	120	140
	Ⅰ、Ⅳ	20	30	40	60	70	85	100
	Ⅴ	15	20	30	40	50	55	65
砂土	Ⅲ	40	60	100	130	165	200	230
	Ⅱ	30	50	80	100	130	155	180
	Ⅰ、Ⅳ	25	35	50	70	85	100	115
	Ⅴ	10	20	30	35	40	50	60
砾石土(粒径小于0.075mm的颗粒含量小于或等于10%)	Ⅲ	40	55	80	100	130	155	180
	Ⅱ	30	40	60	80	100	120	135
	Ⅰ、Ⅳ	25	35	50	60	70	85	95
	Ⅴ	15	20	30	40	45	55	65
砾石土(粒径小于0.075mm的颗粒含量大于10%)	Ⅲ	35	55	85	115	150	170	200
	Ⅱ	30	40	70	90	115	140	160
	Ⅰ、Ⅳ	25	35	50	70	85	95	115
	Ⅴ	15	20	30	35	45	55	60

注：1.多年冻土融沉等级见本规范附录表H.0.3。

2.对于预制混凝土、木质、金属的冻结力标准值，表列数值分别乘以1.0、0.9和0.66的系数。

3.多年冻土与沉桩的冻结力标准值按融沉等级Ⅳ类取值。

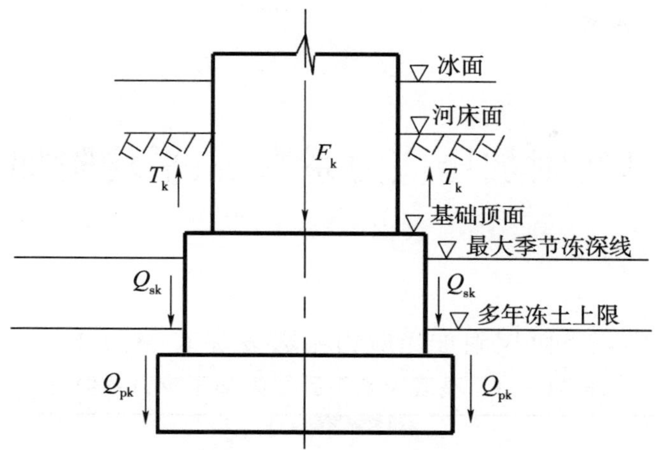

图 L.0.2　多年冻土地基冻胀力图

T_k-对基础切向冻胀力；Q_{sk}-基础位于融化层的摩阻力；Q_{pk}-基础和多年冻土的冻结力

L.0.3　桩(柱)基础抗冻拔稳定性按下列公式验算：

$$F_k + G_k + Q_{fk} \geqslant kT_k \tag{L.0.3-1}$$

$$Q_{fk} = 0.4u\sum q_{ik} \cdot l_i \tag{L.0.3-2}$$

式中：F_k——作用在桩(柱)顶上的竖向结构自重(kN)；

G_k——桩(柱)自重(kN)，对于水位以下且桩(柱)底为透水土时取浮重度；

Q_{fk}——桩(柱)在冻结线以下各土层的摩阻力标准值之和，按公式(L.0.3-2)计算；

u——桩的周长(m)；

q_{ik}——冻结线以下各层土的摩阻力标准值(kPa)，见本规范表 5.3.3-1 或表 5.3.3-4；

l_i——冻结线以下各层土的厚度(m)；

T_k——每根桩(柱)的切向冻胀力标准值(kN)，按公式(L.0.1-2)计算，式中 u 为桩(柱)周长(m)；

k——同 L.0.1 条。

L.0.4　当切向冻胀力较大时，应验算墩、台、基础和桩(柱)的薄弱截面处的抗拉力。

附录 M 桥涵基底附加压应力系数 α、平均附加压应力系数 $\bar{\alpha}$

M.0.1 桥涵基底中点下卧层附加压应力系数 α 见表 M.0.1。

表 M.0.1 基底中点下卧层附加压应力系数 α

z/b \ l/b	1.0	1.2	1.4	1.6	1.8	2.0	2.4	2.8	3.2	3.6	4.0	5.0	≥10（条形）
0.0	1.000	1.000	1.000	1.000	1.000	1.000	1.000	1.000	1.000	1.000	1.000	1.000	1.000
0.1	0.980	0.984	0.986	0.987	0.987	0.988	0.988	0.989	0.989	0.989	0.989	0.989	0.989
0.2	0.960	0.968	0.972	0.974	0.975	0.976	0.976	0.977	0.977	0.977	0.977	0.977	0.977
0.3	0.880	0.899	0.910	0.917	0.920	0.923	0.925	0.928	0.928	0.929	0.929	0.929	0.929
0.4	0.800	0.830	0.848	0.859	0.866	0.870	0.875	0.878	0.879	0.880	0.880	0.881	0.881
0.5	0.703	0.741	0.765	0.781	0.791	0.799	0.810	0.812	0.814	0.816	0.817	0.818	0.818
0.6	0.606	0.651	0.682	0.703	0.717	0.727	0.737	0.746	0.749	0.751	0.753	0.754	0.755
0.7	0.527	0.574	0.607	0.630	0.648	0.660	0.674	0.685	0.690	0.692	0.694	0.697	0.698
0.8	0.449	0.496	0.532	0.558	0.578	0.593	0.612	0.623	0.630	0.633	0.636	0.639	0.642
0.9	0.392	0.437	0.473	0.499	0.520	0.536	0.559	0.572	0.579	0.584	0.588	0.592	0.596
1.0	0.334	0.378	0.414	0.441	0.463	0.482	0.505	0.520	0.529	0.536	0.540	0.545	0.550
1.1	0.295	0.336	0.369	0.396	0.418	0.436	0.462	0.479	0.489	0.496	0.501	0.508	0.513
1.2	0.257	0.294	0.325	0.352	0.374	0.392	0.419	0.437	0.449	0.457	0.462	0.470	0.477
1.3	0.229	0.263	0.292	0.318	0.339	0.357	0.384	0.403	0.416	0.424	0.431	0.440	0.448
1.4	0.201	0.232	0.260	0.284	0.304	0.321	0.350	0.369	0.383	0.393	0.400	0.410	0.420
1.5	0.180	0.209	0.235	0.258	0.277	0.294	0.322	0.341	0.356	0.366	0.374	0.385	0.397
1.6	0.160	0.187	0.210	0.232	0.251	0.267	0.294	0.314	0.329	0.340	0.348	0.360	0.374
1.7	0.145	0.170	0.191	0.212	0.230	0.245	0.272	0.292	0.307	0.317	0.326	0.340	0.355
1.8	0.130	0.153	0.173	0.192	0.209	0.224	0.250	0.270	0.285	0.296	0.305	0.320	0.337
1.9	0.119	0.140	0.159	0.177	0.192	0.207	0.233	0.251	0.263	0.278	0.288	0.303	0.320
2.0	0.108	0.127	0.145	0.161	0.176	0.189	0.214	0.233	0.241	0.260	0.270	0.285	0.304
2.1	0.099	0.116	0.133	0.148	0.163	0.176	0.199	0.220	0.230	0.244	0.255	0.270	0.292
2.2	0.090	0.107	0.122	0.137	0.150	0.163	0.185	0.208	0.218	0.230	0.239	0.256	0.280
2.3	0.083	0.099	0.113	0.127	0.139	0.151	0.173	0.193	0.205	0.216	0.226	0.243	0.269
2.4	0.077	0.092	0.105	0.118	0.130	0.141	0.161	0.178	0.192	0.204	0.213	0.230	0.258

续上表

l/b \ z/b	1.0	1.2	1.4	1.6	1.8	2.0	2.4	2.8	3.2	3.6	4.0	5.0	≥10（条形）
2.5	0.072	0.085	0.097	0.109	0.121	0.131	0.151	0.167	0.181	0.192	0.202	0.219	0.249
2.6	0.066	0.079	0.091	0.102	0.112	0.123	0.141	0.157	0.170	0.184	0.191	0.208	0.239
2.7	0.062	0.073	0.084	0.095	0.105	0.115	0.132	0.148	0.161	0.174	0.182	0.199	0.234
2.8	0.058	0.069	0.079	0.089	0.099	0.108	0.124	0.139	0.152	0.163	0.172	0.189	0.228
2.9	0.054	0.064	0.074	0.083	0.093	0.101	0.177	0.132	0.144	0.155	0.163	0.180	0.218
3.0	0.051	0.060	0.070	0.078	0.087	0.095	0.110	0.124	0.136	0.146	0.155	0.172	0.208
3.2	0.045	0.053	0.062	0.070	0.077	0.085	0.098	0.111	0.122	0.133	0.141	0.158	0.190
3.4	0.040	0.048	0.055	0.062	0.069	0.076	0.088	0.100	0.110	0.120	0.128	0.144	0.184
3.6	0.036	0.042	0.049	0.056	0.062	0.068	0.080	0.090	0.100	0.109	0.117	0.133	0.175
3.8	0.032	0.038	0.044	0.050	0.056	0.062	0.072	0.082	0.091	0.100	0.107	0.123	0.166
4.0	0.029	0.035	0.040	0.046	0.051	0.056	0.066	0.075	0.084	0.090	0.095	0.113	0.158
4.2	0.026	0.031	0.037	0.042	0.048	0.051	0.060	0.069	0.077	0.084	0.091	0.105	0.150
4.4	0.024	0.029	0.034	0.038	0.042	0.047	0.055	0.063	0.070	0.077	0.084	0.098	0.144
4.6	0.022	0.026	0.031	0.035	0.039	0.043	0.051	0.058	0.065	0.072	0.078	0.091	0.137
4.8	0.020	0.024	0.028	0.032	0.036	0.040	0.047	0.054	0.060	0.067	0.072	0.085	0.132
5.0	0.019	0.022	0.026	0.030	0.033	0.037	0.044	0.050	0.056	0.062	0.067	0.079	0.126

注：l、b-矩形基础边缘的长边和短边(m)；z-基底至下卧层土面的距离(m)。

M.0.2 矩形面积上均布荷载作用下中点平均附加压应力系数 $\overline{\alpha}$ 见表 M.0.2。

表 M.0.2 矩形面积上均布荷载作用下中点平均附加压应力系数 $\overline{\alpha}$

l/b \ z/b	1.0	1.2	1.4	1.6	1.8	2.0	2.4	2.8	3.2	3.6	4.0	5.0	≥10.0
0.0	1.000	1.000	1.000	1.000	1.000	1.000	1.000	1.000	1.000	1.000	1.000	1.000	1.000
0.1	0.997	0.998	0.998	0.998	0.998	0.998	0.998	0.998	0.998	0.998	0.998	0.998	0.998
0.2	0.987	0.990	0.991	0.992	0.992	0.992	0.993	0.993	0.993	0.993	0.993	0.993	0.993
0.3	0.967	0.973	0.976	0.978	0.979	0.979	0.980	0.980	0.981	0.981	0.981	0.981	0.981
0.4	0.936	0.947	0.953	0.956	0.958	0.965	0.961	0.962	0.962	0.963	0.963	0.963	0.963
0.5	0.900	0.915	0.924	0.929	0.933	0.935	0.937	0.939	0.939	0.940	0.940	0.940	0.940
0.6	0.858	0.878	0.890	0.898	0.903	0.906	0.910	0.912	0.913	0.914	0.914	0.915	0.915
0.7	0.816	0.840	0.855	0.865	0.871	0.876	0.881	0.884	0.885	0.886	0.887	0.887	0.888
0.8	0.775	0.801	0.819	0.831	0.839	0.844	0.851	0.855	0.857	0.858	0.859	0.860	0.860
0.9	0.735	0.764	0.784	0.797	0.806	0.813	0.821	0.826	0.829	0.830	0.831	0.830	0.836

续上表

z/b \ l/b	1.0	1.2	1.4	1.6	1.8	2.0	2.4	2.8	3.2	3.6	4.0	5.0	≥10.0
1.0	0.698	0.728	0.749	0.764	0.775	0.783	0.792	0.798	0.801	0.803	0.804	0.806	0.807
1.1	0.663	0.694	0.717	0.733	0.744	0.753	0.764	0.771	0.775	0.777	0.779	0.780	0.782
1.2	0.631	0.663	0.686	0.703	0.715	0.725	0.737	0.744	0.749	0.752	0.754	0.756	0.758
1.3	0.601	0.633	0.657	0.674	0.688	0.698	0.711	0.719	0.725	0.728	0.730	0.733	0.735
1.4	0.573	0.605	0.629	0.648	0.661	0.672	0.687	0.696	0.701	0.705	0.708	0.711	0.714
1.5	0.548	0.580	0.604	0.622	0.637	0.648	0.664	0.673	0.679	0.683	0.686	0.690	0.693
1.6	0.524	0.556	0.580	0.599	0.613	0.625	0.641	0.651	0.658	0.663	0.666	0.670	0.675
1.7	0.502	0.533	0.558	0.577	0.591	0.603	0.620	0.631	0.638	0.643	0.646	0.651	0.656
1.8	0.482	0.513	0.537	0.556	0.571	0.588	0.600	0.611	0.619	0.624	0.629	0.633	0.638
1.9	0.463	0.493	0.517	0.536	0.551	0.563	0.581	0.593	0.601	0.606	0.610	0.616	0.622
2.0	0.446	0.475	0.499	0.518	0.533	0.545	0.563	0.575	0.584	0.590	0.594	0.600	0.606
2.1	0.429	0.459	0.482	0.500	0.515	0.528	0.546	0.559	0.567	0.574	0.578	0.585	0.591
2.2	0.414	0.443	0.466	0.484	0.499	0.511	0.530	0.543	0.552	0.558	0.563	0.570	0.577
2.3	0.400	0.428	0.451	0.469	0.484	0.496	0.515	0.528	0.537	0.544	0.548	0.554	0.564
2.4	0.387	0.414	0.436	0.454	0.469	0.481	0.500	0.513	0.523	0.530	0.535	0.543	0.551
2.5	0.374	0.401	0.423	0.441	0.455	0.468	0.486	0.500	0.509	0.516	0.522	0.530	0.539
2.6	0.362	0.389	0.410	0.428	0.442	0.473	0.473	0.487	0.496	0.504	0.509	0.518	0.528
2.7	0.351	0.377	0.398	0.416	0.430	0.461	0.461	0.474	0.484	0.492	0.497	0.506	0.517
2.8	0.341	0.366	0.387	0.404	0.418	0.449	0.449	0.463	0.472	0.480	0.486	0.495	0.506
2.9	0.331	0.356	0.377	0.393	0.407	0.438	0.438	0.451	0.461	0.469	0.475	0.485	0.496
3.0	0.322	0.346	0.366	0.383	0.397	0.409	0.429	0.441	0.451	0.459	0.465	0.474	0.487
3.1	0.313	0.337	0.357	0.373	0.387	0.398	0.417	0.430	0.440	0.448	0.454	0.464	0.477
3.2	0.305	0.328	0.348	0.364	0.377	0.389	0.407	0.420	0.431	0.439	0.445	0.455	0.468
3.3	0.297	0.320	0.339	0.355	0.368	0.379	0.397	0.411	0.421	0.429	0.436	0.446	0.460
3.4	0.289	0.312	0.331	0.346	0.359	0.371	0.388	0.402	0.412	0.420	0.427	0.437	0.452
3.5	0.282	0.304	0.323	0.338	0.351	0.362	0.380	0.393	0.403	0.412	0.418	0.429	0.444
3.6	0.276	0.297	0.315	0.330	0.343	0.354	0.372	0.385	0.395	0.403	0.410	0.421	0.436
3.7	0.269	0.290	0.308	0.323	0.335	0.346	0.364	0.377	0.387	0.395	0.402	0.413	0.429
3.8	0.263	0.284	0.301	0.316	0.328	0.339	0.356	0.369	0.379	0.388	0.394	0.405	0.422
3.9	0.257	0.277	0.294	0.309	0.321	0.332	0.349	0.362	0.372	0.380	0.387	0.398	0.415

续上表

z/b \ l/b	1.0	1.2	1.4	1.6	1.8	2.0	2.4	2.8	3.2	3.6	4.0	5.0	≥10.0
4.0	0.251	0.271	0.288	0.302	0.311	0.325	0.342	0.355	0.365	0.373	0.379	0.391	0.408
4.1	0.246	0.265	0.282	0.296	0.308	0.318	0.335	0.348	0.358	0.366	0.372	0.384	0.402
4.2	0.241	0.260	0.276	0.290	0.302	0.312	0.328	0.341	0.352	0.359	0.366	0.377	0.396
4.3	0.236	0.255	0.270	0.284	0.296	0.306	0.322	0.335	0.345	0.353	0.359	0.371	0.390
4.4	0.231	0.250	0.265	0.278	0.290	0.300	0.316	0.329	0.339	0.347	0.353	0.365	0.384
4.5	0.226	0.245	0.260	0.273	0.285	0.294	0.310	0.323	0.333	0.341	0.347	0.359	0.378
4.6	0.222	0.240	0.255	0.268	0.279	0.289	0.305	0.317	0.327	0.335	0.341	0.353	0.373
4.7	0.218	0.235	0.250	0.263	0.274	0.284	0.299	0.312	0.321	0.329	0.336	0.347	0.367
4.8	0.214	0.231	0.245	0.258	0.269	0.279	0.294	0.306	0.316	0.324	0.330	0.342	0.362
4.9	0.210	0.227	0.241	0.253	0.265	0.274	0.289	0.301	0.311	0.319	0.325	0.337	0.357
5.0	0.206	0.223	0.237	0.249	0.260	0.269	0.284	0.296	0.306	0.313	0.320	0.332	0.352

注：l、b-矩形基础的长边和短边(m)；z-从基础底面算起的土层深度(m)。

附录 N　后压浆关键技术参数

N.0.1　浆液水灰比:应根据土的饱和度和渗透性确定。对于饱和土宜为 0.5 ~ 0.7,对于非饱和土宜为 0.7 ~ 0.9(松散碎石土、砂砾宜为 0.5 ~ 0.6);低水灰比浆液宜掺加减水剂;地下水流动时,应掺入速凝剂。

N.0.2　桩端压浆终止压力:根据土层性质、压浆点深度确定。对于风化岩,非饱和黏性土、粉土,宜为 5.0 ~ 10.0MPa;对于饱和土宜为 1.5 ~ 6.0MPa;软土取低值,密实土取高值。

N.0.3　持荷时间:5min。

N.0.4　压浆流量:不宜超过 75L/min。

N.0.5　压浆量:单桩压浆量设计,主要应考虑桩径、桩长、桩端桩侧土层性质、单桩承载力增幅诸因素确定,可按下式计算:

$$G_c = \alpha_p d \tag{N.0.5}$$

式中:G_c——单桩压浆量(t);

α_p——压浆系数,取值范围如表 N.0.5 所示;

d——桩径。

表 N.0.5　压 浆 系 数 α_p

持力层	黏性土、粉土	粉砂	细砂	中砂	粗砂	砾砂	碎石土
取值范围	2.1 ~ 2.5	2.5 ~ 3.2	2.4 ~ 2.7	2.3 ~ 2.7	3.1 ~ 3.8	3.1 ~ 3.8	2.3 ~ 2.8

附录 P　按 m 法计算弹性桩水平位移及作用效应

P.0.1 桩的计算宽度可按下式计算：

当 $d \geqslant 1.0$m 时　　$b_1 = kk_f(d+1)$　　(P.0.1-1)

当 $d < 1.0$m 时　　$b_1 = kk_f(1.5d+0.5)$　　(P.0.1-2)

对单排桩或 $L_1 \geqslant 0.6h_1$ 的多排桩　　$k = 1.0$　　(P.0.1-3)

对 $L_1 < 0.6h_1$ 的多排桩　　$k = b_2 + \frac{1-b_2}{0.6} \cdot \frac{L_1}{h_1}$　　(P.0.1-4)

式中：b_1——桩的计算宽度(m)，$b_1 \leqslant 2d$；

d——桩径或垂直于水平外力作用方向桩的宽度(m)；

k_f——桩形状换算系数，视水平力作用面(垂直于水平力作用方向)而定，圆形或圆端截面 $k_f = 0.9$；矩形截面 $k_f = 1.0$；对圆端形与矩形组合截面 $k_f = \left(1-0.1\frac{a}{d}\right)$(图 P.0.1-1)；

k——平行于水平力作用方向的桩间相互影响系数；

L_1——平行于水平力作用方向的桩间净距(图 P.0.1-2)；梅花形布桩时，若相邻两排桩中心距 c 小于 $(d+1)$ m 时，可按水平力作用面各桩间的投影距离计算(图 P.0.1-3)；

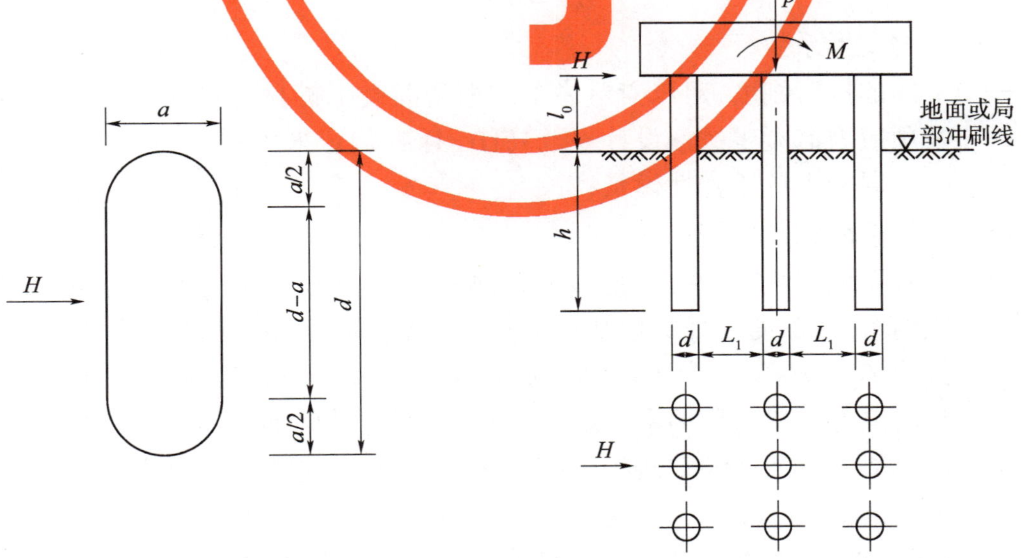

图 P.0.1-1　计算圆端形与矩形组合截面 k_f 值示意图

图 P.0.1-2　计算 k 值时桩基示意图

h_1——地面或局部冲刷线以下桩的计算埋入深度,可取 $h_1 = 3(d+1)$,但不得大于地面或局部冲刷线以下桩入土深度 h(图 P.0.1-2);

b_2——与平行于水平力作用方向的一排桩的桩数 n 有关的系数,当 $n=1$ 时,$b_2=1.0$;$n=2$ 时,$b_2=0.6$;$n=3$ 时,$b_2=0.5$;$n\geqslant4$ 时,$b_2=0.45$。

在桩平面布置中,若平行于水平力作用方向的各排桩数量不等,且相邻(任何方向)桩间中心距等于或大于$(d+1)$(m),则所验算各桩可取同一个桩间影响系数 k,其值按桩数量最多的一排选取。此外,若垂直于水平力作用方向上有 n 根桩时,计算宽度取 nb_1,但须满足 $nb_1\leqslant B+1$(B 为 n 根桩垂直于水平力作用方向的外边缘距离,以米计,见图 P.0.1-4)。

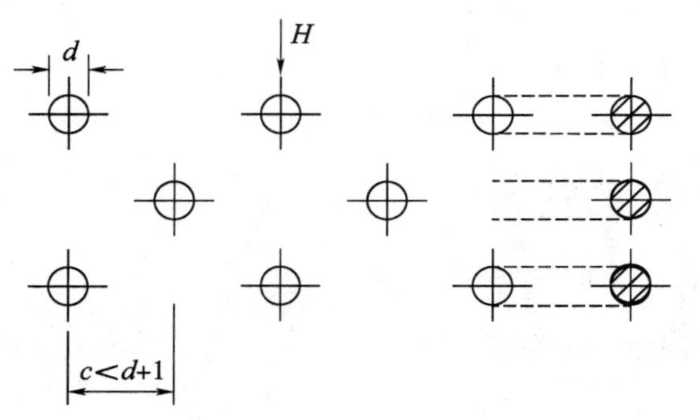

图 P.0.1-3　梅花形示意图

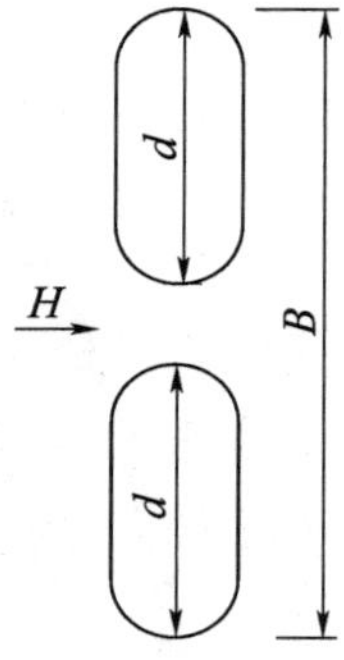

图 P.0.1-4　单桩宽度计算示意

P.0.2　桩基中桩的变形系数可按下式计算:

$$\alpha=\sqrt[5]{\frac{mb_1}{EI}} \tag{P.0.2-1}$$

$$EI=0.8E_cI \tag{P.0.2-2}$$

式中:α——桩的变形系数;

EI——桩的的抗弯刚度,对以受弯为主的钢筋混凝土桩,根据现行《公路钢筋混凝土及预应力混凝土桥涵设计规范》(JTG D62)规定采用;

E_c——桩的混凝土抗压弹性模量;

I——桩的毛面积惯性矩;

m——非岩石地基水平向抗力系数的比例系数。非岩石地基的抗力系数随埋深成比例增大,深度 z 处的地基水平向抗力系数 $C_z=m\times z$;桩端地基竖向抗力系数为 $C_0=m_0\times h$(当 $h<10$m 时,取 $C_0=10\times m_0$)。其中 m_0 为桩端处的地基竖向抗力系数的比例系数。m 和 m_0 应通过试验确定,缺乏试验资料时,可根据地基土分类、状态按表 P.0.2-1 查用。当基础侧面地面或局部冲刷线以下 $h_m=2(d+1)$(m)(对 $h\leqslant2.5$ 的情况,取 $h_m=h$)深度内有两层土时,如图 P.0.2所示,应将两层土的比例系数按式(P.0.2-3)换算成一个 m 值,作为整个深度的 m 值。岩石地基抗力系数不随岩层埋深变化,取 $C_z=C_0$,其值可按表 P.0.2-2 采用或通过试验确定。

$$m = \gamma m_1 + (1-\gamma) m_2 \qquad (P.0.2\text{-}3)$$

$$\gamma = \begin{cases} 5(h_1/h_m)^2 & h_1/h_m \leqslant 0.2 \\ 1-1.25(1-h_1/h_m)^2 & h_1/h_m > 0.2 \end{cases}$$

表 P.0.2-1　非岩石类土的 m 值和 m_0 值

土 的 名 称	m 和 m_0 (kN/m^4)	土 的 名 称	m 和 m_0 (kN/m^4)
流塑性黏土 $I_L > 1.0$,软塑黏性土 $1.0 \geqslant I_L > 0.75$,淤泥	3 000 ~ 5 000	坚硬,半坚硬黏性土 $I_L \leqslant 0$,粗砂,密实粉土	20 000 ~ 30 000
可塑黏性土 $0.75 \geqslant I_L > 0.25$,粉砂,稍密粉土	5 000 ~ 10 000	砾砂,角砾,圆砾,碎石,卵石	30 000 ~ 80 000
硬塑黏性土 $0.25 \geqslant I_L \geqslant 0$,细砂,中砂,中密粉土	10 000 ~ 20 000	密实卵石夹粗砂,密实漂、卵石	80 000 ~ 120 000

注:1.本表用于基础在地面处位移最大值不应超过 6mm 的情况,当位移较大时,应适当降低。
2.当基础侧面设有斜坡或台阶,且其坡度(横:竖)或台阶总宽与深度之比大于 1:20 时,表中 m 值应减小 50%取用。

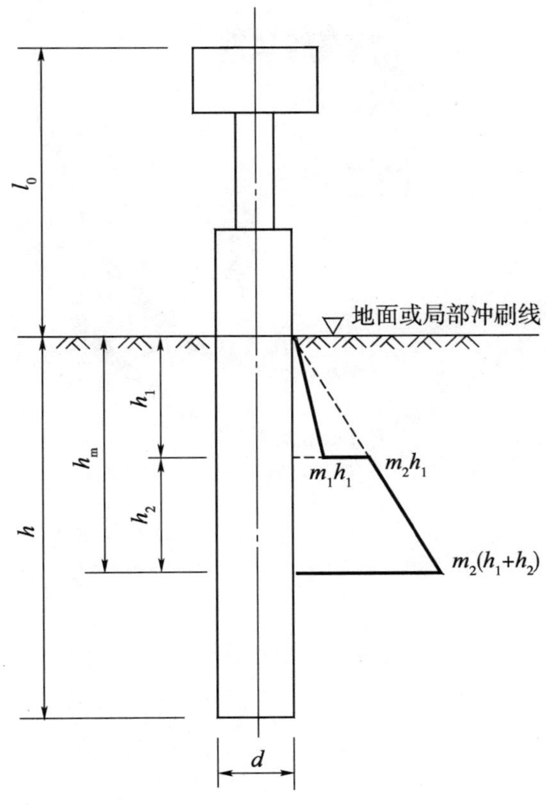

图 P.0.2　两层土 m 值换算计算示意图

表 P.0.2-2　岩石地基抗力系数 C_0

编　　号	f_{rk}(kPa)	C_0(kN/m^4)
1	1 000	300 000
2	≥25 000	15 000 000

注:f_{rk}为岩石的单轴饱和抗压强度标准值。对于无法进行饱和的试样,可采用天然含水量单轴抗压强度标准值;当 $1\,000 < f_{rk} < 25\,000$ 时,可用直线内插法确定 C_0。

P.0.3　$\alpha h > 2.5$ 时,单排桩柱式桥墩承受桩柱顶荷载时的作用效应及位移可按表 P.0.3计算。

表 P.0.3　桩柱顶受力的单排桩柱式桥墩计算用表

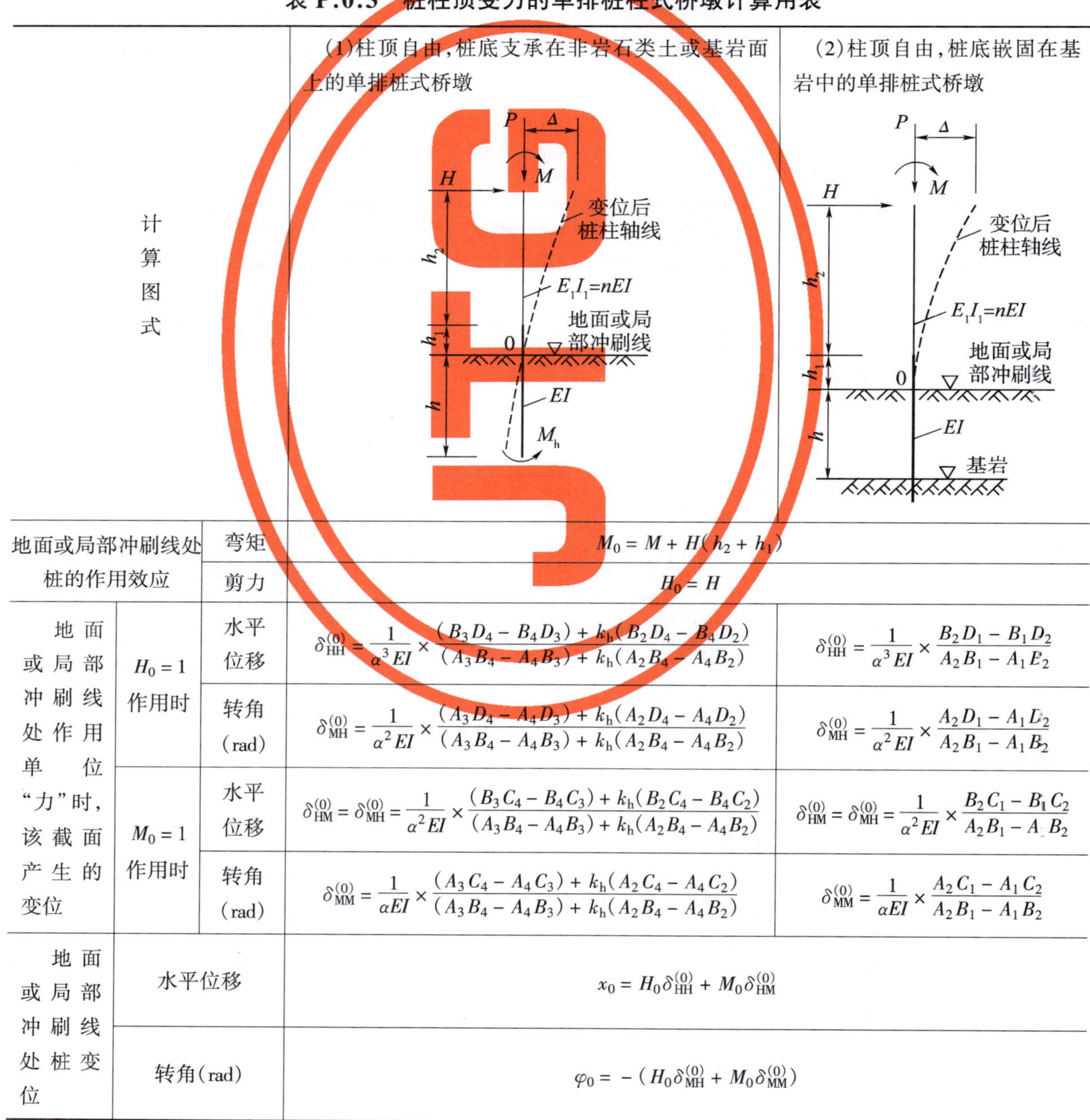

			(1)柱顶自由,桩底支承在非岩石类土或基岩面上的单排桩式桥墩	(2)柱顶自由,桩底嵌固在基岩中的单排桩式桥墩
计算图式				
地面或局部冲刷线处桩的作用效应		弯矩	$M_0 = M + H(h_2 + h_1)$	
		剪力	$H_0 = H$	
地面或局部冲刷线处作用单位"力"时,该截面产生的变位	$H_0 = 1$ 作用时	水平位移	$\delta_{HH}^{(0)} = \frac{1}{\alpha^3 EI} \times \frac{(B_3D_4 - B_4D_3) + k_h(B_2D_4 - B_4D_2)}{(A_3B_4 - A_4B_3) + k_h(A_2B_4 - A_4B_2)}$	$\delta_{HH}^{(0)} = \frac{1}{\alpha^3 EI} \times \frac{B_2D_1 - B_1D_2}{A_2B_1 - A_1B_2}$
		转角(rad)	$\delta_{MH}^{(0)} = \frac{1}{\alpha^2 EI} \times \frac{(A_3D_4 - A_4D_3) + k_h(A_2D_4 - A_4D_2)}{(A_3B_4 - A_4B_3) + k_h(A_2B_4 - A_4B_2)}$	$\delta_{MH}^{(0)} = \frac{1}{\alpha^2 EI} \times \frac{A_2D_1 - A_1D_2}{A_2B_1 - A_1B_2}$
	$M_0 = 1$ 作用时	水平位移	$\delta_{HM}^{(0)} = \delta_{MH}^{(0)} = \frac{1}{\alpha^2 EI} \times \frac{(B_3C_4 - B_4C_3) + k_h(B_2C_4 - B_4C_2)}{(A_3B_4 - A_4B_3) + k_h(A_2B_4 - A_4B_2)}$	$\delta_{HM}^{(0)} = \delta_{MH}^{(0)} = \frac{1}{\alpha^2 EI} \times \frac{B_2C_1 - B_1C_2}{A_2B_1 - A_1B_2}$
		转角(rad)	$\delta_{MM}^{(0)} = \frac{1}{\alpha EI} \times \frac{(A_3C_4 - A_4C_3) + k_h(A_2C_4 - A_4C_2)}{(A_3B_4 - A_4B_3) + k_h(A_2B_4 - A_4B_2)}$	$\delta_{MM}^{(0)} = \frac{1}{\alpha EI} \times \frac{A_2C_1 - A_1C_2}{A_2B_1 - A_1B_2}$
地面或局部冲刷线处桩变位	水平位移		$x_0 = H_0\delta_{HH}^{(0)} + M_0\delta_{HM}^{(0)}$	
	转角(rad)		$\varphi_0 = -(H_0\delta_{MH}^{(0)} + M_0\delta_{MM}^{(0)})$	

续上表

地面或局部冲刷线以下深度 z 处桩各截面内力	弯矩	$M_z = \alpha^2 EI\left(x_0 A_3 + \frac{\varphi_0}{\alpha}B_4 + \frac{M_0}{\alpha^2 EI}C_3 + \frac{H_0}{\alpha^3 EI}D_3\right)$
	剪力	$Q_z = \alpha^3 EI\left(x_0 A_4 + \frac{\varphi_0}{\alpha}B_4 + \frac{M_0}{\alpha^2 EI}C_4 + \frac{H_0}{\alpha^3 EI}D_4\right)$
桩柱顶水平位移		$\Delta = x_0 - \varphi_0(h_2 + h_1) + \Delta_0$ 式中：$\Delta_0 = \frac{H}{E_1 I_1}\left[\frac{1}{3}(nh_1^3 + h_2^3) + nh_1 h_2(h_1 + h_2)\right] + \frac{M}{2E_1 I_1}\left[h_2^2 + nh_1(2h_2 + h_1)\right]$

注：表中 $\delta_{HH}^{(0)}$、$\delta_{MH}^{(0)}$、$\delta_{HM}^{(0)}$、$\delta_{MM}^{(0)}$的物理意义见图 P.0.3。

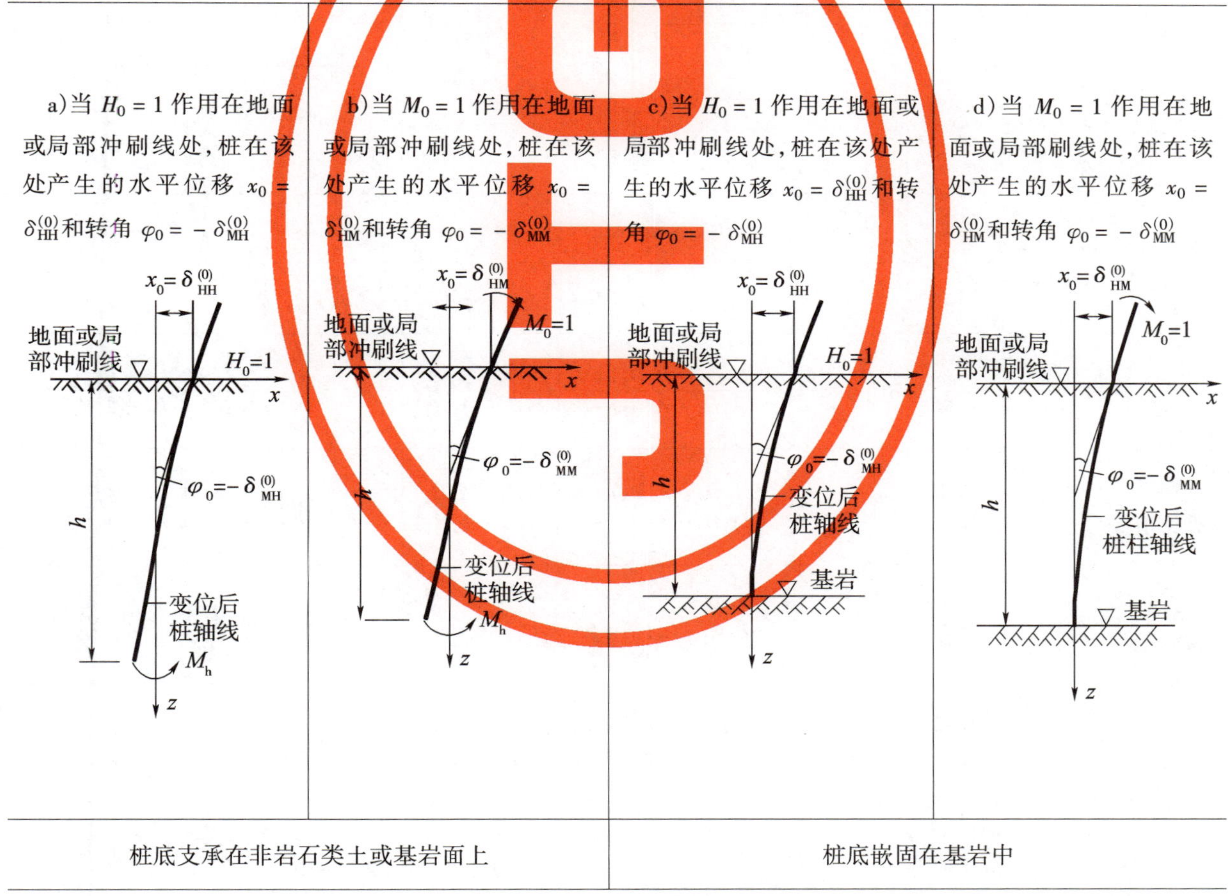

图 P.0.3　在荷载作用下桩的变形图

P.0.4　$\alpha h > 2.5$ 时，单排桩柱式桥台桩柱侧面受土压力作用时的作用效应及位移可按表 P.0.4 计算。

表 P.0.4　桩柱侧面受土压力的单排桩柱式桥台计算用表

<table>
<tr><td rowspan="2" colspan="3">计算图式</td><td>(1)桩柱身受梯形荷载,桩柱顶为自由,桩底支承在非岩石类土或基岩面上的单排桩式桥台</td><td>(2)桩柱身受梯形荷载,桩柱顶为自由,桩底嵌固在基岩中的单排桩式桥台</td></tr>
<tr><td>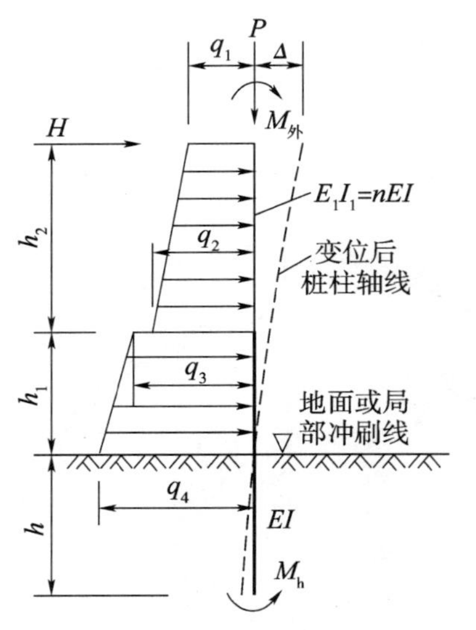
</td><td>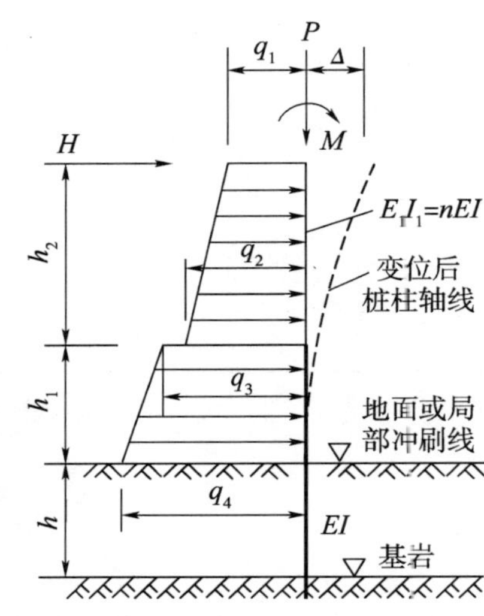
</td></tr>
<tr><td rowspan="2" colspan="2">地面或局部冲刷线处桩的作用效应</td><td>弯矩</td><td colspan="2">$M_0 = M + H(h_2 + h_1) + \frac{1}{6}h_2[(2q_1 + q_2)h_2 + 3(q_1 + q_2)h_1] + \frac{1}{6}(2q_3 + q_4)h_1^2$</td></tr>
<tr><td>剪力</td><td colspan="2">$H_0 = H + \frac{1}{2}(q_1 + q_2)h_2 + \frac{1}{2}(q_3 + q_4)h_1$</td></tr>
<tr><td rowspan="4">地面或局部冲刷线处作用单位“力”时,该截面产生的变位</td><td rowspan="2">$H_0 = 1$ 作用时</td><td>水平位移</td><td>$\delta_{HH}^{(0)} = \frac{1}{\alpha^3 EI} \times \frac{(B_3D_4 - B_4D_3) + k_h(B_2D_4 - B_4D_2)}{(A_3B_4 - A_4B_3) + k_h(A_2B_4 - A_4B_2)}$</td><td>$\delta_{HH}^{(0)} = \frac{1}{\alpha^3 EI} \times \frac{B_2D_1 - B_1D_2}{A_2B_1 - A_1B_2}$</td></tr>
<tr><td>转角(rad)</td><td>$\delta_{MH}^{(0)} = \frac{1}{\alpha^3 EI} \times \frac{(A_3D_4 - A_4D_3) + k_h(A_2D_4 - A_4D_2)}{(A_3B_4 - A_4B_3) + k_h(A_2B_4 - A_4B_2)}$</td><td>$\delta_{MH}^{(0)} = \frac{1}{\alpha^2 EI} \times \frac{A_2D_1 - A_1D_2}{A_2B_1 - A_1B_2}$</td></tr>
<tr><td rowspan="2">$M_0 = 1$ 作用时</td><td>水平位移</td><td>$\delta_{HM}^{(0)} =$
$\delta_{MH}^{(0)} = \frac{1}{\alpha^2 EI} \times \frac{(B_3C_4 - B_4C_3) + k_h(B_2C_4 - B_4C_2)}{(A_3B_4 - A_4B_3) + k_h(A_2B_4 - A_4B_2)}$</td><td>$\delta_{HM}^{(0)} = \delta_{MH}^{(0)} = \frac{1}{\alpha^2 EI} \times \frac{B_2C_1 - B_1C_2}{A_2B_1 - A_1B_2}$</td></tr>
<tr><td>转角(rad)</td><td>$\delta_{MM}^{(0)} = \frac{1}{\alpha EI} \times \frac{(A_3C_4 - A_4C_3) + k_h(A_2C_4 - A_4C_2)}{(A_3B_4 - A_4B_3) + k_h(A_2B_4 - A_4B_2)}$</td><td>$\delta_{MM}^{(0)} = \frac{1}{\alpha EI} \times \frac{A_2C_1 - A_1C_2}{A_2B_1 - A_1B_2}$</td></tr>
<tr><td rowspan="2">地面或局部冲刷线处桩变位</td><td colspan="2">水平位移</td><td colspan="2">$x_0 = H_0\delta_{HH}^{(0)} + M_0\delta_{HM}^{(0)}$</td></tr>
<tr><td colspan="2">转角(rad)</td><td colspan="2">$\varphi_0 = -(H_0\delta_{MH}^{(0)} + M_0\delta_{MM}^{(0)})$</td></tr>
</table>

续上表

地面或局部冲刷线以下深度 z 处桩各截面内力	弯矩	$M_z = \alpha^2 EI\left(x_0 A_3 + \frac{\varphi_0}{\alpha}B_3 + \frac{M_0}{\alpha^2 EI}C_3 + \frac{H_0}{\alpha^3 EI}D_3\right)$
	剪力	$Q_z = \alpha^3 EI\left(x_0 A_4 + \frac{\varphi_0}{\alpha}B_4 + \frac{M_0}{\alpha^2 EI}C_4 + \frac{H_0}{\alpha^3 EI}D_4\right)$
桩柱顶水平位移		$\Delta = x_0 - \varphi_0(h_2 + h_1) + \Delta_0$ 式中：$\Delta_0 = \frac{M}{2E_1 I_1}(nh_1^2 + 2nh_1 h_2 + h_2^2) + \frac{H}{3E_1 I_1}(nh_1^3 + 3nh_1^2 h_2 + 3nh_1 h_2^2 + h_2^3)$ $+ \frac{1}{120E_1 I_1}[(11h_2^4 + 40nh_2^3 h_1 + 20nh_2 h_1^3 + 50nh_2^2 h_1^2)q_1 + 4(h_2^4 + 10nh_2^2 h_1^2$ $+ 5nh_2^3 h_1 + 5nh_2 h_1^3)q_2 + (11nh_1^4 + 15nh_2 h_1^3)q_3 + (4nh_1^4 + 5nh_2 h_1^3)q_4]$

注：表中 $\delta_{HH}^{(0)}$、$\delta_{MH}^{(0)}$、$\delta_{HM}^{(0)}$、$\delta_{MM}^{(0)}$的物理意义见图 P.0.3。

表 P.0.3、表 P.0.4 说明：

1　本表适用于 $\alpha h > 2.5$ 桩的计算，对于 $\alpha h \leqslant 2.5$ 的情况，见附录 Q。

2　系数 A_i、B_i、C_i、D_i（$i = 1$、2、3、4）值，在计算 $\delta_{HH}^{(0)}$、$\delta_{MH}^{(0)}$、$\delta_{HM}^{(0)}$和 $\delta_{MM}^{(0)}$时，根据 $\overline{h} = \alpha h$ 由本规范第 P.0.8 条查用；在计算 M_z 和 Q_z 时，根据 $\overline{h} = \alpha z$ 由本规范第 P.0.8 条查用；当 $\overline{h} > 4$时，按 $\overline{h} = 4$ 计算。

3　$k_h = \frac{C_0}{\alpha E} \times \frac{I_0}{I}$为因桩端转动，桩端底面土体产生的抗力对 $\delta_{HH}^{(0)}$、$\delta_{MH}^{(0)}$、$\delta_{HM}^{(0)}$和 $\delta_{MM}^{(0)}$的影响系数。当桩底置于非岩石类土且 $\alpha h \geqslant 2.5$ 时，或置于基岩上且 $\alpha h \geqslant 3.5$ 时，取 $k_h = 0$。式中，C_0 按第 P.0.2 条确定；I、I_0 分别为地面或局部冲刷线以下桩截面和桩端面积惯性矩。

4　n 为桩式桥墩上段抗弯刚度 $E_1 I_1$ 与下段抗弯刚度 EI 的比值，EI 计算见第 P.0.2 条，$E_1 I_1 = 0.8E_c I_1$，E_c 为桩身混凝土抗压弹性模量，I_1 为桩上段毛截面惯性矩。

5　q_1、q_2、q_3 和 q_4 为作用于桩上的土压力强度(kN/m)，可根据《公路桥涵设计通用规范》(JTG D60—2004)第 4.2.3 条规定确定土压力作用及其在桩上的计算宽度。若地面或局部冲刷线以上桩为等截面，h_2 取全高，$h_1 = 0$。

6　桩的入土深度 $h \geqslant 4/\alpha$ 时，$z = 4/\alpha$ 深度以下桩身截面作用效应可忽略不计。

7　当基础侧面地面或局部冲刷线以下 $h_m = 2(d+1)$m（对 $\alpha h \leqslant 2.5$ 的情况，取 $h_m = h$）深度内有两层土时，桩身实际最大弯矩可按下式进行修正：

$$M_{max} = \xi M_{zmax} \tag{P.0.3-1}$$

式中：M_{zmax}——根据表 P.0.3 或表 P.0.4 计算的桩身最大弯矩值；

M_{max}——桩身实际最大弯矩值；

ξ——最大弯矩修正系数，可按下式计算：

$$\begin{cases} \xi = \dfrac{2\delta}{\delta+2} \quad \dfrac{h_1}{h_m} + 1 & \dfrac{h_1}{h_m} \leqslant \dfrac{1}{6}(\delta+2) \\ \xi = \dfrac{2\delta}{\delta-4} \quad \dfrac{h_1}{h_m} + \dfrac{4+\delta}{4-\delta} & \dfrac{h_1}{h_m} > \dfrac{1}{6}(\delta+2) \end{cases} \tag{P.0.3-2}$$

$$\delta = \frac{H_0}{H_0 + 0.1M_0} \lg \frac{m_2}{m_1} \tag{P.0.3-3}$$

式中，H_0 单位为 kN，M_0 单位为 kN·m。

P.0.5 桩端最大和最小压应力应满足下式要求：

$$p_{\substack{max \\ min}} = \frac{N_{hk}}{A_0} \pm \frac{M_{hk}}{W_0} \leqslant q_r(\text{钻孔桩})\text{或 } \alpha_r q_{rk}(\text{沉入桩}) \tag{P.0.5}$$

式中：$p_{\substack{max \\ min}}$——桩端最大、最小压应力；

N_{hk}——桩底面的轴向力标准值，对于非岩石类地基：$N_{hk} = P_k + G_k - T_k$；对于岩石类地基：$N_{hk} = P_k + G_k$；

P_k——桩柱顶面处轴向力标准值；

G_k——全部桩柱自重；对非岩石类地基钻(挖)孔桩，局部冲刷线以下部分为桩身自重减去置换土重(当桩重计入浮重时，置换土重也计入浮重)；

T_k——局部冲刷线以下桩侧面土的摩阻力标准值总和；

M_{hk}——桩底弯矩，令 $z = h$ 由表中 M_z 计算公式求得；当 $\alpha h \geqslant 4$ 时，取 $M_{hk} = 0$；

A_0、W_0——桩端面积及面积抵抗矩；

q_r——桩端处土的承载力容许值(kPa)，按本规范第 5.3.3 条规定计算；

q_{rk}——桩端处土的承载力标准值(kPa)，按本规范表 5.3.3-5 取用；

α_r——沉桩桩底承载力的影响系数，见本规范表 5.3.3-6。

此外，对置于非岩石类土或岩石面上 $\alpha h > 3.5$，以及嵌入岩石中 $\alpha h > 4$ 的桩，认为桩底压力均匀分布，可不验算桩端土的压应力，但须满足本规范第 5.3.3 条、第 5.3.4 条和第 5.3.7 条单桩受压容许承载力要求。对支承在基岩面上的桩，当 $e > \rho$ 时(e 为荷载偏心矩，ρ 为桩底面核心半径)，应考虑桩底的压力重分布(可参见本规范附录 K)；对嵌入基岩中的桩应验算嵌固处截面强度。

P.0.6 $\alpha h > 2.5$ 时，多排竖直桩柱式桥墩承受桩顶荷载时的作用效应及位移可按表 P.0.6计算。

表 P.0.6　桩顶受力的多排竖直桩柱式桥墩计算用表

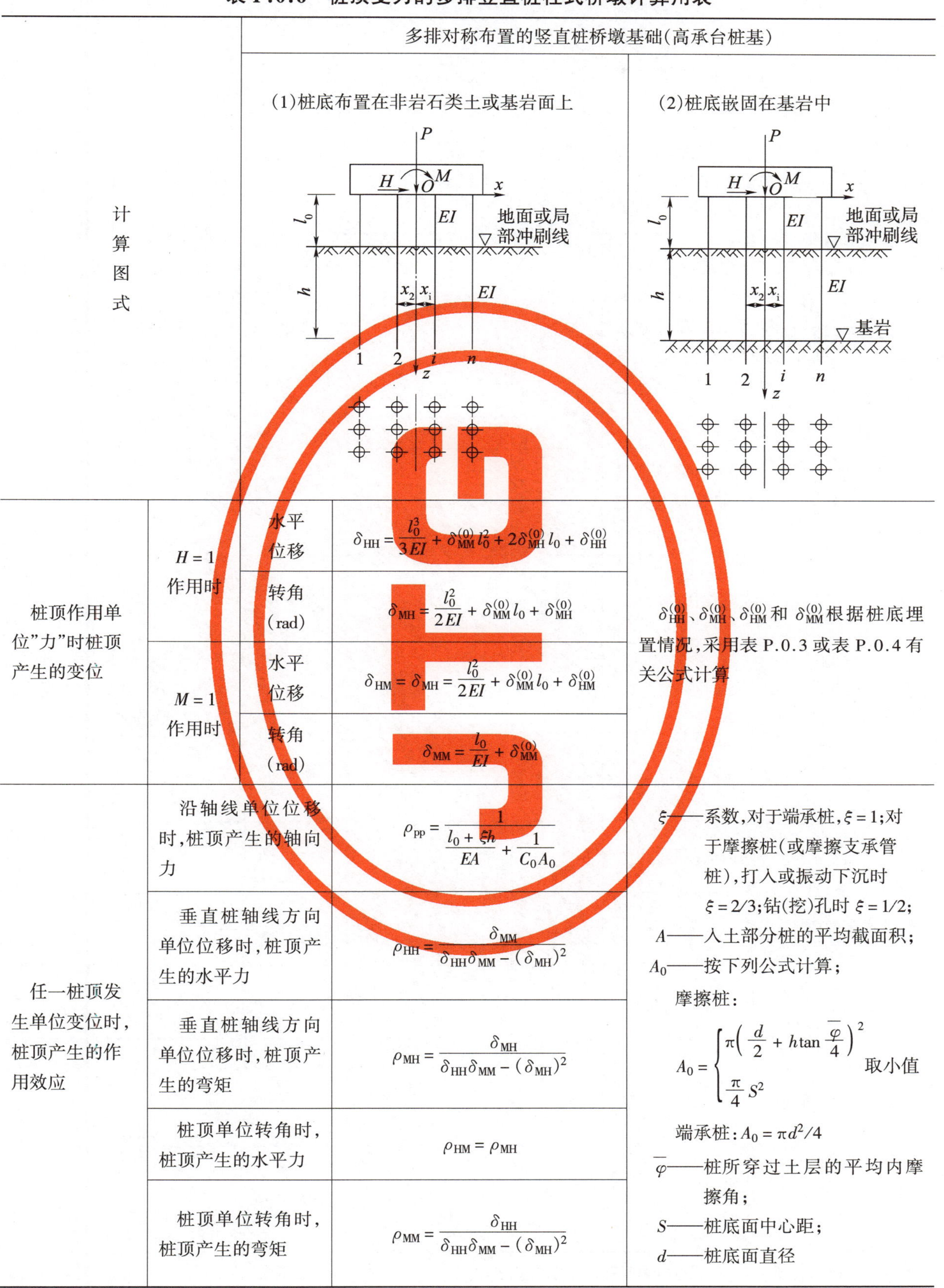

			多排对称布置的竖直桩桥墩基础(高承台桩基)	
计算图式			(1)桩底布置在非岩石类土或基岩面上	(2)桩底嵌固在基岩中
桩顶作用单位"力"时桩顶产生的变位	$H=1$ 作用时	水平位移	$\delta_{HH}=\dfrac{l_0^3}{3EI}+\delta_{MM}^{(0)}l_0^2+2\delta_{MH}^{(0)}l_0+\delta_{HH}^{(0)}$	$\delta_{HH}^{(0)}$、$\delta_{MH}^{(0)}$、$\delta_{HM}^{(0)}$和 $\delta_{MM}^{(0)}$根据桩底埋置情况,采用表 P.0.3 或表 P.0.4 有关公式计算
		转角(rad)	$\delta_{MH}=\dfrac{l_0^2}{2EI}+\delta_{MM}^{(0)}l_0+\delta_{MH}^{(0)}$	
	$M=1$ 作用时	水平位移	$\delta_{HM}=\delta_{MH}=\dfrac{l_0^2}{2EI}+\delta_{MM}^{(0)}l_0+\delta_{HM}^{(0)}$	
		转角(rad)	$\delta_{MM}=\dfrac{l_0}{EI}+\delta_{MM}^{(0)}$	
任一桩顶发生单位变位时,桩顶产生的作用效应	沿轴线单位位移时,桩顶产生的轴向力		$\rho_{PP}=\dfrac{1}{\dfrac{l_0+\xi h}{EA}+\dfrac{1}{C_0A_0}}$	ξ——系数,对于端承桩,$\xi=1$;对于摩擦桩(或摩擦支承管桩),打入或振动下沉时 $\xi=2/3$;钻(挖)孔时 $\xi=1/2$; A——入土部分桩的平均截面积; A_0——按下列公式计算; 摩擦桩: $A_0=\begin{cases}\pi\left(\dfrac{d}{2}+h\tan\dfrac{\overline{\varphi}}{4}\right)^2\\ \dfrac{\pi}{4}S^2\end{cases}$ 取小值 端承桩:$A_0=\pi d^2/4$ $\overline{\varphi}$——桩所穿过土层的平均内摩擦角; S——桩底面中心距; d——桩底面直径
	垂直桩轴线方向单位位移时,桩顶产生的水平力		$\rho_{HH}=\dfrac{\delta_{MM}}{\delta_{HH}\delta_{MM}-(\delta_{MH})^2}$	
	垂直桩轴线方向单位位移时,桩顶产生的弯矩		$\rho_{MH}=\dfrac{\delta_{MH}}{\delta_{HH}\delta_{MM}-(\delta_{MH})^2}$	
	桩顶单位转角时,桩顶产生的水平力		$\rho_{HM}=\rho_{MH}$	
	桩顶单位转角时,桩顶产生的弯矩		$\rho_{MM}=\dfrac{\delta_{HH}}{\delta_{HH}\delta_{MM}-(\delta_{MH})^2}$	

续上表

<table>
<tr><td rowspan="4">承台发生单位变位时，所有桩顶对承台作用“反力”之和</td><td>承台产生竖向单位位移时，桩顶竖向反力之和</td><td>$\gamma_{cc}=n\rho_{PP}$</td><td rowspan="4">n——桩总根数；
x_i——由坐标原点 O 至各桩轴线的距离；
K_i——第 i 排桩根数</td></tr>
<tr><td>承台产生水平向单位位移时，桩顶水平反力之和</td><td>$\gamma_{aa}=n\rho_{HH}$</td></tr>
<tr><td>承台绕原点 O 产生单位转角，桩顶水平反力之和或水平方向产生单位位移时，桩柱顶反弯矩之和</td><td>$\gamma_{a\beta}=\gamma_{\beta a}=-n\rho_{HM}=-n\rho_{MH}$</td></tr>
<tr><td>承台发生单位转角时，桩顶反弯矩之和</td><td>$\gamma_{\beta\beta}=n\rho_{MM}+\rho_{PP}\sum K_i x_i^2$</td></tr>
<tr><td rowspan="3">承台变位</td><td>竖直位移</td><td>$c=\dfrac{P}{\gamma_{cc}}$</td><td rowspan="3">P、H、M——荷载作用于承台底面原点 O 处的竖直力、水平力和弯矩</td></tr>
<tr><td>水平位移</td><td>$a=\dfrac{\gamma_{\beta\beta}H-\gamma_{\alpha\beta}M}{\gamma_{aa}\gamma_{\beta\beta}-(\gamma_{\alpha\beta})^2}$</td></tr>
<tr><td>转角(rad)</td><td>$\beta=\dfrac{\gamma_{aa}M-\gamma_{\alpha\beta}H}{\gamma_{aa}\gamma_{\beta\beta}-(\gamma_{\alpha\beta})^2}$</td></tr>
<tr><td rowspan="3">桩顶作用效应</td><td>任一桩顶轴向力</td><td>$N_i=(c+\beta x_i)\rho_{PP}$</td><td>$x_i$ 值在坐标原点 O 以右为正，以左为负</td></tr>
<tr><td>任一桩顶剪力</td><td colspan="2">$Q_i=a\rho_{HH}-\beta\rho_{HM}=\dfrac{H}{n}$</td></tr>
<tr><td>任一桩顶弯矩</td><td colspan="2">$M_i=\beta\rho_{MM}-a\rho_{MH}$</td></tr>
<tr><td rowspan="2">地面或局部冲刷线处桩顶截面上的作用“力”</td><td>水平力</td><td colspan="2">$H_0=Q_i$</td></tr>
<tr><td>弯矩</td><td colspan="2">$M_0=M_i+Q_i l_0$</td></tr>
</table>

注：表中 δ_{HH}、δ_{MH}、δ_{HM}和 δ_{MM}的物理意义见图 P.0.6。

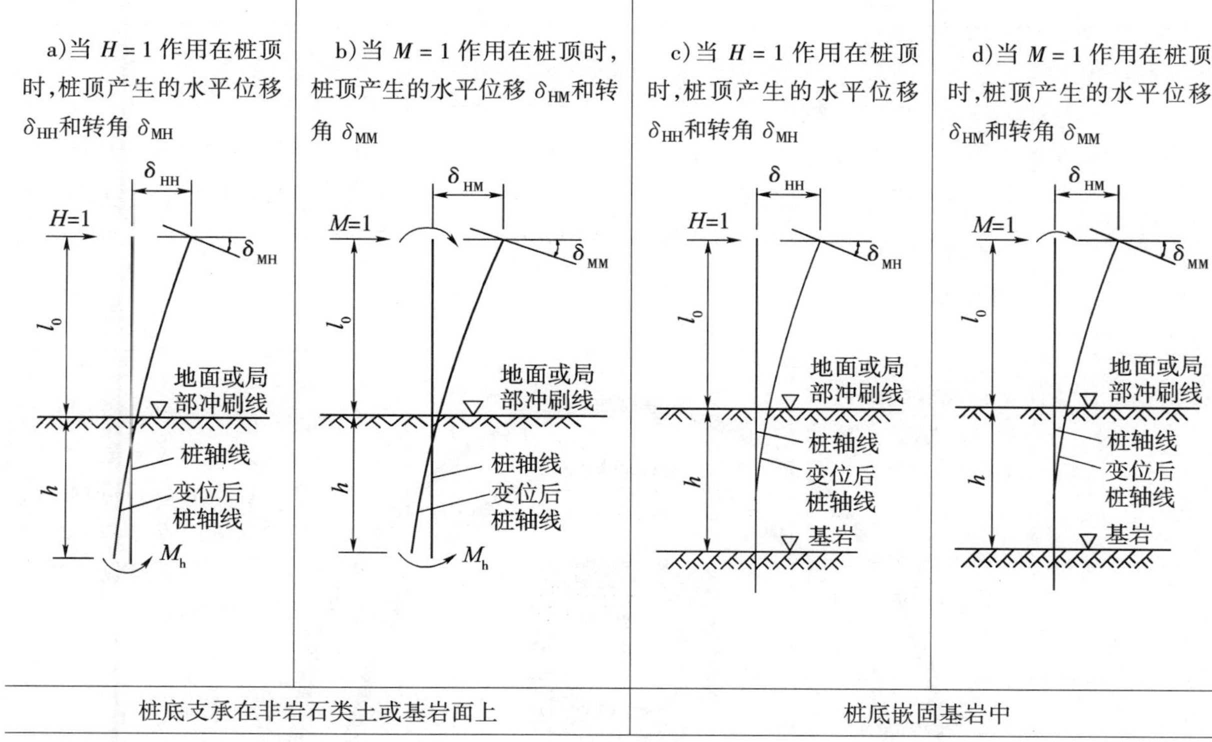

图 P.0.6 在荷载作用下桩的变形图

P.0.7 $\alpha h>2.5$ 时，多排竖直桩桥台桩侧面受土压力作用时的作用效应及位移可按表 P.0.7 计算。

表 P.0.7 桩侧面受土压力的多排竖直桩桥台计算用表

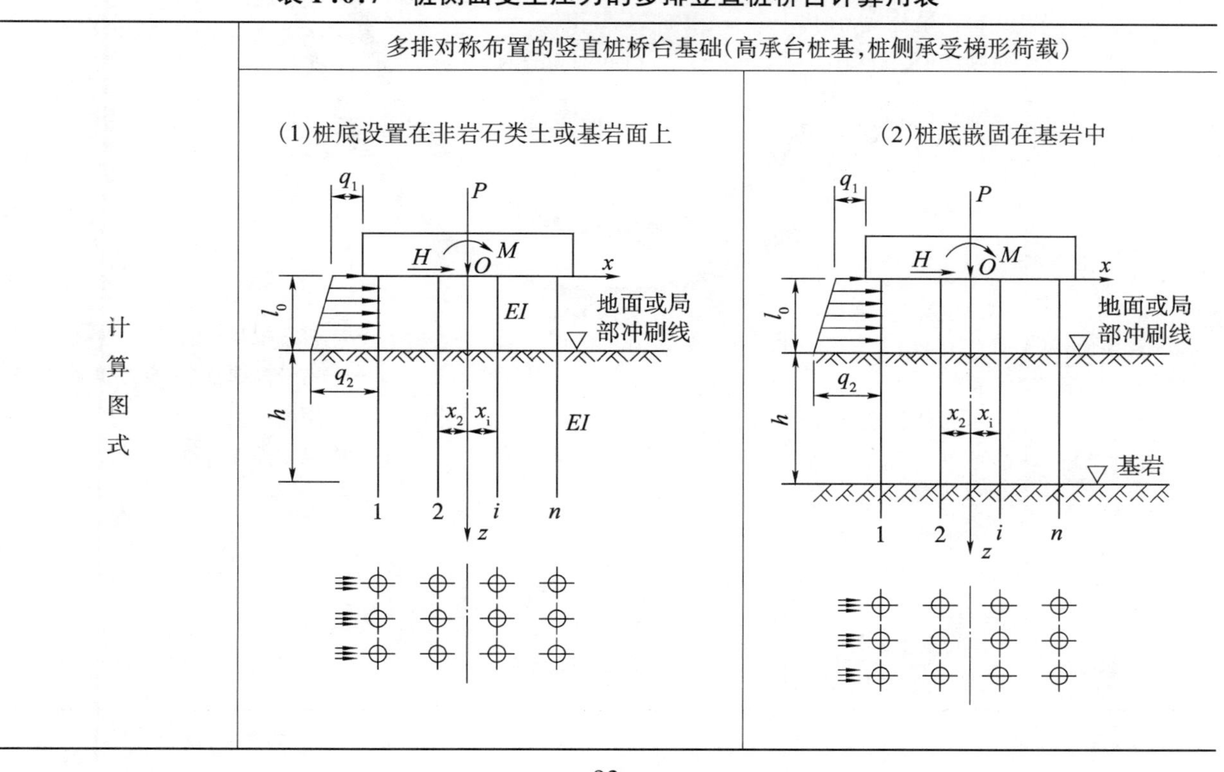

	多排对称布置的竖直桩桥台基础（高承台桩基，桩侧承受梯形荷载）	
计算图式	(1)桩底设置在非岩石类土或基岩面上	(2)桩底嵌固在基岩中

续上表

<table>
<tr><td rowspan="4">桩顶作用单位“力”时,桩顶产生的变位</td><td rowspan="2">$H=1$ 作用时</td><td>水平位移</td><td>$\delta_{HH}=\frac{l_0^3}{3EI}+\delta_{MM}^{(0)}l_0^2+2\delta_{MH}^{(0)}l_0+\delta_{HH}^{(0)}$</td><td rowspan="4">$\delta_{HH}^{(0)}$、$\delta_{MH}^{(0)}$、$\delta_{HM}^{(0)}$和$\delta_{MM}^{(0)}$根据桩底埋置情况,采用表P.0.3或表P.0 4有关公式计算</td></tr>
<tr><td>转角(rad)</td><td>$\delta_{MH}=\frac{l_0^2}{2EI}+\delta_{MM}^{(0)}l_0+\delta_{MH}^{(0)}$</td></tr>
<tr><td rowspan="2">$M=1$ 作用时</td><td>水平位移</td><td>$\delta_{HM}=\delta_{MH}=\frac{l_0^2}{2EI}+\delta_{MM}^{(0)}l_0+\delta_{HM}^{(0)}$</td></tr>
<tr><td>转角(rad)</td><td>$\delta_{MM}=\frac{l_0}{EI}+\delta_{MM}^{(0)}$</td></tr>
<tr><td rowspan="5">任一桩顶发生单位变位时,桩顶产生的内力</td><td colspan="2">沿轴线仅单位位移时,桩顶产生的轴向力</td><td>$\rho_{PP}=\frac{1}{\frac{l_0+\xi h}{EA}+\frac{1}{C_0A_0}}$</td><td rowspan="5">$\xi$——系数,对于端承桩,$\xi=1$;对于摩擦桩(或摩擦支承管桩),打入或振动下沉时$\xi=2/3$;钻(挖)孔时$\xi=1/2$;
A——入土部分桩的平均截面积;
A_0——按下列公式计算;
摩擦桩:
$A_0=\begin{cases}\pi\left(\frac{d}{2}+h\tan\frac{\bar{\varphi}}{4}\right)^2\\ \frac{\pi}{4}S^2\end{cases}$ 取小值
端承桩:$A_0=\pi d^2/4$
$\bar{\varphi}$——桩所穿过土层的平均内摩擦角;
S——桩底面中心距;
d——桩底面直径</td></tr>
<tr><td colspan="2">垂直桩轴线方向单位位移时,桩顶产生的水平力</td><td>$\rho_{HH}=\frac{\delta_{MM}}{\delta_{HH}\delta_{MM}-(\delta_{MH})^2}$</td></tr>
<tr><td colspan="2">垂直桩轴线方向单位位移时,桩顶产生的弯矩</td><td>$\rho_{MH}=\frac{\delta_{MH}}{\delta_{HH}\delta_{MM}-(\delta_{MH})^2}$</td></tr>
<tr><td colspan="2">桩顶单位转角时,桩顶产生的水平力</td><td>$\rho_{HM}=\rho_{MH}$</td></tr>
<tr><td colspan="2">桩顶单位转角时,桩顶产生的弯矩</td><td>$\rho_{MM}=\frac{\delta_{HH}}{\delta_{HH}\delta_{MM}-(\delta_{MH})^2}$</td></tr>
<tr><td rowspan="4">承台发生单位变位时,所有桩顶对承台作用“反力”之和</td><td colspan="2">承台产生竖向单位位移时,桩顶竖向反力之和</td><td>$\gamma_{cc}=n\rho_{PP}$</td><td rowspan="4">n——桩总根数;
x_i——由坐标原点O至各桩轴线的距离;
K_i——第i排桩根数</td></tr>
<tr><td colspan="2">承台产生水平向单位位移时,桩顶水平反力之和</td><td>$\gamma_{aa}=n\rho_{HH}$</td></tr>
<tr><td colspan="2">承台绕原点O产生单位转角,桩顶水平反力之和或水平向产生单位位移时,桩柱顶反弯矩之和</td><td>$\gamma_{a\beta}=\gamma_{\beta a}=-n\rho_{HM}=-n\rho_{MH}$</td></tr>
<tr><td colspan="2">承台发生单位转角时,桩顶反弯矩之和</td><td>$\gamma_{\beta\beta}=n\rho_{MM}+\rho_{PP}\sum K_ix_i^2$</td></tr>
</table>

续上表

承台变位	竖直位移	$c=\dfrac{P}{\gamma_{cc}}$	P、H、M——荷载作用于承台底面原点 O 处的竖直力、水平力和弯矩； $\sum M_q$、$\sum Q_q$——分别为承受土压力的桩顶面作用于承台上的反弯矩和剪力之和。见本表末项
	水平位移	$a=\dfrac{\gamma_{\beta\beta}(H-\sum Q_q)-\gamma_{a\beta}(M-\sum M_q)}{\gamma_{aa}\gamma_{\beta\beta}-(\gamma_{a\beta})^2}$	
	转角(rad)	$\beta=\dfrac{\gamma_{aa}(M-\sum M_q)-\gamma_{a\beta}(H-\sum Q_q)}{\gamma_{aa}\gamma_{\beta\beta}-(\gamma_{a\beta})^2}$	
桩顶内力	任一桩顶轴向力	$N_i=(c+\beta x_i)\rho_{PP}$	x_i 值在坐标原点 O 以右为正，以左为负
	任一桩顶剪力	$Q_i=a\rho_{HH}-\beta\rho_{HM}$ 直接承受土压力桩：$Q'_i=Q_i+Q_q$	
	任一桩顶弯矩	$M_i=\beta\rho_{MM}-a\rho_{MH}$ 直接承受土压力桩：$M'_i=M_i+M_q$	
地面或局部冲刷线处桩顶截面上的作用"力"	水平力	$H_0=Q_i$ 直接承受土压力桩： $H'_0=Q_i+Q_q+\left(\dfrac{q_1+q_2}{2}\right)l_0$	q_1、q_2——作用于桩顶与地面处的土压力强度； M_q、Q_q——直接承受土压力的桩上端（与承台连接处）作用于承台上的弯矩和剪力，如图 P.0.7 所示，图中 M_q 和 Q_q 方向均为正值
	弯矩	$M_0=M_i+Q_i l_0$ 直接承受土压力桩： $M'_0=M_i+M_q+(Q_i+Q_q)l_0+\left(\dfrac{2q_1+q_2}{6}\right)l_0^2$	
M_q 和 Q_q 由联立方程式求解	$M_{l_0}=M_q+Q_q l_0+\left(\dfrac{q_1}{2!}+\dfrac{q_2-q_1}{3!}\right)l_0^2$ $Q_{l_0}=Q_q+\left(q_1+\dfrac{q_2-q_1}{2!}\right)l_0$ $\dfrac{1}{EI}\left[\dfrac{M_q l_0^2}{2!}+\dfrac{Q_q l_0^3}{3!}+\dfrac{q_1 l_0^4}{4!}+\dfrac{(q_2-q_1)l_0^4}{5!}\right]=M_{l_0}\delta_{HM}^{(0)}+Q_{l_0}\delta_{HH}^{(0)}$ $\dfrac{1}{EI}\left[M_q l_0+\dfrac{Q_q l_0^2}{2!}+\dfrac{q_1 l_0^3}{3!}+\dfrac{(q_2-q_1)l_0^3}{4!}\right]=-\left[M_{l_0}\delta_{MM}^{(0)}+Q_{l_0}\delta_{MH}^{(0)}\right]$		M_{l_0}、Q_{l_0}——直接承受土压力的桩，上端视为刚性嵌固于承台内，下端视为弹性嵌固在地面处时，桩在地面处的弯矩和剪力，如图 P.0.7所示

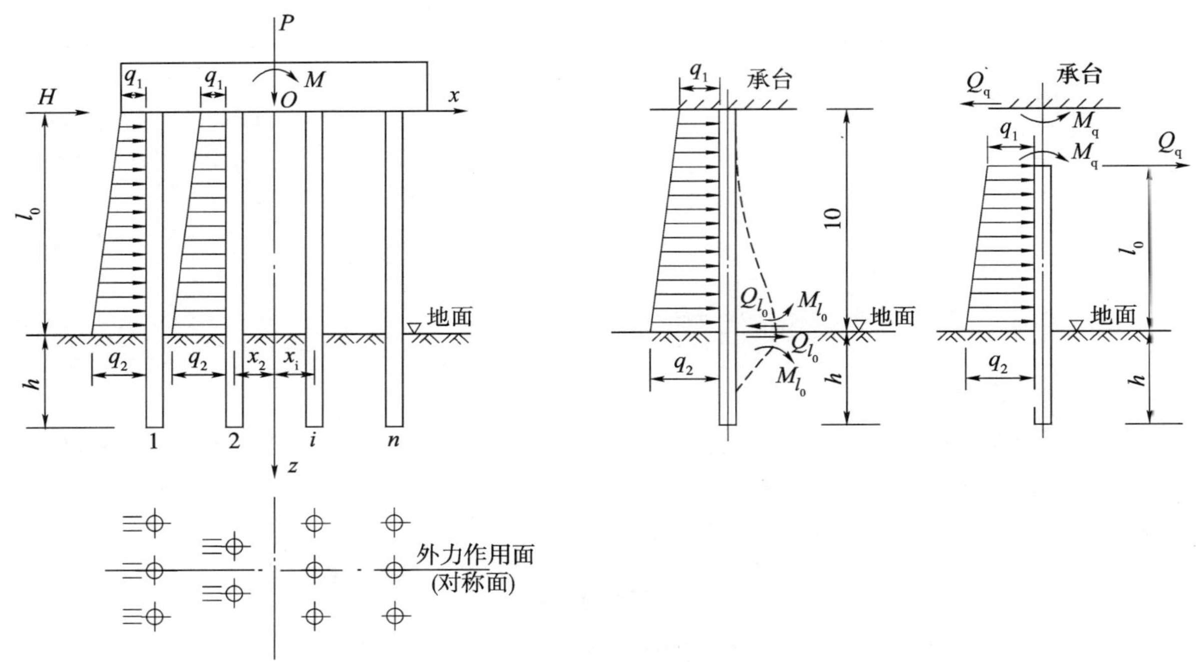

图 P.0.7 计算 M_q 和 Q_q 的示意图

表 P.0.6、表 P.0.7 的说明

1 q_1、q_2 为作用于桩上的土压力强度,可根据《公路桥涵设计通用规范》(JTG D60—2004)第 4.2.3 条确定土压力作用及其在桩上的计算宽度。

2 承台底面坐标原点 O 位置的选择。当桩布置不对称时,原点 O 可任意选择;当桩布置对称时,选择于对称轴上,如表中所示。

3 当竖直桩布置不对称时的计算公式:

1)桩侧面不受土侧压力时,承台的竖向位移 c、水平位移 a、转角 β 由下列方程式联解求得:

$$\left.\begin{aligned} &c\gamma_{cc}+\beta\gamma_{c\beta}-P=0\\ &a\gamma_{aa}+\beta\gamma_{a\beta}-H=0\\ &a\gamma_{\beta a}+c\gamma_{\beta c}+\beta\gamma_{\beta\beta}-M=0 \end{aligned}\right\} \quad (P.0.6\text{-}1)$$

2)桩侧面受土压力时,承台的竖向位移 c、水平位移 a、转角 β 由下列方程式联解求得:

$$\left.\begin{aligned} &c\gamma_{cc}+\beta\gamma_{c\beta}-P=0\\ &a\gamma_{aa}+\beta\gamma_{a\beta}-(H-\sum Q_q)=0\\ &a\gamma_{\beta a}+c\gamma_{\beta c}+\beta\gamma_{\beta\beta}-(M-\sum M_q)=0 \end{aligned}\right\} \quad (P.0.7\text{-}1)$$

式中:$\gamma_{c\beta}=\gamma_{\beta c}=\rho_{PP}\sum K_i x_i$——分别为承台绕坐标原点 O 产生单位转角时,所有桩顶对承台作用的竖向反力之和,或承台产生单位竖向位移时所有桩顶对承台作用的反弯矩之和;

x_i——坐标原点 O 至各桩轴线的距离,原点 O 以右为正,以左为负;

$\sum Q_q$、$\sum M_q$——直接承受土压力的各桩 Q_q 和 M_q 的总和。

3)当地面或局部冲刷线在承台底以上时,承台周围土视作弹性介质,此时,形常数 γ_{cc}、γ_{aa}、$\gamma_{a\beta}$、$\gamma_{c\beta}$和 $\gamma_{\beta\beta}$按下列公式计算:

$$\left.\begin{aligned}
&\gamma_{cc} = n\rho_{PP} \\
&\gamma_{aa} = n\rho_{HH} + b_1 F^c \\
&\gamma_{a\beta} = \gamma_{\beta a} = -n\rho_{HM} + b_1 S^c = -n\rho_{MH} + b_1 S^c \\
&\gamma_{c\beta} = \gamma_{\beta c} = \rho_{PP}\sum K_i x_i \\
&\gamma_{\beta\beta} = n\rho_{MM} + \rho_{PP}\sum K_i x_i^2 + b_1 I^c
\end{aligned}\right\} \tag{P.0.6-2}$$

式中: b_1——与水平力相垂直的承台作用面底边的计算宽度,按 P.0.1 条确定;

F^c、S^c、I^c——分别为承台底面以上水平向地基系数 c 的图形面积对底面的面积矩和惯性矩;

$$\left.\begin{aligned}
F^c &= \frac{c_c h_c}{2} \\
S^c &= \frac{c_c h_c^2}{6} \\
I^c &= \frac{c_c h_c^3}{12}
\end{aligned}\right\} \tag{P.0.6-3}$$

c_c——承台底面处水平向土的地基系数,$c_c = mh_c$;

h_c——承台底面埋入地面或局部冲刷线下的深度。

在计算 ρ_{PP}、ρ_{HH}、ρ_{MH}和 ρ_{MM}时,令有关公式中的 $l_0 = 0$;查本规范第 P.0.8 条求系数 A_1、B_1…… C_4、D_4 时,换算深度 $\overline{h} = \alpha z$ 中的 z 自承台底面算起。本情况可不考虑桩侧土压力。

4 按表 P.0.6、表 P.0.7 求得地面或局部冲刷线处桩弯矩 M_0(对直接承受梯形荷载的桩为 M'_0)和水平力 H_0(对直接承受梯形荷载的桩为 H'_0)后,即可按表 P.0.3 和表 P.0.4计算地面或局部冲刷线处桩水平位移 x_0、转角 φ_0 及地面或局部冲刷线以下深度 z 处桩身各截面弯矩 M_z、剪力 Q_z 及桩底最大最小压应力 p_{max}和 p_{min}。

5 表中其他符号的意义与表 P.0.3、表 P.0.4 相同。

6 多排桩墩台顶的水平位移 Δ 按下式计算:

$$\Delta = a + \beta l + \Delta_0 \tag{P.0.6-4}$$

式中: a——承台底的水平位移;

β——承台底的转角;

l——墩台顶至承台底的距离;

Δ_0——由承台底至墩台顶面间的弹性挠曲所引起的墩台顶的水平位移。

P.0.8 本规范表 P.0.3、表 P.0.4 中,系数 A_i、B_i、C_i、D_i($i = 1$、2、3、4)值按表 P.0.8 确定。

表 P.0.8　计算桩身作用效应无量纲系数用表

$h=\alpha z$	A_1	B_1	C_1	D_1	A_2	B_2	C_2	D_2	A_3	B_3	C_3	D_3	A_4	B_4	C_4	D_4
0	1.00000	0.00000	0.00000	0.00000	0.00000	1.00000	0.00000	0.00000	0.00000	0.00000	1.00000	0.00000	0.00000	0.00000	0.00000	1.00000
0.1	1.00000	0.10000	0.00500	0.00017	0.00000	1.00000	0.10000	0.00500	-0.00017	-0.00001	1.00000	0.10000	-0.00500	-0.00033	-0.00001	1.00000
0.2	1.00000	0.20000	0.02000	0.00133	-0.00007	1.00000	0.20000	0.02000	-0.00133	-0.00013	0.99999	0.20000	-0.02000	-0.00267	-0.00020	0.99999
0.3	0.99998	0.30000	0.04500	0.00450	-0.00034	0.99996	0.30000	0.04500	-0.00450	-0.00067	0.99994	0.30000	-0.04500	-0.00900	-0.00101	0.99992
0.4	0.99991	0.39999	0.08000	0.01067	-0.00107	0.99983	0.39998	0.08000	-0.01067	-0.00213	0.99974	0.39998	-0.08000	-0.02133	-0.00320	0.99966
0.5	0.99974	0.49996	0.12500	0.02083	-0.00260	0.99948	0.49994	0.12499	-0.02083	-0.00521	0.99922	0.49991	-0.12499	-0.04167	-0.00781	0.99896
0.6	0.99935	0.59987	0.17998	0.03600	-0.00540	0.99870	0.59981	0.17998	-0.03600	-0.01080	0.99806	0.59974	-0.17997	-0.07199	-0.01620	0.99741
0.7	0.99860	0.69967	0.24495	0.05716	-0.01000	0.99720	0.69951	0.24494	-0.05716	-0.02001	0.99580	0.69935	-0.24490	-0.11433	-0.03001	0.99440
0.8	0.99727	0.79927	0.31988	0.08532	-0.01707	0.99454	0.79891	0.31983	-0.08532	-0.03412	0.99181	0.79854	-0.31975	-0.17060	-0.05120	0.98908
0.9	0.99508	0.89852	0.40472	0.12146	-0.02733	0.99016	0.89779	0.40462	-0.12144	-0.05466	0.98524	0.89705	-0.40443	-0.24284	-0.08198	0.98032
1.0	0.99167	0.99722	0.49941	0.16657	-0.04167	0.98333	0.99583	0.49921	-0.16652	-0.08329	0.97501	0.99445	-0.49881	-0.33298	-0.12493	0.96667
1.1	0.98658	1.09508	0.60384	0.22163	-0.06096	0.97317	1.09262	0.60346	-0.22152	-0.12192	0.95975	1.09016	-0.60268	-0.44292	-0.18285	0.94634
1.2	0.97927	1.19171	0.71787	0.28758	-0.08632	0.95855	1.18756	0.71716	-0.28737	-0.17260	0.93783	1.18342	-0.71573	-0.57450	-0.25886	0.91712
1.3	0.96908	1.28660	0.84127	0.36536	-0.11883	0.93817	1.27990	0.84002	-0.36496	-0.23760	0.90727	1.27320	-0.83753	-0.72950	-0.35631	0.87638
1.4	0.95523	1.37910	0.97373	0.45588	-0.15973	0.91047	1.36865	0.97163	-0.45515	-0.31933	0.86573	1.35821	-0.96746	-0.90754	-0.47883	0.82102
1.5	0.93681	1.46839	1.11484	0.55997	-0.21030	0.87365	1.45259	1.11145	-0.55870	-0.42039	0.81054	1.43680	-1.10468	-1.11609	-0.63027	0.74745
1.6	0.91280	1.55346	1.26403	0.67842	-0.27194	0.82565	1.53020	1.25872	-0.67629	-0.54348	0.73859	1.50695	-1.24808	-1.35042	-0.81466	0.65156
1.7	0.88201	1.63307	1.42061	0.81193	-0.34604	0.76413	1.59963	1.41247	-0.80848	-0.69144	0.64637	1.56621	-1.39623	-1.61340	-1.03616	0.52871
1.8	0.84313	1.70575	1.58362	0.96109	-0.43412	0.68645	1.65867	1.57150	-0.95564	-0.86715	0.52997	1.61162	-1.54728	-1.90577	-1.29909	0.37368
1.9	0.79467	1.76972	1.75090	1.12637	-0.53768	0.58967	1.70468	1.73422	-1.11796	-1.07357	0.38503	1.63969	-1.69889	-2.22745	-1.60770	0.18071
2.0	0.73502	1.82294	1.92402	1.30801	-0.65822	0.47061	1.73457	1.89872	-1.29535	-1.31361	0.20676	1.64628	-1.84818	-2.57798	-1.96620	-0.05652
2.2	0.57491	1.88709	2.27217	1.72042	-0.95616	0.15127	1.73110	2.22299	-1.69334	-1.90567	-0.27087	1.57538	-2.12481	-3.35952	-2.84858	-0.69158
2.4	0.34691	1.87450	2.60882	2.19535	-1.33889	-0.30273	1.61286	2.51874	-2.14117	-2.66329	-0.94885	1.35201	-2.33901	-4.22811	-3.97323	-1.59151
2.6	0.033146	1.75473	2.90670	2.72365	-1.81479	-0.92602	1.33485	2.74972	-2.62126	-3.59987	-1.87734	0.91679	-2.43695	-5.14023	-5.35541	-2.82106
2.8	-0.38548	1.49037	3.12843	3.28769	-2.38756	-1.175483	0.84177	2.86653	-3.10341	-4.71748	-3.10791	0.19729	-2.34558	-6.02299	-6.99007	-4.44491
3.0	-0.92809	1.03679	3.22471	3.85838	-3.05319	-2.82410	0.06837	2.80406	-3.54058	-5.99979	-4.68788	-0.89126	-1.96928	-6.76460	-8.84029	-6.51972
3.5	-2.92799	-1.27172	2.46304	4.97982	-4.98062	-6.70806	-3.58647	1.27018	-3.91921	-9.54367	-10.34040	-5.85402	1.07408	-6.78895	-13.69240	-13.82610
4.0	-5.85333	-5.94097	-0.92677	4.54780	-6.53316	-12.15810	-10.60840	-3.76647	-1.61428	-11.73066	-17.91860	-15.07550	9.24368	-0.35762	-15.61050	-23.14040

注：z 为自地面或最大冲刷线以下的深度。

附录 Q 刚性桩位移及作用效应计算方法

Q.0.1 本附录适用于 $\alpha h \leqslant 2.5$ 时的桩基础、沉井基础的水平位移及作用效应计算，对于支承在非岩石上基础和岩石基础上的深基础，分别采用表 Q.0.1-1 和表 Q.0.1-2 方法计算。

表 Q.0.1-1 支承在非岩石上刚性桩水平位移及作用效应计算方法

	(1)当水平力 H 与偏心竖向力 N 共同作用时	(2)当仅有偏心竖向力 N 作用时
计算图式	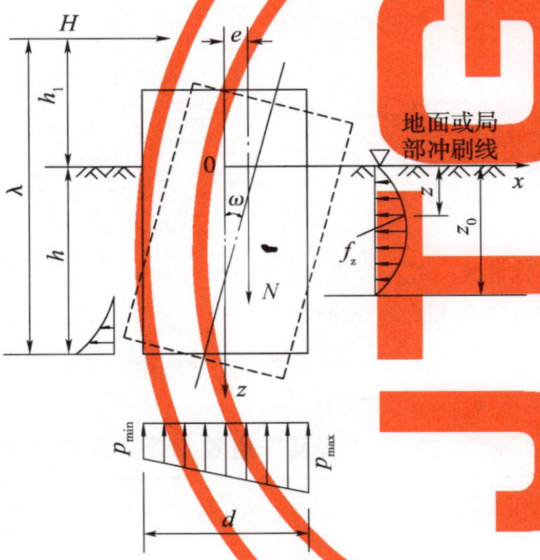 H, e, h_1, λ, h, 0, ω, N, z, z_0, x, f_z, 地面或局部冲刷线, p_{min}, p_{max}, d	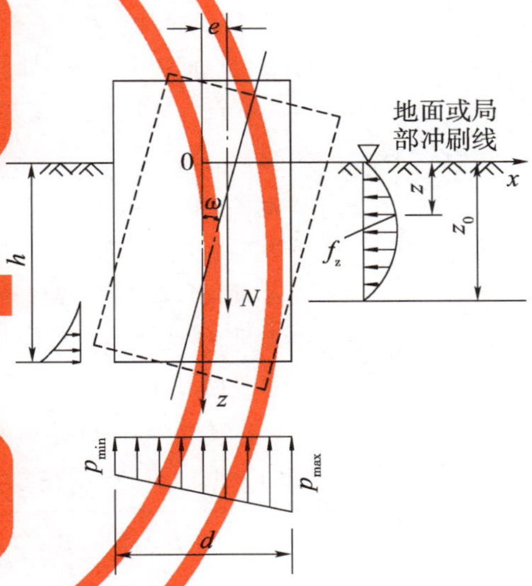 e, 0, ω, h, N, z, z_0, x, f_z, 地面或局部冲刷线, p_{min}, p_{max}, d
基础转角	$\omega = \frac{6H}{Amh}$	$\omega = \frac{2\beta(Ne)}{mhB} = \frac{2\beta M}{mhB}$
基础旋转中心至地面或局部冲刷线的距离	$z_0 = \frac{\beta b_1 h^2(4\lambda - h) + 6dW_0}{2\beta b_1 h(3\lambda - h)}$	$z_0 = \frac{2h}{3}$
地面或局部冲刷线以下深度 z 处基础截面上的弯矩	$M_z = H(\lambda - h + z) - \frac{Hb_1 z^3}{2hA}(2z_0 - z)$	$M_z = M_1 - \frac{\beta M b_1 z^3}{6Bh}(2z_0 - z)$

续上表

地面或局部冲刷线以下深度 z 处基础侧面水平压力	$p_z=\frac{6H}{Ah}z(z_0-z)$	$p_z=\frac{2\beta M}{Bh}z(z_0-z)$
基础底面的竖向压力	$p_{\substack{max\\min}}=\frac{N}{A_0}\pm\frac{3dH}{A\beta}$	$p_{\substack{max\\min}}=\frac{N}{A_0}\pm\frac{dM}{B}$
表内系数	$A=\frac{\beta b_1h^3+18dW_0}{2\beta(3\lambda-h)}$；$B=\frac{1}{18}\beta b_1h^3+d\cdot W_0$；$\beta=\frac{mh}{c_0}=\frac{mh}{m_0h}=\frac{m}{m_0}$；$\lambda=\frac{\sum M}{H}$	

注：β——深度 h 处基础侧面的地基系数与基础底面土的地基系数之比，当基础底面置于非岩石类土上时，m、m_0 按本规范附录 P 表 P.0.2-1 查取；当置于岩石上时，C_0 按表 P.0.2-2 查取；

$\lambda=(\sum M)/H$——地面或局部冲刷线以上所有水平力和竖向力对基础底面重心总弯矩与水平力合力之比；

d——水平力作用面(垂直于水平力作用方向)的基础直径或宽度；

W_0——基础底面的边缘弹性抵抗矩；

b_1——基础的计算宽度，见本规范附录 P 第 P.0.1 条；

A_0——基础底面积；

N——基础底面处竖向力标准值(包括基础自重)；

e——基础底面处竖向力偏心距；

M——基础底面处竖向力偏心弯矩标准值；

N_1——基础 z 深度截面处的竖向力(包括 z 以上基础自重)；

M_1——由竖向力 N_1(包括 z 以上基础自重)在基础 z 深度截面处产生的偏心弯矩，$M_1=N_1e_1$，e_1 为深度 z 处的 N_1 偏心距；当基础形状对称时，$M_1=N_1e$。

表 Q.0.1-2　支承在岩石上刚性桩水平位移及作用效应计算方法

	(1)当水平力 H 与偏心竖向力 N 共同作用时	(2)当仅有偏心竖向力 N 作用时
计算图式	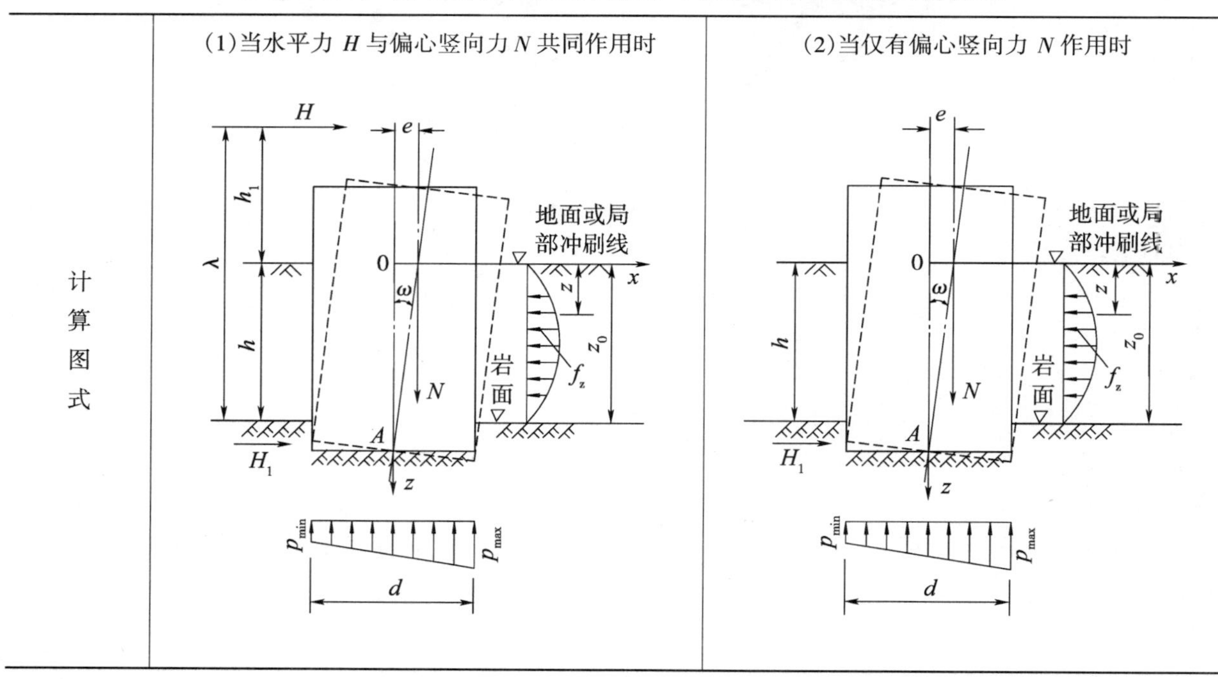	

续上表

基础转角	$\omega=\dfrac{H}{mhD_0}$	$\omega=\dfrac{Ne}{D_1mh}=\dfrac{M}{D_1mh}$
基础旋转中心至地面或局部冲刷线的距离	$z_0=h$	$z_0=h$
地面或局部冲刷线以下深度 z 处基础截面上的弯矩	$M_z=H(\lambda-h+z)-\dfrac{z^3b_1H}{12D_0h}(2h-z)$	$M_z=M_1-\dfrac{z^3b_1M}{12D_1h}(2h-z)$
地面或局部冲刷线以下深度 z 处基础侧面水平压力	$p_z=(h-z)z\dfrac{H}{D_0h}$	$p_z=(h-z)z\dfrac{M}{D_1h}$
基础底的竖直压力	$p_{\substack{max\\min}}=\dfrac{N}{A_0}\pm\dfrac{dH}{2\beta D_0}$	$p_{\substack{max\\min}}=\dfrac{N}{A_0}\pm\dfrac{dM}{2\beta D_1}$
基础嵌固处水平力	$H_1=H\left(\dfrac{b_1h^2}{6D_0}-1\right)$	$H_1=b_1\dfrac{h_2M}{6D_1}$
表内系数	$D_0=\dfrac{b_1\beta h^3+6dW_0}{12\lambda\beta}$；$D_1=\dfrac{b_1\beta h^3+6dW_0}{12\beta}$；$\beta=\dfrac{mh}{c_0}=\dfrac{mh}{m_0h}=\dfrac{m}{m_0}$；$\lambda=\dfrac{\sum M}{H}$	

注：符号意义同表 Q.0.1-1。

Q.0.2 为了保证基础在土中有可靠的嵌固，基础侧面水平压力 p_z 应满足下列条件：

$$\left.\begin{aligned}p_{h/3}&\leqslant\frac{4}{\cos\varphi}\left(\frac{\gamma}{3}h\tan\varphi+c\right)\eta_1\eta_2\\p_h&\geqslant\frac{4}{\cos\varphi}(\gamma h\tan\varphi+c)\eta_1\eta_2\end{aligned}\right\}\tag{Q.0.2}$$

式中：$p_{h/3}$、p_h——相应于 $z=h/3$ 和 $z=h$ 深度处的水平压力；

φ、γ、c——土的内摩擦角、重度、黏聚力；对于透水性土，γ 取浮重度，在验算深度范围内有数层土时，取各层土的加权平均值；

η_1——系数，对于外超静定推力拱桥的墩台 $\eta_1=0.7$，其他结构体系的墩台 $\eta_1=1.0$；

η_2——考虑结构重力在总荷载中所占百分比的系数,$\eta_2 = 1 - 0.8\frac{M_g}{M}$;

M_g——结构自重对基础底面重心产生的弯矩;

M——全部荷载对基础底面重心产生的总弯矩。

Q.0.3 墩台顶面水平位移计算采用下式计算:

$$\Delta = k_1\omega z_0 + k_2\omega l_0 + \delta_0 \tag{Q.0.3}$$

式中:l_0——地面或局部冲刷线至墩台顶面的高度;

δ_0——在 l_0 范围内墩台身与基础变形产生的墩台顶面水平位移;

k_1、k_2——考虑基础刚性影响的系数,按表 Q.0.3 采用。

表 Q.0.3 k_1、k_2 系 数

换算深度 $\bar{h} = \alpha h$	系数	λ/h				
		1	2	3	5	∞
1.6	k_1	1.0	1.0	1.0	1.0	1.0
	k_2	1.0	1.1	1.1	1.1	1.1
1.8	k_1	1.0	1.1	1.1	1.1	1.1
	k_2	1.1	1.2	1.2	1.2	1.3
2.0	k_1	1.1	1.1	1.1	1.1	1.2
	k_2	1.2	1.3	1.4	1.4	1.4
2.2	k_1	1.1	1.2	1.2	1.2	1.2
	k_2	1.2	1.5	1.6	1.6	1.7
2.4	k_1	1.1	1.2	1.3	1.3	1.3
	k_2	1.3	1.8	1.9	1.9	2.0
2.5	k_1	1.2	1.3	1.4	1.4	1.4
	k_2	1.4	1.9	2.1	2.2	2.3

注:1. $\alpha h < 1.6$, $k_1 = k_2 = 1.0$。

2. 当仅有偏心竖向力作用时,$\lambda/h \to \infty$。

附录 R　群桩作为整体基础的计算

R.0.1　群桩(摩擦桩)作为整体基础时,桩基可视为如图 R.0.1 中的 *acde* 范围内的实体基础,按下式计算:

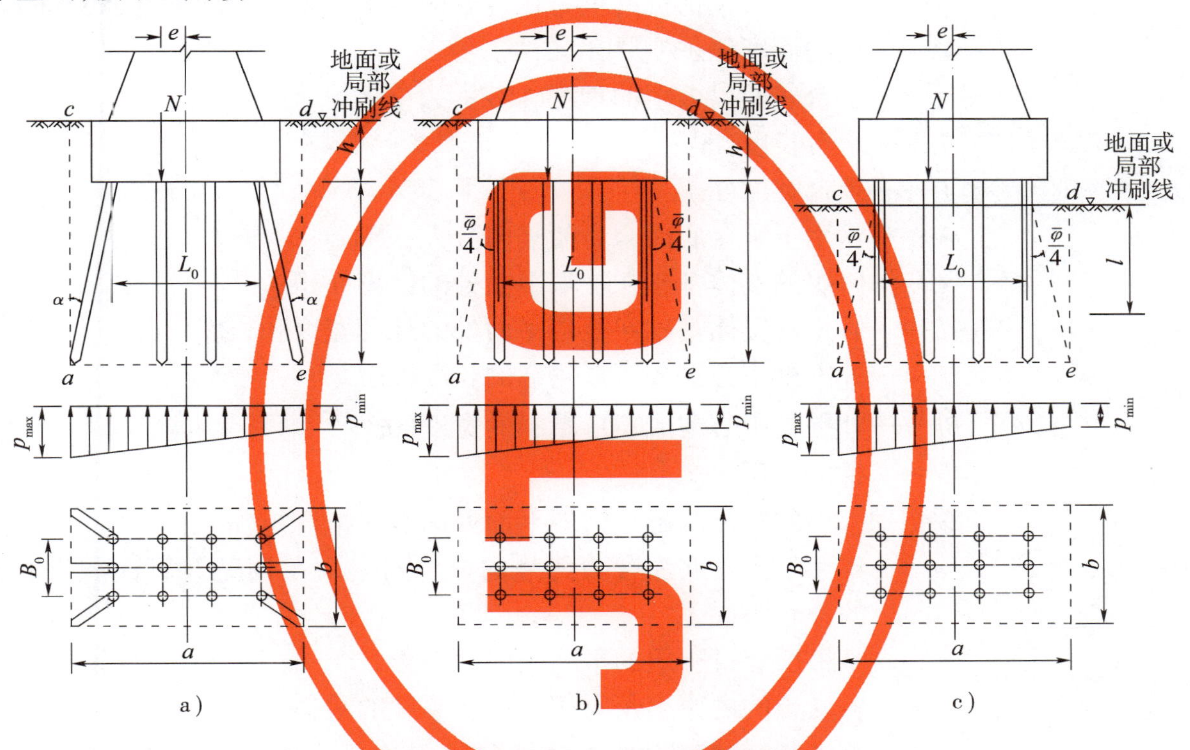

图 R.0.1　群桩作为整体基础计算示意图

1　当轴心受压时:

$$p = \overline{\gamma} l + \gamma h + \frac{BL\gamma h}{A} + \frac{N}{A} \leqslant [f_a] \tag{R.0.1-1}$$

2　当偏心受压时,除满足第 1 款外,尚应满足下列条件:

$$p_{\max} = \overline{\gamma} l + \gamma h - \frac{BL\gamma h}{A} + \frac{N}{A}\left(1 + \frac{eA}{W}\right) \leqslant \gamma_R [f_a] \tag{R.0.1-2}$$

$$A = a \times b \tag{R.0.1-3}$$

当桩的斜度 $\alpha \leqslant \frac{\varphi}{4}$(图 R.0.1)时:

$$a = L_0 + d + 2l\tan\frac{\overline{\varphi}}{4} \tag{R.0.1-4}$$

$$b = B_0 + d + 2l\tan\frac{\overline{\varphi}}{4} \tag{R.0.1-5}$$

当桩的斜度 $\alpha > \frac{\overline{\varphi}}{4}$ 时：

$$a = L_0 + d + 2l\tan\alpha \tag{R.0.1-6}$$

$$b = B_0 + d + 2l\tan\alpha \tag{R.0.1-7}$$

$$\overline{\varphi} = \frac{\varphi_1 l_1 + \varphi_2 l_2 + \cdots + \varphi_n l_n}{l} \tag{R.0.1-8}$$

式中：p、p_{max}——桩端平面处的平均压应力、最大压应力(kPa)；

$\overline{\gamma}$——承台底面包括桩的重力在内至桩端平面土的平均重度(kN/m³)；

l——桩的深度(m)，见图 R.0.1；

γ——承台底面以上土的重度(kN/m³)；

L——承台长度(m)；

B——承台宽度(m)；

N——作用于承台底面合力的竖向分力(kN)；

A——假想的实体基础在桩端平面处的计算面积；

a、b——假想的实体基础在桩端平面处的计算宽度和长度(m)；

L_0——外围桩中心围成矩形轮廓的长度(m)；

B_0——外围桩中心围成矩形轮廓的宽度(m)；

d——桩的直径(m)；

W——假想的实体基础在桩端平面处的截面抵抗矩(m³)；

e——作用于承台底面合力的竖向分力对桩端平面处计算面积重心轴的偏心距(m)；

$\overline{\varphi}$——基桩所穿过土层的平均土内摩擦角；

$\varphi_1 l_1$、$\varphi_2 l_2$、…、$\varphi_n l_n$——各层土的内摩擦角与相应土层厚度的乘积；

$[f_a]$——修正后桩端平面处土的承载力容许值(kPa)，按本规范第 3.3.4 条、第 3.3.5 条规定采用，并应按本规范第 3.3.6 条予以提高；

γ_R——抗力系数，见本规范第 3.3.6 条。

附录 S　直线形地下连续墙支护结构计算

S.0.1　直线形地下连续墙支护结构采用竖向弹性地基梁法计算时，墙体的内力和变形可采用杆系有限元法计算，其计算图式见图 S.0.1。

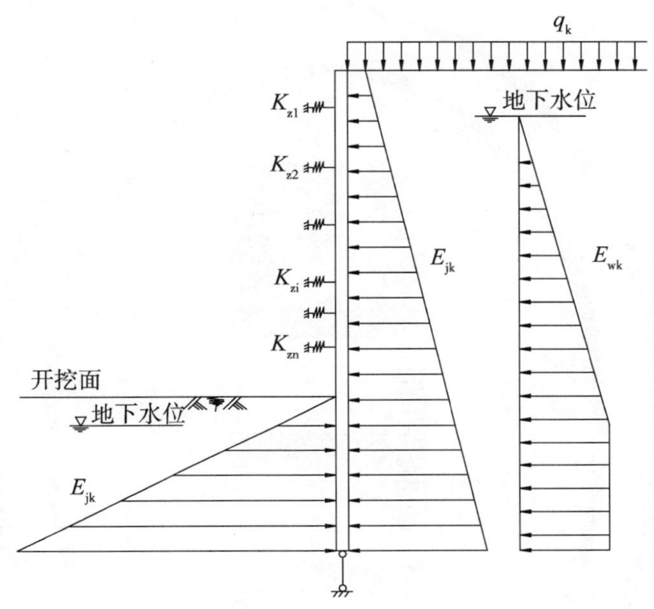

图 S.0.1　直线形地下连续墙支护结构的计算图式

注：K_{z1}、K_{z2}、…、K_{zi}、…、K_{zn}——撑杆、水平支架、土层锚杆或锚索等支承的弹性系数；

q_k——作用在地面上的竖向均布荷载(kPa)；

E_{jk}——墙侧水平土压力强度(kPa)，按本规范式(7.2.11-1)计算；

E_{wk}——采用水土分算时，墙侧水压力强度(kPa)，水压力可按静水压力计算，有经验时，也可考虑渗流作用对水压力的影响。

附录T　圆形地下连续墙支护结构计算

T.0.1　圆形地下连续墙支护结构采用竖向弹性地基梁法计算时，墙体的内力和变形可采用杆系有限元法计算，其计算简图如图T.0.1所示。

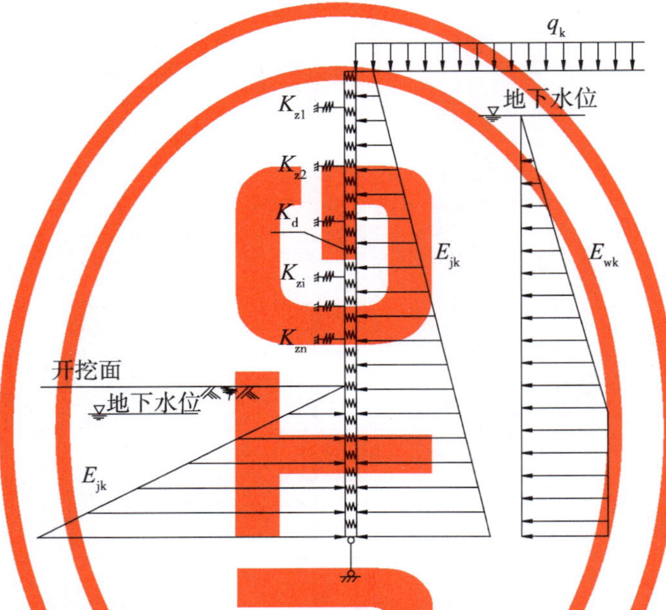

图T.0.1　圆形地下连续墙支护结构的计算图式

注：K_{z1}、K_{z2}、…、K_{zi}、…、K_{zn}——环梁或内衬等支承的弹性系数，按式（T.0.2）计算；

K_d——墙体沿深度方向的等效分布弹性系数，按式（T.0.3）计算；

q_k——作用在地面上的竖向均布荷载（kPa）；

E_{jk}——墙侧水平土压力强度（kPa），按本规范式（7.2.11-1）计算；

E_{wk}——采用水土分算时，墙侧水压力强度（kPa），水压力可按静水压力计算，有经验时，也可考虑渗流作用对水压力的影响。

T.0.2　当圆形地下连续墙支护结构利用环梁或内衬作支承时，可将环梁或内衬的作用以等效弹性支承来替代，如图T.0.2-1、图T.0.2-2所示。单位宽度墙体上的环梁或内衬的等效弹性系数可按下式计算：

$$K_z = \frac{E_z A_z}{R_z^2} \tag{T.0.2}$$

式中：K_z——环梁或内衬的等效弹性系数（kN/m）；

E_z——环梁或内衬材料的弹性模量（kN/m²）；

A_z——一道环梁或内衬的有效截面面积(m^2),应考虑施工偏差的影响;

R_z——环梁或内衬截面中心线半径(m)。

图 T.0.2-1　环梁等效弹性支承示意图

a)环梁;b)等效弹性支承

1-地下连续墙墙体;2-环梁;3-等效弹性支承

图 T.0.2-2　内衬等效弹性支承示意图

a)内衬;b)等效弹性支承

1-地下连续墙墙体;2-内衬;3-等效弹性支承

T.0.3　圆形地下连续墙墙体的环向效应可采用沿深度分布的弹性支承来替代,如图 T.0.1 所示。单位宽度地下连续墙墙体的等效分布弹性系数可按下式计算:

$$K_d = \alpha \frac{Ed}{R_0^2} \tag{T.0.3}$$

式中:K_d——地下连续墙墙体的等效分布弹性系数(kN/m^2);

E——地下连续墙墙体材料的弹性模量(kN/m^2);

d——地下连续墙墙体有效厚度(m),应考虑施工偏差的影响;

R_0——地下连续墙墙体中心线半径(m);

α——修正系数,应根据工程具体情况研究采用,当缺乏实践经验时,可取 α = 0.4~0.7,当 R_0 较大,或槽段数较多时取小值。

本规范用词说明

为便于在执行本规范条文时区别对待,对于要求严格程度不同的用词说明如下:

1 表示很严格,非这样做不可的用词:

正面词采用"必须",反面词采用"严禁"。

2 表示严格,在正常情况下均应这样做的用词:

正面词采用"应",反面词采用"不应"或"不得"。

3 表示允许稍有选择,在条件许可时首先应这样做的用词:

正面词采用"宜",反面词采用"不宜"。

表示有选择,在一定条件下可以这样做的用词采用"可"。

附件

《公路桥涵地基与基础设计规范》

（JTG D63—2007）

条 文 说 明

1 总则

1.0.1 本规范是对原规范《公路桥涵地基与基础设计规范》(JTJ 024—85)(简称原规范)进行修订而成。在修订期间通过总结设计和实践经验以及吸取国内外研究成果,对原规范作出了多项修改和补充,使其更趋于符合本条提出的要求。

首先,引入公路桥涵设计的极限状态原则。根据地基的变形性质,明确将地基设计定位于正常使用极限状态,相应的作用采用短期效应组合或长期效应组合。地基承载力计算时,承载力的选取以不使地基中出现长期塑性变形,同时考虑相应于承载力的地基变形与结构构件的变形具有不同的功能,作用不采用构件变形计算的短期效应频遇值组合,而取用短期效应标准值组合(令频遇值系数等于1)。基础沉降计算时,则考虑不仅结构自重对沉降有影响,而且在桥涵使用期内可变作用的准永久值持续时间很长,也有很大的影响,作用取用了其长期效应组合,摒弃了原规范按结构自重计算的规定。基础结构与结构构件一样也应进行两类极限状态设计:基础结构承载力和稳定性按承载能力极限状态设计;裂缝宽度等按正常使用极限状态设计。

其次,在规范的主要内容上也作了一些必要的改进。例如有关地基承载力方面,修改了地基土的分类及工程特性的有关规定;地基承载力的容许值及其他相关参数,强调首先应由载荷试验或其他原位测试确定,并给出若干有关试验方法,但规范仍部分保留经局部修正的原规范各项表列数据,并规定仅供测试确有困难且跨径不大的中小桥和涵洞设计应用;又例如有关计算或计算公式方面,修改了在季节性冻胀土中基底最小埋置深度的计算,分别以土的冻胀性、土的类别和环境等对冻深的影响,代替原规范单一取值1.15的冻深影响系数,上述诸多影响系数是根据近年来冻土试验场试验分析及有关调研资料综合研究得到的;增加了双向偏心受荷时基底土承载力的计算公式,同时给出岩石地基上当基础部分受压时应力重分布的计算方法;简化了原规范基础沉降计算的分层总和法,采用平均附加应力系数$\bar{\alpha}$并制成表格,使原繁琐的计算工作简单化;修改了地基土冻胀性分类;修改了季节性冻土地基和多年冻土地基基础抗冻拔稳定性计算,其中季节性冻土单位面积切向冻胀力标准值和多年冻土与基础表面单位面积冻结力标准值,以及用于计算设计冻深时影响标准冻深的多项影响系数,都是新的研究成果。在基桩计算方面有:根据多年来的施工实践经验,新增了采用后压浆技术的灌注桩承载力的计算公式;在嵌岩桩承载力计算中考虑了覆盖层土的侧阻力的作用;在桩内力计算的 m 法中,桩基计算宽度及地基比例系数当量 m 值的换算方法均得到一定程度的简化和改善。此外,已在公路桥梁上应用的地下连续墙也被列为规范内容。

1.0.3 地基土的性质极为复杂,在同一地基内土的力学指标常有很大变异,加上诸多暗藏和明露的不良地质条件,在我国土地辽阔、土质各异的情况下,地基基础的设计特别需要强调因地制宜的原则。桥梁基础是江、河、湖、海中重要而庞大的工程,需要大量的土石方和混凝土材料,且基础施工大多需进行围水或水中作业,难度和工作量较大,因此,设计人员必须切实地掌握具体工程的地质情况,合理地选择方案,避免因情况不明或方案有误而造成材料和人力资源的浪费,而这样的事故在以往的工程中时有发生。此外,基础工程与水密切相关,在设计方案中应结合实际情况,避免大挖大填,防止水资源受到污染。

桥梁基础类型一般应根据本条提出的天然和人工所具备的条件,进行合理地选择。如遇复杂情况,还可对天然条件进行局部改造,或拟定不同方案作出技术和经济等方面的比较后优选。

1.0.4 桥址处工程地质情况不但对选择基础方案和事后的设计具有重要意义,而且也往往影响桥型方案的正确选择。以往,由于地勘工作做得不够详细和深入而造成浪费甚至返工的事故并非个别例子。因此,在桥位选定以后,必须对桥址处的地质情况进行认真的勘探,对于可能布置墩台的位置,更应准确探明情况。当在桥址处存在断层或岩溶,不均匀地层内埋有局部软弱土层,以及在起伏不平或倾斜岩层的地基上修建基础时,更应特别加强工程地质的勘探工作。

1.0.5 基础结构作为桥涵的重要组成部分,与桥涵主体结构一样应进行自身承载力验算,以保证其在最不利作用效应组合下具有足够的安全度。承载力验算的内容有:受弯、受压和受剪承载力、抗冲切和局部承压承载力。有关现行规范已为这些验算提供了方法和公式。作用效应的组合应按承载能力极限状态要求采用基本组合和偶然组合。参与基本组合的各个作用是经常出现在结构上的,取其值为设计值,也即在它们的标准值基础上乘以相应的分项系数,所以基本组合就是各作用设计值在结构中引起的效应的组合;在组合中当同时出现多个可变作用效应时,尚应考虑根据可变作用数量多少而确定的组合系数。结构重要性系数采用与主体结构相同值。上述各项系数在有关规范中都有明确规定。偶然组合是由地震作用或船舶撞击荷载或汽车撞击荷载参与的组合。这些都是偶然作用于结构上的。有关地震作用的取值及组合由现行《公路工程抗震设计规范》规定,本规范的偶然组合仅指船舶撞击荷载或汽车撞击荷载参与的组合。由于偶然荷载出现的概率很小,且作用在结构上的持续时间也很短,但一旦出现其值很大,因此,进行效应组合时,两个偶然荷载不能组合在一起,永久荷载和偶然荷载均可取标准值效应,分项系数和结构重要性系数均取为1.0;其他可变作用效应视具体情况可有多个参与组合,但其值应分别取小于标准值的适当代表值,如频遇值、准永久值等,不考虑组合系数。但当这些代表值与偶然作用同时出现的概率很小或对基础结构非不利时,也可不予组合。至于结构稳定性验算,由于要利用原规范的稳定性系数,所以基本组合或偶然组合其作用取值及效应组合仍按原规范的规定采用,即结构重要性系数及作用的各项系数均取为1.0。

基础结构当需进行正常使用极限状态设计时，永久作用采用标准值，可变作用采用短期效应组合的频遇值系数和长期效应组合的准永久值系数，与主体结构相同。

1.0.6 基础结构的稳定性验算是承载能力极限状态设计的内容之一，将基础视为刚体使其保持静力平衡并具有一定的稳定性系数。平衡作用效应和不平衡作用效应可取标准值组合，作用效应组合表达式中的各项系数均取为1.0。在计算中，应考虑作用效应的最不利组合。对使结构失稳的同向、且可能同时出现的可变作用效应都应组合在内，使达到组合效应最大值；而使结构稳定的同向、但有可能不同时出现的可变作用效应，则应选用其中主导作用效应，其他可变作用效应不予组合，以使稳定作用效应达最小值。最后所得稳定性系数应满足规范的规定值。

1.0.7 结构耐久性问题影响结构的使用寿命，已引起人们的关注。基础结构的耐久性不仅受材料（如混凝土和钢筋混凝土）本身所含有害物质的影响，而且也受基础结构所处气、水、土等自然环境中常含的腐蚀性物质侵害的影响。因此，基础结构应按不同环境进行耐久性设计。其内容可参照有关现行规范。

1.0.8 与混凝土、砖石材料相比，地基土是大变形材料。地基土的变形随着其上作用的加大而增加，承载力也相应提高。但地基土的变形不能无限制地增加，地基承载力也不能达到极限值。就地基设计而言，由于建在地基上的桥梁结构出于自身变形的要求而不能适应地基土的大变形，往往是地基承载力达到真正的极限值之前，地基变形已使结构达到或超过按正常使用的限值。因此，地基设计应遵循正常使用极限状态这一原则。所选定的地基承载力为由载荷试验或其他原位测试确定的地基土压力与变形关系曲线、其线性变形段内不超过比例限界点的地基压力值，本规范称之为地基承载力容许值。

但是，地基设计与结构构件按正常使用极限状态要求的裂缝宽度和挠度等计算有所不同，后者在设计中考虑了作用长期效应的影响，一般而言，适度的裂缝和挠度等不致造成结构承载力降低，更不会招致结构破坏。而地基支撑着整个桥梁及桥梁上作用的荷载，且地基土的物理性能变异性很大，如果地基承载力不足，将可能构成对桥梁安全性的威胁。所以地基承载力验算在选用作用问题上，应有别于主体结构正常使用极限状态计算，在短期效应组合中可变作用不取频遇值而取频遇值系数等于1.0的标准值；汽车荷载要计入冲击系数；同时，也要考虑作用效应的偶然组合，但偶然荷载的分项系数可取为1.0。而桥涵主体结构的正常使用极限状态设计，汽车是不计冲击系数的。

1.0.9 计算基础沉降要考虑地基变形性质。由于地基土是大变形材料，具有长期的时间效应，因此基础沉降应按正常使用极限状态下作用长期效应组合进行计算。所谓作用长期效应组合，按照现行《公路工程结构可靠度设计统一标准》（GB/T 50283）的规定，为永久作用标准值效应与可变作用准永久值效应相组合。原规范的基础沉降是按结构自重（包括土重）作用下计算的，有意见认为这并不合理。本规范所指作用长期效应组合实为荷载长期效应组合,其中永久作用标准值仅指结构自重、土重、土侧压力、浮力标准值;可变作用准永久值仅指汽车荷载准永久值和人群荷载准永久值。可以看出,本规范在计算基础沉降的荷载取值上,比原规范增加了。但调查统计表明,本规范采用的作用效应组合,在桥梁上出现的概率较大,持续的时间较长,对基础沉降有较大影响,因而是较合理的。

2 术语、符号

本章列出了规范中一些主要术语,对在条文中已加阐明的重要术语,本章均不再重复列出。术语的解释只是术语的概括性含义,仅供引用时参考。

本章列出了规范中的主要符号,一般按现行国家标准的规定采用;现行国家标准没有规定的,则采用原规范的或习惯采用的符号。符号的文字说明只是结合规范的内容所作的注解,一个符号也可能代表几个不同的含义。

3 地基岩土分类、工程特性与地基承载力

3.1 地基岩土分类

3.1.2 岩石的分类可以分为地质分类和工程分类。地质分类主要根据其地质成因、矿物成分、结构构造和风化程度,可以用风化程度加地质名称(即岩石学名称)表达,如强风化花岗岩、微风化砂岩等。这对于工程的勘察设计是十分必要的。工程分类主要根据岩体的工程性状,使工程师建立起明确的工程特性概念。地质分类是一种基本分类。工程分类应在地质分类的基础上进行,目的是为了较好地概括其工程性质,便于进行工程评价。

3.1.3 岩石坚硬程度分类主要用于地基承载力的确定。饱和抗压强度在30MPa以上岩石的地基承载力已经不再取决于岩石的强度,本规范仍将其区分为坚硬岩和较硬岩是为了与其他规范如《岩土工程勘察规范》等相适应。对于30MPa以下的岩石地基承载力确定应更为细致,划分出极软岩十分重要,因为这类岩石不仅极软,而且常有特殊的工程性质,例如某些泥岩具有很高的膨胀性;泥质砂岩、全风化花岗岩等有很强的软化性(单轴饱和抗压强度可能为0);有的第三纪砂岩遇水崩解,有流砂性质。对于此类遇水崩解不能进行饱和抗压强度试验的岩石,可采用定性方法确定其分级。

3.1.4 根据设计经验,对于60MPa$\geqslant f_{rk}>$30MPa的较硬岩与$f_{rk}>$60MPa坚硬岩,其承载力已不受岩石强度控制,应视其为岩体并对岩石完整性进行划分以便更科学地确定其工程性质。对于破碎和极破碎的软岩和极软岩,如可取原状试样,也可用土工试验方法测定其性状和物理力学性质。当岩体完整程度为极破碎时,可不进行坚硬程度分类。

3.1.5 原规范采用岩石破碎程度和岩石坚硬程度确定岩石地基的承载力,本规范中对这一方法予以保留,供工程人员参考,并将原规范岩石破碎程度改为节理发育程度。

3.1.6 软化岩石浸水后,其承载力会显著降低,应引起重视。软化系数,即饱和试样与干燥试样的抗压强度之比。以软化系数0.75为界限,借鉴了国内外有关规范和数十年工程经验的规定。

石膏、岩盐等易溶性岩石,以及膨胀性泥岩、湿陷性砂岩等,其性质特殊,对工程有较大危害,应专门研究。

3.1.8 重型动力触探的应用已经普及,因此采用重型动力触探确定碎石土密实度。采用 $N_{63.5}$ 可以将碎石土地基划分为四档,但是野外鉴别结果往往因人而异,而且没有客观的标准,故密实度划分只能粗一些,分为三档;所以,野外鉴别的“松散”,相当于用动力触探鉴别的“稍密”和“松散”。由于这两种鉴别方法所得结果未必一致,故勘察报告中应交待依据的是“野外鉴别”还是“重型动力触探”。原规范提供的野外鉴定方法与《岩土工程勘察规范》略有差别,但是差别不大,因此本规范直接采用《岩土工程勘察规范》提供的方法。

3.1.9 原规范砂土分类在筛孔尺寸、颗粒含量上略有不同,但是差别不大,所以本规范中直接采用《岩土工程勘察规范》的分类方法也不会对工程单位造成太大的影响。

3.1.10 采用标准贯入实测平均锤击击数分级,原规范与《岩土工程勘察规范》有一定差别。原规范在松散中又划分稍松和极松,实用中几乎没有用到,因此本规范中不再对松散进行划分。对于标准贯入的杆长修正,有杆长修正说和杆长不修正说。我国《岩土工程勘察规范》和《建筑地基基础设计规范》(GB 50007—2002)均不修正,本规范也不修正。原规范采用 Dr 作为砂土地基土分类指标,实际工作中使用很少,因此本规范中不再采用。

3.1.11~3.1.14 与黏土相比,粉土在土质、工程性质方面均具有较大的差别,因此必须将粉土与黏土区分开来。采用塑性指数 I_P 小于还是大于 10 来区分粉土和黏土是国内外、各相关行业规范通用的方法,不同的是对于液塑限的试验方法有一定的区别。对于液限,国外一般采用卡氏碟式液限仪测定,我国《岩土工程勘察规范》、《建筑地基基础设计规范》(GB 50007—2002)、《铁路桥涵地基和基础设计规范》(TB 10002.5—2005)以及原规范等均采用质量为 76g 的平衡锥,相应的入土深度 $h_L = 10$mm 测定土的液限。《土的分类标准》(GBJ 145—90)则采用质量为 76g 的平衡锥测定土的液限,对应的入土深度 $h_L = 17$mm 称为 17mm 液限,而对应的入土深度 $h_L = 10$mm 称为 10mm 液限。而《公路土工试验规程》(JTJ 051—93)采用质量为 100g 的平衡锥,相应的入土深度 $h_L = 20$mm。对于塑限,国内大多采用 76g 平衡锥法测试,相应的入土深度取 $h_P = 2$mm。只有《公路土工试验规程》(JTJ 051—93)根据 w_L 测定结果按回归公式确定 h_P,然后在试验所得的锥入深度-含水量关系图中找到 h_P 相对应的含水量为 w_P。

不同的试验方法得到的结果必然有一定的差别,而各规范分别采用不同的试验方法,不利于相关行业资料和工程经验共享,更给勘察单位对土的分类和工程性质的确定带来了不便,因此有不少单位和文献指出,各规范宜采用统一的试验方法。

在各种试验方法的选择上,国家标准《岩土工程勘察规范》采用质量为 76g 的平衡锥,相应的入土深度 $h_L = 10$mm 测定土的液限。另外建筑、铁路部门、原规范均采用这种方法,但是这种方法测试的结果与液限基本定义差别较其他方法更大:液限的定义是土体介于液态和可塑态时的含水量,土体在液限状态的抗剪强度是介于有和无之间。因此液限所对应的土体抗剪强度应尽可能趋于0。根据试验比对,采用碟式液限仪76g锥入土深度17mm、100g锥入土深度20mm测量处于液限状态的土体其抗剪强度均在1.9kPa左右,只有76g锥入土深度10mm的土体在5.3kPa左右。因此除76g锥入土深度10mm的方法外,其他方法均更接近液限基本定义。另一方面,采用76g锥入土深度10mm的方法所测 w_L 结果偏小,土体 I_L 计算结果偏大,使用该结果对土体的状态进行判断与原位测试结果存在更大偏差,如:采用该结果在试验室判断为流塑,而实际上现场判断可能为软塑。因此采用76g锥入土深度10mm测试液限的方法并非最理想的。正在修订的国家标准《土的分类标准》已不再使用76g锥入土深度10mm的方法。

交通行业标准《公路土工试验规程》(JTJ 051—93)采用质量为100g的平衡锥进行测定,其液限试验结果与碟式仪76g锥入土深度17mm测定结果基本一致。但是其塑限测定方法与76g锥差别较大,而且在地基勘察中很少采用该方法,其测试结果的偏差也很少有人关注,现阶段在地基土分类中采用尚不成熟。

因此,本规范认为采用76g锥入土深度17mm的方法测量地基土的液限、入土深度2mm的方法测量塑限是比较理想的选择。但是也有专家提出,本规范第3.3.3条的地基承载力表格都是基于76g锥入土深度10mm测量液限、入土深度2mm测量塑限方法得到的,因此在本规范中也应考虑采用相应的试验方法。事实上,地基承载力表格采用有限的数据得到对全国地基土承载力的推荐值,本身就不够准确,其在地基基础设计中的作用应该逐步弱化,过渡到采用原位测试和当地经验确定地基承载力。为了兼顾各地区已经积累的工程经验,本规范在条文中规定采用76g锥的试验方法进行界限含水量测试,不对入土深度进行明文规定。但是建议采用76g锥入土深度17mm的方法测量液限,为规范的进一步修订积累资料。

3.1.15 黏性土的工程性质与沉积年代有很大关系,因此保留原规范对黏性土沉积年代的划分。三种土体的主要工程性质差别在于:老黏性土为第四纪晚更新世(Q_3)及其以前沉积的黏性土,一般具有较高的强度和较低的压缩性;一般黏性土为第四纪全新世(Q_4)沉积的黏性土,是正常沉积的黏性土;新近沉积黏性土为第四纪全新世(Q_4)以后沉积的黏性土,一般为欠固结,且强度较低。

3.1.17 原规范中无软土鉴别的标准,本规范中参考交通行业标准《公路路基设计规范》相应的规定推荐软土鉴别指标。考虑到《公路路基设计规范》和本规范中都没有给出“黏质土”和“粉质土”的分类,因此在本规范中,仅采用了《公路路基设计规范》中部分鉴别指标。

3.2 工程特性指标

3.2.1 采用静力触探、动力触探、标准贯入试验等原位测试方法确定地基承载力,在我国已有成熟经验,故列入本条,并强调了必须有地区经验,即当地的对比资料。同时还应注意结合室内试验成果进行综合分析，不宜单独应用。

采用原位测试确定地基承载力国内已经积累了大量资料，但是各地区在应用原位测试确定地基承载力时，仍需在积累本地区经验的基础上进行。根据国内已有资料，在锤击次数范围较小时，动力触探锤击数与地基土地基承载力大多成线性关系，随着锤击次数范围增大，采用二次多项式拟合效果更好。

静力触探贯入阻力与地基土地基承载力关系大多成线性关系，故本规范对推荐动力触探锤击数与地基土地基承载力采用一次和二次多项式拟合，而静力触探贯入阻力与地基土地基承载力关系大多成线性关系采用直线方程拟合。因此采用原位测试确定地基承载力基本值应在总结当地经验的基础上进行。经验关系式可采用以下形式：

动力触探锤击数与地基承载力基本容许值的关系可采用下列形式：

$$f_{a0} = aN + b \tag{3-1}$$

或

$$f_{a0} = aN^2 + bN + c \tag{3-2}$$

式中：f_{a0}——地基承载力基本容许值(kPa)；

N——经综合修正后动力触探锤击数平均值，按本规范附录C进行；

a、b、c——经验公式回归系数。

静力触探锤击数与地基土地基承载力容许值基本值的关系可采用下列形式：

$$f_{a0} = aq_s + b \tag{3-3}$$

$$f_{a0} = aq_c + b \tag{3-4}$$

式中：q_c——双桥探头锥头阻力；

q_s——单桥探头贯入阻力；

a、b——经验公式回归系数。

3.2.2 工程特性指标的代表值，对于地基基础的设计计算至关重要。本条明确规定了代表值的选取原则。标准值取其概率分布的0.05分位数；对于地基承载力仍采用容许值。

3.2.3 载荷试验是确定岩土承载力的主要方法，为了统一操作，将其试验要点列入了本规范附录D、附录E和附录F。

3.2.5 土的压缩性指标是结构物沉降计算的依据。为了与沉降计算的受力条件一致，本次修订时强调了施加的最大压应力应超过土的有效自重应力与预计的附加应力之和，并取与实际工程相同的压应力段计算变形参数。地基土的压缩模量按下式计算：

$$E_s = (1 + e_1)\frac{p_2 - p_1}{e_1 - e_2} \tag{3-5}$$

式中：p_1——自重压应力；

p_2——自重与预计的附加压应力之和；

e_1——p_1 压应力下,土样的孔隙比;

e_2——p_2 压应力下,土样的孔隙比。

3.3 地基承载力

3.3.1 地基设计采用正常使用极限状态,所选定的地基承载力为地基承载力容许值。这是由于土是大变形材料,当荷载增加时,随着地基变形的相应增长,地基承载力也在逐渐增大,很难界定出一个真正的“极限值”;另外桥涵结构物的使用有一个功能要求,常常是地基承载力还有潜力可挖,而地基的变形却已经达到或超过按正常使用的限值,因此地基承载力应取结构物容许沉降对应的地基承受荷载的能力。

地基承载力基本容许值[f_{a0}],为载荷试验地基土压力变形关系线性变形段内不超过比例界限点的地基压力值。原规范所推荐的地基容许承载力[σ_0]是根据载荷试验与土的物理力学性质指标的资料对比及国内外有关规范和实践经验综合考虑编制成的,[σ_0]的确定同时满足强度和变形两方面条件,因此可视为按正常使用极限状态确定的地基承载力。本规范修正后的地基承载力容许值[f_a]对应于原规范考虑地基土修正后的容许承载力[σ]。

3.3.2 原规范采用地基承载力表给公路工程设计人员提供了很大帮助,随着设计水平的提高,设计中应尽可能采用载荷试验或其他原位测试取得地基承载力,但是由于桥涵基础所处环境特殊,在很多地点可能无法进行现场测试,故保留地基承载力表是必要的。

3.3.3 本条各款为各类土地基承载力基本容许值取值表。与原规范相比,本规范的部分岩土分类方法有所变化,因此部分地基承载力基本容许值表也有所调整。本规范各地基承载力表主要来源于原规范的规定,本规范将原规范相应的条文说明摘录在本条文说明中,以便于工程人员理解和查阅。

1 岩石地基

岩石地基的承载力与岩石的成因、构造、矿物成分、形成年代、裂隙发育程度和水浸湿影响等因素有关。各种因素影响程度视具体情况而异,通常主要取决于岩块强度和岩体破碎程度这两个方面。新鲜完整的岩体主要取决于岩块强度;受构造作用和风化作用的岩体,岩块强度低,破碎性增加,则其承载力不仅与强度有关,而且与破碎程度有关。因此,将岩石地基按岩石强度分类,再以岩体破碎程度分级,既明确又能反映客观实际。在使用本规范地基承载力容许值表格时应注意以下几点:

1)根据岩石强度和岩体的破碎程度确定岩石地基的承载力时,[f_{a0}]值是根据 72 份载荷试验(按比例界限作为编制表 3.3.3-1 的依据),并参考国内外有关规范和建筑经验定出。

2)水对岩石承载力的影响由于没有足够的试验资料,不能给出准确数值,现场遇到此种情况时,应具体研究确定。如遇易风化的岩石作为地基时,应特别注意施工后水文地质条件可能发生的变化，慎重选择[f_{a0}]值。必要时，应通过载荷试验确定。

3)岩体已风化成土、砂或砾石时，可按残积土或砂土类比照确定[f_{a0}]。但对近期风化残积的砂、砾，因尚与母岩体保持一定的联系，颗粒间具有凝结力(或胶结力)，其承载力可比照相应的土类适当提高些。

4)采用岩石地基承载力表取值应注意视岩块强度、厚度、裂隙发育程度等因素适当选用表中数值。遇易软化的岩石及极软岩受水浸泡时，宜用较低值。

5)对于$f_{rk}\geqslant$30MPa的软化岩石，其地基承载力应根据实际情况综合确定，不能直接套用表格中坚硬岩和较硬岩的数据。

2　碎石土地基

由于大部分碎石土压缩性较低，基础沉降量小，完成沉降过程较快，因此变形不是主要控制因素。影响碎石土地基承载力的因素很多，主要有颗粒大小、碎石含量、密实度、岩石成因、岩性和充填物性质等。如颗粒的粒径越大、含量越高，承载力就越大。在影响碎石土承载力的诸因素中，密实程度是个具有共性的指标。因此，根据土的名称，按密实度指标制定碎石土容许承载力[f_{a0}]较为合理。

原规范的表格对碎石土容许承载力主要是以载荷试验为依据。表3.3.3-2中[f_{a0}]值的范围是根据196份载荷试验资料中内容较全的151份经归纳、分析、对比后定出来的，取其比例界限或极限荷载的1/3为地基容许承载力。试验资料还表明，碎石与砾石的承载力很接近，而与卵石有较大差异。考虑到按粒径大小及含量，圆砾和角砾承载力较一致，故碎石与卵石之间承载力的变化应该是协调的。需要说明的是，这些试验都是地面载荷试验资料，未加宽度、深度修正。

在某些情况下，如在表3.3.3-2注1中加以说明的，应适当降低承载力。同时，为了区别老地层与较新地层的承载力，将半胶结的碎石土的承载力酌情提高10%~30%。对漂石、块石的[f_{a0}]值，由于缺乏试验资料未予列入，可参照卵石、碎石的承载力适当提高，具体提高幅度，应参考当地经验确定。表3.3.3-2中，“松散”一栏的数值是根据个别地区(四川德阳、甘肃白银等地)的载荷试验资料提出的。资料虽不多，但能满足一般小桥涵设计的要求，故作为一栏列出数值。对于原规范的“中密”~“松散”之间的地基承载力不连续，通过增加的“稍密”一级使其完整。

3　砂土地基

砂土地基基本承载力表的制定是原规范依据73份载荷试验资料整理的，由于绝大部分试验没有做到极限荷载，而且还有部分资料不全，故未能得出较好的成果。但根据当时国内各地砂类土承载力经验数值，并结合之前几十年来的实践，认为表列数值基本是可行的。本次还针对其密实度分级发生变化而进行了修订。

4　粉土地基

粉土地基承载力推荐值参考了《建筑地基基础设计规范》(GBJ 7—89)和《铁路工程地质勘察规范》(TB 10012—2001)的推荐值。资料来自北京、青海、湖北、江苏、山东、浙江、天津、河北、河南、黑龙江、四川、陕西以及新疆等省、市、自治区。资料中饱和度大于90%者占36%。对于资料的统计计算，采用多种方法，既有逐步回归又有选定自变量组合的二元回归,也取单指标 e 统计分析。自变量选取有:表现土质特征的,如塑性指数 I_P、液限 w_L 等;土的密度指标,如孔隙比 e;土的状态指标,如液性指数 I_L、含水比 a_w;此外,含水量 w 是一个既能体现状态又能一定程度上反映饱和土的密实度的指标,也参加选取。通过分析选用天然孔隙比 e 与含水量 w 为指示指标。该式可写为:

$$[f_{a0}] = 148.6e^{-1.692} \times w^{-0.1912} \tag{3-6}$$

式中:$[f_{a0}]$——地基承载力容许值(kPa)。

复相关系数 $R = 0.785$,剩余方差 $\sigma^2 = 0.0944$。实际建表时,考虑 σ^2 的误差,取概率为 85%,对表的数值进行了调整。

5 老黏性土地基

老黏性土在试验的可能加压范围内沉降量很小,如用物理指标确定$[f_{a0}]$则很不合理,因为物理指标很难反映老黏性土的结构强度。在搜集的资料中,力学指标 φ、c 资料很不齐全,又多未注明剪切试验方法,因此无法利用,故按室内压缩模量 E_s,采用 53 份资料统计得到下列方程(3-7),相关系数 $R = 0.52$。进而采用下式计算得到表 3.3.3-5 的值。

$$[f_{a0}] = 308.9 + 79E_s \tag{3-7}$$

式中:E_s——压缩模量(MPa)。

对于 $E_s < 10\text{MPa}$ 的老黏性土,因缺少资料,上式不适用,可按一般黏性土考虑。

6 一般黏性土地基

对一般黏性土的容许承载力数据进行统计时,考虑了塑性指数 I_P、液限 w_L、天然含水量 w 和天然孔隙比 e 等,经过多种分组比较,最后选用液性指数和孔隙比作为制表依据。条文中表 3.3.3-6 是在回归方程计算值的基础上,加了深度修正值 $k_2\gamma_2 h$(其中 k_2 按本规范表 3.3.4 选取,$\gamma_2 = 15\text{kN/m}^3$,$h = 1.5\text{m}$),并根据过去的经验调整了个别数值后编制成的。对 $I_L \geqslant 1$ 的各列及 $e = 1.1$ 的一行,没有增加深度修正值,以减少统计中可能造成的不安全因素。

鉴于条文中表 3.3.3-6 的适用范围有限,即物性指标超出该范围无法使用,故又采用压缩模量 E_s 建立公式,并列于条文中的表 3.3.3-6 的注 2 作为补充。

7 新近沉积黏性土地基

新近沉积黏性土地基的容许承载力$[f_{a0}]$(表 3.3.3-7),由于缺少资料,直接沿用原规范数据。

3.3.4 公式(3.3.4)是在浅基础的地基承载力计算理论的基础上建立起来的,把$[f_{a0}]$与宽度、深度修正分开,在力学概念上也比较清楚。$[f_a]$、$[f_{a0}]$均以 kPa 计,量纲也是统一的;k_1 和 k_2 是无量纲系数,在使用时不会搞错。

1 黏性土的宽度和深度修正

1)宽度修正系数 k_1

本规范对各种黏性土的地基承载力容许值$[f_{a0}]$均不考虑基础宽度修正,即 $k_1 = 0$。这是因为地基受压后,黏土和黄土地基的后期沉降量较大,基础愈宽,沉降也愈大,这对桥涵的正常运营是不利的。从荷载沉降曲线上确定$[f_{a0}]$时，大多数是根据荷载板相对下沉2%确定。宽度增加时，黏土和黄土的$k_1=0$，可以保证基础不致产生过大的沉降。

2)深度修正系数k_2

对于深度修正的有效深度的考虑，1971年《公路桥涵设计规范》(讨论稿)中曾规定深度修正的有效深度为$(h-2)$，1975年《公路桥涵设计规范》(试行)考虑到一般桥梁基础埋置得较深，而且一般黏性土承载力值已考虑了1.5m的深度修正，故公式中的有效深度改为$(h-3)$。同时，此公式是按浅基础概念导出的，只适用于相对埋深$h/b\leqslant4$的情况，若大于4时，应另作考虑。但根据现有国内外资料，当h/b继续增大时，深度的影响还是存在的；当h/b超过10～20时，深度对$[f_a]$就没有影响了。为安全计，相对埋深仍限制$h/b\leqslant4$较适宜。基底埋置深度一般从天然地面或一般冲刷线起算。位于挖方内的基础以及在基础两侧均有填土的基础，应视具体情况具体分析：如果挖方面积较大，原地面线至挖方高度的土体不能对基础两侧的土体可能出现的隆起破坏起到限制作用，则基底埋置深度应自开挖后地面起算；而对基础侧面有填土的情况，如果基础两侧均填土，填土的超载作用能够对基础两侧的土体可能出现的隆起破坏起到限制作用，则基底埋置深度可从填土面起算；如果仅有一侧填土，则仍应自地面起算；其他情况应具体分析，按不利情况考虑。

黏性土的深度修正系数k_2，参照原桥规数值和国内外资料，取用低值，当$I_1\leqslant0.5$时，$k_2=2.5$；当$I_1\geqslant0.5$时，$k_2=1.5$。

新近沉积黏性土一般为次固结，且强度较低，取按$k_2=1$。

2　粉土的宽、深修正

原规范并没有区分黏土和粉土。新规范中将其区分开来。粉土具有一定塑性，但又同时具有某些砂类土的特性，其宽度修正系数比按照黏性土取$k_1=0$是安全的。粉土的颗粒比粉砂细，深度修正系数应比粉砂小，比照黏性土取$k_2=1.5$。

3　砂土、碎石土地基的宽度、深度修正系数

砂土、碎石土地基在施工期间沉降已基本完成，后期沉降量很小，地基容许承载力不受沉降控制，所以基础宽度加大时，可提高地基的强度，应该进行宽度的修正。1975年《公路桥涵设计规范》(试行)采用江苏省水利厅水利勘测队所提供的各类砂土资料(未分密实度)的平均φ值：砾砂和粗砂为38.5°，细砂为31.0°，粉砂为27.0°。由于缺少碎石土的φ值，假定其平均值为40.0°。

根据上述φ值，按日本国铁《土木构造物设计施工规范》和原联邦德国《DIN 4017》算出砂土和碎石土的k_1和k_2值，经与1961年《公路桥涵设计规范》(试行)稿比较后，根据经验选定。

1975年《公路桥涵设计规范》(试行)中对中密与密实的砂土和碎石土k_1和k_2采用相同值。1985年原规范修改时，根据工程地质手册，砂土采用上述φ值，相当于中密状态，对密实砂就显得偏于保守；碎石土假定φ值为40°，属密实状态，对中密碎石有时显得偏高。20世纪70年代铁路地基承载力研究协作组进行了比较系统的试验研究，以统计方法分别建立了k_1和k_2计算公式，并建议采用φ角的平均值为：砾石和粗砂为40°；中砂为

38°；细砂为 35°；粉砂为 32°。根据此值得出 k_1 和 k_2 的统计值和建议值（详见《地基承载力试验研究文集》，中国铁道出版社，1978 年）。其特点是将中密和密实的修正系数分开了，且仅提高了密实砂土和碎石土的 k_1 和 k_2 值。由下表可以看出，本规范的系数取值在理论和试验上都是偏于安全的。

各规范承载力修正系数见表 3-1。

表 3-1　各规范承载力修正系数

土名	系数	日本国铁《土木构造物设计施工规范》	原联邦德国《DIN 4017》	1975 年《公路桥涵设计规范》（试行）	试验统计值（安全系数取 3）			本规范采用值		
				（中密、密实）	松散	中密	密实	松散	中密	密实
卵石	k_1	15	7.8	4	4.5	7.5	10.6	1.5	3	4
	k_2	114.0	119.5	10	5.3	7.7	10.1	3	6	10
砾砂 粗砂	k_1	6.4	6.3	3			6.81	1.5	3	4
	k_2	17.0	15.2	5			24.3	2.5	5	6
中砂	k_1	2.6	4.3	2			4.78	1	2	3
	k_2	9.0	11.4	4			18.4	2	4	5.5
细砂	k_1	1.0	2.5	1.5			2.84	0.75	1.5	2
	k_2	3.3	7.5	3			12.5	1.5	3	4
粉砂	k_1	0.6	1.5	1.0			1.77	0.	1	1.2
	k_2	2.2	5.5	2			8.77	1	2	2.5

注：碎石、圆砾、角砾因资料少未列入表中。

4　岩石地基的承载力，原则上是可以进行宽深修正的。但如何修正，是个较复杂的问题，目前尚缺少试验资料。建议对节理不发育和节理较发育的岩石，不作宽度和深度修正；对节理发育或很破碎的岩石，k_1 和 k_2 可参照碎石土的系数确定；对于岩体已风化成土、砂粒状者，可参照砂土和黏性土的系数选用。

5　当地基位于水位以下时，式中的重度 γ_1 和 γ_2 可按如下原则取值：γ_1 为基底持力层的重度，当持力层透水时，γ_1 取浮重度；反之，取饱和重度；若持力层难以确定是否透水时，偏于安全考虑，γ_1 取浮重度。γ_2 用于考虑作用在持力层以上土体超载对持力层地基承载力的提高，当持力层透水时，无论持力层以上土体是否透水，均受浮力作用，所以 γ_2 取浮重度；若持力层不透水，则作用在持力层上的力，不仅有持力层以上土体的颗粒重力，还有土体孔隙中水的重力，故不论基底以上土体是否透水，γ_2 均取饱和亘度。饱和亘度 γ_s、浮重度 γ_b 分别按下式计算：

$$\gamma_s = \frac{d_s + e}{1 + e}\gamma_w \tag{3-8}$$

$$\gamma_b = \gamma_s - \gamma_w \tag{3-9}$$

或

$$\gamma_b = \frac{d_s - 1}{1 + e}\gamma_w \tag{3-10}$$

式中：d_s——土粒相对密度；

γ_w——水的重度,一般取 $\gamma_w \approx 10\ kN/m^3$;

e——土的天然孔隙比。

6 当基础底面持力层为不透水性土时,基底不受水的浮力作用,基础四周襟边上的水重力和饱和土重力,应作为基底的超载看待。如基底持力层为透水性土,一般都受水的浮力作用,故不应考虑水重力或仅考虑土的浮重力。但对于深水基础或土层复杂者,基底持力层的透水性能难于确定,则应按荷载最不利组合决定是否考虑基底的浮力作用。

3.3.5 为了保证桥涵建筑物的安全和正常使用,软土地基的容许承载力必须同时满足稳定与变形两个方面的要求。未经处理的软土地基承载力确定方法与原规范相同,供不能进行载荷试验或原位测试以及没有其他更可靠方法的中小桥涵地基设计采用。经排水固结方法处理的软土地基承载力基本容许值应通过载荷试验或其他原位测试方法确定。而考虑了复合地基效应的软土地基处理工程,应通过载荷试验确定。

饱和软黏土的天然含水量与强度存在唯一的关系。土颗粒密度在 2.7g/cm³ 左右,因此含水量为 36%时孔隙比接近 1.0;而当含水量为 75%时,孔隙比约为 2.0。本规范软土的容许承载力表 3.3.5 是参考《建筑地基基础设计规范》(GBJ 7—89)确定的,对于确定小桥涵地基承载力是适用的。

从稳定条件出发,按极限荷载确定地基承载力是目前国内外广泛使用的方法。而对于软黏土又多采用内摩擦角 $\varphi = 0°$分析法。规范引用的公式是条形基础极限荷载公式(普朗特尔、太沙基、汉森等)。对正方形、圆形或矩形基础,其承载量因 $N_c = 5.14$,可以提高,而对于灵敏度较高的软土,C_u 值又应适当降低。结合国内大量工程实践的经验,安全系数采用 1.5~2.5 是适宜的。

3.3.6 本条规定的抗力系数 γ_R 按受荷阶段和受荷情况确定。

使用阶段地基承受的作用效应组合应按本规范第 1.0.8 条规定采用。其中作用短期效应组合是指可能同时出现,且对地基承载力不利的所有永久作用和可变作用产生的效应组合。由于这些作用的频遇值系数均取为 1.0,也即取最大值,而且各种作用组合时并未考虑同时出现的概率大小,按这样的组合计算的地基承载力必然比实际产生的承载力要大,故此,地基承载力容许值$[f_a]$需要乘以大于 1.0 的抗力系数;但如果作用效应组合仅包括结构自重、预加力、土重、土侧压力、汽车和人群这些直接施加于结构的荷载产生的效应,则按此计算的基底压应力分布接近于矩形,地基承载力与实际出现的也较相近,$[f_a]$也无需要再乘 γ_R,即令 $\gamma_R = 1.0$。作用效应偶然组合其中偶然作用是瞬时发生的,发生的概率也很小,尽管有时可能使基底产生较大的压应力,压力分布为梯形,但体现在基底一侧的最大压应力是局部的、暂时的,这种工况下的承载力容许值可乘以抗力系数 $\gamma_R = 1.25$。

施工阶段地基受荷是短暂的,与使用阶段相比,一般可取较高的抗力系数,本规范沿用原规范的数值。

4 基础计算与地基处理

4.1 基础埋置深度

4.1.1 直接设置在天然地基上的桥涵墩台基底的埋置深度,应根据地基土的性质、冻胀、受流水的冲刷情况及桥涵结构的性质等综合考虑。

3 季节性冻胀土层中埋置深度

墩台基础设置在季节冻土中时,基底最小埋深为设计冻深减去基础底面容许最大冻土层厚度。设计冻深宜尽量采用当地多年实测最大冻深平均值减去地表平均冻胀量。当缺乏上述资料时,设计冻深可采用标准冻深 z_0 乘以各项影响系数;标准冻深 z_0 采用《建筑地基基础设计规范》(GB 50007—2002)(简称《GB 50007—2002 规范》)附录 F,该规范考虑 ψ_{zs}、ψ_{zw}、ψ_{ze}三个系数,即土的类别、土的冻胀性、环境对冻深的影响系数。除上述三个因素外,根据公路修建特点,尚应考虑地形坡向和原规范对基础圬工较河床覆盖土导热性强两个因素(ψ_{zg}、ψ_{zf}),因此共考虑五个因素。

上述五个因素中,ψ_{zs}、ψ_{ze}取用《GB 50007—2002 规范》数据,其余主要根据黑龙江省交通科学研究所有关资料提出,其中:

土的冻胀性对冻深影响系数 ψ_{zw}是根据冻土科学试验场做的多年试验,以及对试验数据回归分析提出的土的冻胀性对冻深影响表达式 $\psi_{zw}=0.94\exp^{-0.0175k_d}$计算得出,式中 k_d 为地基冻胀率(%)。

基础对冻深影响系数 ψ_{zf}是根据冻土科学试验场做的混凝土基础不同埋置深度 $h=1.4\text{m}、1.6\text{m}、1.8\text{m}、2.0\text{m}$ 试验,以及由试验数据分析提出的基础对冻深影响系数表达式 $\psi_{zf}=0.09+0.19\ln(100h)$得出,式中 h 为基础埋置深度(m)。

基础底面以下容许最大冻层厚度 h_{max}是根据桥涵结构允许冻胀变形 20mm 计算不同冻胀率土的残留冻土层厚度,将此厚度作为基础底面下容许最大冻层厚度,经对土的冻胀率 k_d 与基础底面下容许最大冻层厚度 h_{max}之间关系回归得出表达式 $h_{max}=154.3-47\ln k_d$,计算并推荐不同土的冻胀类别在基础底面下容许最大冻层厚度,见表 4-1,其中推荐值即本规范表 4.1.1-5 规定的值。

表 4-1 不同土的冻胀类别在基础底面下容许最大冻层厚度

土冻胀类别		弱冻胀	冻胀	强冻胀	特强冻胀	极强冻胀
h_{max}	计算值	$0.45z_0$	$0.33z_0$	$0.18z_0$	$0.09z_0$	$<0.09z_0$
	推荐值	$0.38z_0$	$0.28z_0$	$0.15z_0$	$0.08z_0$	0

注:1. z_0 为标准冻深,可自本规范附录 H 的 H.0.1 条查得。

2. 推荐值取计算值除以 1.2。

另外，地形坡向对冻深的影响系数 ψ_{zg} 还参考了 2001 年《冻土工程地质勘察规范》、1991 年《渠系工程抗冻设计规范》有关规定。

6、7 河流中埋置深度

非岩石河床墩台基底埋深安全值，按《公路工程水文勘测设计规范》(JTG C30—2002)(简称《JTG C30—2002 规范》)表 7.6.2 和 7.6.4 条规定设置。岩石河床的水流冲刷深度，目前没有可供计算的冲刷深度的方法，《JTG C30—2002 规范》附录 C 提供了 30 座桥的调查资料，可供参考使用。

4.1.2 桥梁除考虑安全经济外，还须考虑整体美观，应与当地的地形、环境相配合，使其各部的线形互相协调，尽可能做到美观。所以，对原规范要求基础顶面不宜高于最低水位，也不宜高于原地面标高的规定，本规范不再作此类的硬性规定，以便设计者可根据实际情况灵活应用。

4.2 地基与基础计算

4.2.1 墩台基础是桥梁的重要组成部分，基础与基底持力层必须有足够的强度和稳定性，以确保桥梁的安全。因此，在墩台设计中，应按墩台在建造时与使用期间可能同时发生的各种最不利的外力组合，对基础的稳定性和基底土的承载力加以验算，必要时还要验算基础的沉降量。

当台背填土较高且地基又较软弱时，地基因受高填土的附加压力作用，往往会超过其容许承载力，使桥台丧失稳定，故须验算由于台背高填土对桥台基底的影响。

4.2.2 基础压力的数值与分布形状，是个复杂的问题，因为地基和桥涵基础不是同一种材料，两者刚度相差很大，两者变形不能协调。桥涵基础属于刚性基础，它的抗弯刚度大，在荷载作用下，基础本身几乎不变形，因此，原来是平面的基底，沉降后仍保持平面。如基础上的荷载合力通过基底形心，则沿基底的沉降也相同，但通过现场埋土压力盒实测和理论计算，基底压力的分布形状，根据其在基础上中心荷载的大小，可分为“马鞍形”、“抛物线形”和“钟形”三种。可见，抗弯刚度很大的基础，具有“架越作用”，即在调整基底沉降使之趋于均匀的同时，也使基底压力发生了由中部向边缘转移。一般压力情况中心受压时，接触压力为马鞍形分布。当荷载较大时，位于基础边缘部分的土中产生塑性变形区，边缘应力不再增大，而中间部分继续增加，应力图形由马鞍形转为抛物线形。当荷载接近于地基的破坏荷载时，应力图形由抛物线形转变成中部突出的钟形。以上情况如图 4-1 所示。

桥涵墩台基础，一般都可视为马鞍形分布的刚性基础。这些基础，因受地基承载力的限制，荷载不会太大，加上还有一定埋深，所以在中心荷载作用下，可以认为是均匀分布；另外，根据圣维南原理，在地表以下一定深度(约 1.5～2.0 倍基础宽)所引起地基应力，几乎和基底荷载分布形状无关，而只与其合力大小及作用点位置有关。因此，在工程实用中

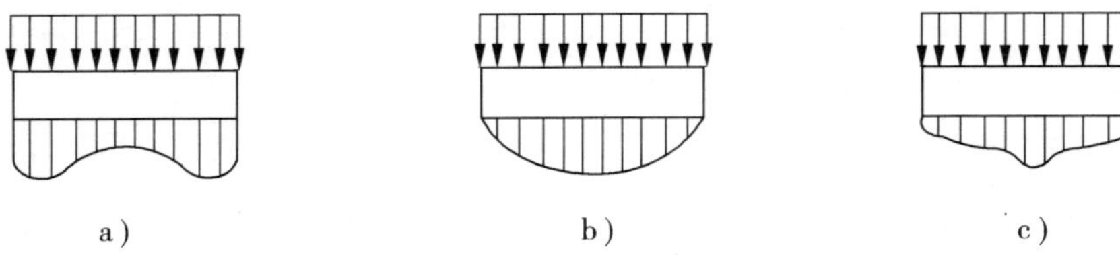

图 4-1 刚性基础基底压力分布图
a)马鞍形;b)抛物线形;c)钟形

把基底压力假设为直线分布,而按弹性材料力学公式进行简化计算,如本规范公式(4.2.2-1)、式(4.2.2-2)、式(4.2.2-3)所示。

4.2.3、4.2.4 基岩上的墩台基底作用合力偏心距允许超出核心半径(即 $e_0>\rho$),但其值仍不得超出本规范第 4.2.5 条的规定值。基岩上的墩台基底作用偏心距超出核心半径,将出现拉应力,地基不能承受拉应力,因此将要脱空,地基应力将重分布。单向偏心当偏心距超出核心半径后的应力重分布计算如本规范公式(4.2.3)所示。双向偏心当偏心距超出核心半径后的应力重分布,计算时的数学处理比较麻烦,需要时可以参考有关资料。本规范附录 K 参录 1962 年《铁路设计手册》的计算诺模图,可供使用;该诺模图原用于弹性材料力学的双偏心受压及压力重分布;对于地基压力验算,由于采用同一理论,同样适用。

4.2.5 偏心距的限值应考虑基底受压较为均匀,土基最大压力与最小压力不应悬殊;岩基则允许受拉后考虑压力重分布。对于矩形截面单向偏心距 $e_0\leqslant0.1\rho$(ρ 为核心半径)时,其最大压力与最小压力之比为 $p_{max}/p_{min}\leqslant1.22$;当 $e_0\leqslant0.75\rho$ 时,$p_{max}/p_{min}\leqslant7$。桥台承受台后土侧压力,偏心距远较桥墩大;但是桥台基底面积较桥墩为大,其基底最大压力较桥墩最大压力为小。所以对桥台基底制定较大的容许偏心距,既基于实际受力条件,也考虑到桥台基底压力总的说来并不很大,对地基承载力和沉降不会有较大的影响。这些规定自 20 世纪 50 年代以来一直沿用。

墩台承受作用效应组合时,其计算偏心距较仅受永久作用效应偏心距为大,且方向可变,因此相对于承受永久作用,对非岩石地基的偏心距容许值要求放宽至$[e_0]\leqslant\rho$;对于岩石地基,容许出现拉应力,但出现拉应力后,应考虑应力重分布,还须保证抗倾覆稳定。按本规范公式(4.4.1-1),矩形截面单向偏心,当 $e_0\leqslant\rho$、$e_0\leqslant1.2\rho$ 和 $e_0\leqslant1.5\rho$ 时,其相应抗倾覆稳定系数据原规范分别为 $k_0\geqslant3.0$、$k_0\geqslant2.5$ 和 $k_0\geqslant2.0$。上述按偏心距计算的相应的抗倾覆稳定系数较高于稳定验算时的抗倾覆稳定系数规定值。上面是在同一荷载条件下比较的,但实际上承载力验算在无充分把握情况下不计浮力[见《公路桥涵设计通用规范》(JTG D60—2004)第 4.2.4 条],而抗倾覆稳定验算在无充分把握情况下计入浮力,可见某些情况下考虑因素不一样。

对于双偏心受压的核心半径 ρ 值或 e_0/ρ 值计算(单偏心受压为其一特例),原规范因不考虑双偏心受压而未列入。本规范考虑双偏心受压,现推导如下:

设一矩形截面(图 4-2),轴向力作用于第一象限,其绕 x 轴的弯矩 M_x、绕 y 轴的弯矩 M_y 和斜弯矩 M 分别为:

$$M_x = Ne_y = Ne_0\sin\alpha \tag{4-1}$$

$$M_y = Ne_x = Ne_0\cos\alpha \tag{4-2}$$

$$M = Ne_0 \tag{4-3}$$

所有符号意义见图 4-2。

将 x、y 轴旋转 α 角,以 x_1 为横坐标,y_1 为纵坐标,由此可得基底最小压应力为:

$$p_{\min} = \frac{N}{A} - \frac{M}{W} \tag{4-4}$$

根据材料力学截面核心半径定义,$\rho = W/A$,则公式(4-4)可写为:

$$p_{\min} = \frac{N}{A} - \frac{Ne_0}{\rho A} = \frac{N}{A}\left(1 - \frac{e_0}{\rho}\right)$$

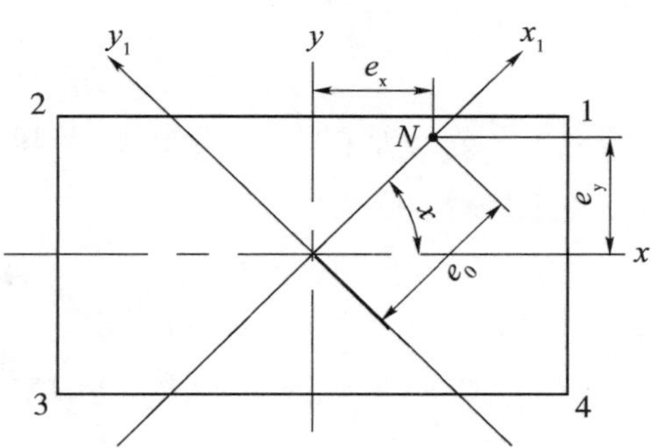

图 4-2 矩形基底截面双偏心受压图

即

$$\rho = \frac{e_0}{1 - \frac{p_{\min}A}{N}} \tag{4-5}$$

计算 ρ 时,$p_{\min}$可用下式求得:

$$p_{\min} = \frac{N}{A} - \frac{Ne_0\sin\alpha}{W_x} - \frac{Ne_0\cos\alpha}{W_y} \tag{4-6}$$

以上式中:W_x——基底面积绕 x 轴对非偏心方向边缘的截面抵抗矩;

W_y——基底面积绕 y 轴对非偏心方向边缘的截面抵抗矩。

当 $p_{\min}$为负值时为拉应力,计算不考虑开裂后应力重分布,可以用负值(拉应力)代入。

对于非矩形的任意截面,以上计算式同样适用。

对于拱桥,水平推力较大,基于实际受力条件,墩台仅承受永久作用时,对于非岩石地基,本规范沿用原规范要求尽量保持在基底中线附近;当承受作用短期效应组合时,非岩石地基仍应不超过核心半径;设于非岩石和岩石地基的单向推力墩,由于其处于非使用的临时情况,偏心距可不受限制,但仍应满足地基承载力和抗倾覆、滑动稳定要求。

4.2.6 当基底或桩端以下有软弱地基或软土层时,应验算其承载力。由于作用在下卧层的附加压应力值是随其深度的增加而降低,故一般不必对所有墩台的下卧层都验算,仅基底下有湿陷性土或液性指数大于 0.6 的黏性土下卧层时才进行验算。基底压力梯形图形,本条近似地简化为矩形,基底压力值 p 按本条规定采用。这样的做法同样用于沉降计算。《铁路桥涵地基和基础设计规范》(TB 10002.5—2005)第 3.2.1 条、第 5.2.1 条均采用此法。随着地基的加深,附加压应力将逐步减小,基底压力的影响也将减小,故可以简化。

桩端压应力 p 的计算,可自承台底外围桩的边缘,以与竖直线成 $\varphi/4$ 角(φ 为桩周围土的内摩擦角加权平均值)扩散至桩端的平面面积,作为承载面积计算其压应力 p。

4.2.7 见本规范附录 L 及其条文说明。

4.3 基础沉降计算

4.3.1 墩台基础的沉降必然引起上部结构下沉,从而影响桥下净高和伸缩装置、支座、简支梁连续桥面的使用。

一般情况下,有下列情况者,应验算墩台基底沉降:

1 两相邻跨径差别悬殊。

2 确定跨线桥或跨线渡槽下的净高时,需要预先计算其墩台沉降值。

3 当墩台建筑在地质复杂、地层不均匀及承载力较差的地基上时,应验算其沉降。

4 桥梁改建或拓宽。

4.3.3 基础的沉降,对于外静不定结构(连续梁、推力拱、刚构等)除前述第 4.3.1 条条文说明因素外,更重要的是会引起结构附加内力。因此,规范规定对于外静不定结构的基础,尚应考虑沉降计算值对结构内力影响。

对于墩台均匀总沉降值(不包括施工中沉降),原规范引用前苏联规定为不大于 $20\sqrt{l}$,[以 mm 计,l 为相邻墩台间最小跨径长度(以 m 计),当 l 小于 25m 时采用 25m]。相邻墩台间均匀总沉降差,原规范规定为 $10\sqrt{l}$(以 mm 计),当 l 为 16m、25m、100m、144m 时分别为 50mm、50mm、100mm、120mm,相应形成桥面纵坡(或折角正切值)为 0.31%、0.2%、0.1%、0.083%,这些折角限值,随着跨径加大而减小,其值偏小。这是前苏联 1948 年规范数据,显然不适用。本规范参考前苏联 1984 年《公路、铁路、城市道路桥涵设计规范》第 1.47条规定:墩台均匀总沉降不再计入,相邻桥墩因不同沉降在纵断面上引起的附加折角不应超过 0.2%。这样,使桥上的设施,如伸缩装置、连续桥面、支座能够适应(上述设施除适应不均匀沉降外,尚需适应安设以后的上部结构挠度、冲击、制动力和可能的由于弯、坡、斜引起的行车因素)。

按原规范第 3.3.4 条,沉降计算仅考虑结构重力和土重,即仅计恒载。现根据本规范第 1.0.9 条,沉降计算的荷载效应按正常使用极限状态下荷载长期效应组合,即考虑永久荷载(仅指结构自重、土侧压力及浮力)和可变荷载(仅指汽车和人群荷载)。

4.3.4~4.3.7 墩台基础的最终沉降量,采用国家标准《建筑地基基础设计规范》(GB 50007—2002)规定的计算方法。沉降计算的规范法是一种简化了的分层总和法。原规范采用分层总和法把地基土视作直线变形体,在外荷载作用下的变形只发生有限厚度 z 的范围内(即压缩层),将压缩层厚度分层,分别求出各分层的应力,然后用土的“应力-应变”关系式求出各分层的变形量再总和起来即为地基的最终沉降量。规范法从以下几个方面予以简化或改进。

1 分层总和法要求按 $h_i \leqslant 0.4b$ 分层（h_i 为分层厚度，b 为基础宽度），计算工作量较大；规范法基本上则要求每天然土层当作一层来计算沉降量。

2 采用平均附加应力系数 $\bar{\alpha}$，而不采用附加应力系数 α。$\bar{\alpha}$ 和 α 均见本规范附录 M。$\bar{\alpha}$ 可作如下推导得出。分层总和法分层变形公式可改为[参见赵明华等《土力学地基与基础疑难释义》（中国建筑工业出版社）4.3、4.4 节]：

$$\Delta_{si} = \frac{e_{1i} - e_{2i}}{1 + e_{1i}} h_i = \frac{\alpha_i (p_{2i} - p_{1i})}{1 + e_{1i}} h_i = \frac{p_{2i} - p_{1i}}{E_{si}} h_i = \frac{p_{zi}}{E_{si}} h_i \tag{4-7}$$

式中：e_{1i}、e_{2i}——地基在自重压应力 p_1 作用下孔隙比和自重压应力加附加压应力 p_2 作用下孔隙比；

h_i——分层厚度（分层总和法要求 $h_i \leqslant 0.4b$）；

α_i——附加应力系数；

p_{1i}——自重压应力平均值；

p_{2i}——附加压应力平均值；

E_{si}——基底以下第 i 层土压缩模量，取土的自重压应力至土的自重压应力与附加压应力之和的压应力段计算；

p_{zi}——离基底以下 z_i 处地基自重附加压应力，$p_{zi} = \alpha_i p_0$，其中 p_0 为基底附加压应力。

上式中 $p_{zi} h_i$ 可以看为图 4-3a）所示阴影线部分的附加压应力面积 A_{3456}，而该压应力面积为：$A_{3456} = A_{1234} - A_{1256}$。

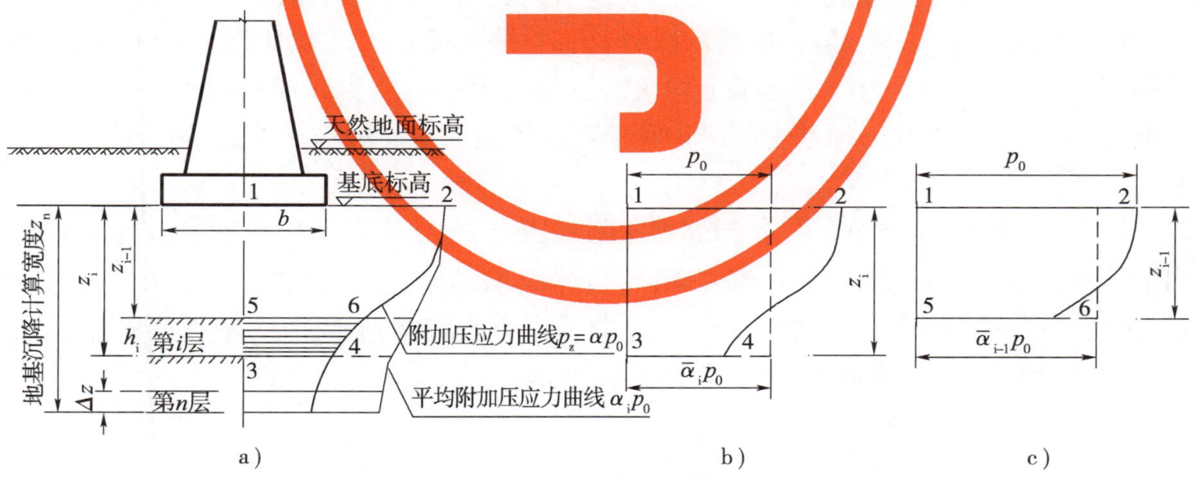

图 4-3 地基沉降计算分层示意

A_{1234} 表示 z_i 范围内竖向附加压应力 p_z 的压应力面积[图 4-3b）]。为了简便计算，规范法引入一个平均附加应力系数 $\bar{\alpha}_i = \dfrac{A_{1234}}{p_0 z_i}$，按上式 $\bar{\alpha}_i p_0 z_i$ 为深度 z_i 范围内竖向附加压应力 p_z 的压力面积 A_{1234} 的等代值；同理 $\bar{\alpha}_{i-1} p_0 z_{i-1}$ 为深度 z_{i-1} 范围内竖向附加压应力面积 A_{1256} 的等代值[见图 4-3c）]，这样，分层总和法公式为：

$$\Delta_{si} = \frac{p_{zi}h_i}{E_{si}} = \frac{A_{3456}}{E_{si}} = \frac{A_{1234} - A_{1256}}{E_{si}} = \frac{p_0}{E_{si}}(z_i\overline{\alpha}_i - z_{i-1}\overline{\alpha}_{i-1}) \tag{4-8}$$

平均附加应力系数$\overline{\alpha}_i$,按其意义为:

$$\overline{\alpha} = \frac{A}{pz} = \frac{\int_0^z p_z \mathrm{d}z}{p_0 z} = \frac{p_0\int_0^z \alpha \mathrm{d}z}{p_0 z} = \frac{\int_0^z \alpha \mathrm{d}z}{z} \tag{4-9}$$

式中$\int_0^z \alpha \mathrm{d}z$为深度$z$处附加压应力面积,可采用数值积分制成表格查取。所以,本规范也称“压力面积法”。

3 地基变形计算深度z_n重新作了规定。分层总和法以地基附加压应力与自重压应力之比为0.2或0.1作为控制标准(简称为压力比法),但它没有考虑土层的构造与性质,过于强调荷载对压缩层影响,而对基础大小这一更重要因素重视不足。本规范采用相对变形作为控制标准(简称变形法),即要求满足:

$$\Delta s'_n \leqslant 0.025\sum_{i=1}^{n}\Delta s'_i \tag{4-10}$$

式中:$\Delta s'_i$——在计算深度z_n范围内,第i层土的计算变形值;

$\Delta s'_n$——在计算深度z_n处向上取厚度Δz(图4-3)土层的计算沉降值。

Δz见本规范表4.3.6。

4 引入沉降经验系数ψ_s。

上述简化措施必将引起一些偏差,再加上分层总和法本身理论上的偏差,使计算结果与实际情况有出入。大量的沉降观测资料表明:当地基土层较密实时,计算沉降值偏大;当土层较弱时,计算沉降值偏小。为此,规范引入经验系数ψ_s予以修正。ψ_s从大量的工程实际沉降观测资料中,经数理统计分析得出,它综合反映了许多因素的影响,如:侧限条件的假设;计算附加压力时对地基土均质的假设与地基土层实际成层的不一致对附加压力的影响;不同压缩性的地基土沉降计算值与实测值的差异等等。因此,规范法更接近于实际。

ψ_s见本规范表4.3.5。ψ_s是根据地基附加压力p_0及z_n范围内压缩模量当量值$\overline{E}_s$给出的,而原规范按厚度加权平均值采用,它虽然简单,但忽略了附加压力沿深度分布的特点,因而当压缩层为多层土时与压缩层为单一层土组成时所得的$\overline{E}_s$值在计算中并不等效。因此,规范法提出按分层变形$\overline{E}_s$的加权平均方法,即:

$$\overline{E}_s = \frac{\sum A_i}{\sum\frac{A_i}{E_{si}}} = \frac{p_0\sum(z_i\overline{\alpha}_i - z_{i-1}\overline{\alpha}_{i-1})}{p_0\sum\frac{(z_i\overline{\alpha}_i - z_{i-1}\overline{\alpha}_{i-1})}{E_{si}}} = \frac{\sum(z_i\overline{\alpha}_i - z_{i-1}\overline{\alpha}_{i-1})}{\sum\frac{(z_i\overline{\alpha}_i - z_{i-1}\overline{\alpha}_{i-1})}{E_{si}}} \tag{4-11}$$

$\overline{E}_s$即压缩模量当量值。

其具体使用方法,举例如下(图4-4):

$$\overline{E}_s = \frac{A_{0145} + A_{1256} + A_{2367}}{\frac{A_{0145}}{E_{s1}} + \frac{A_{1256}}{E_{s2}} + \frac{A_{2367}}{E_{s3}}} = \frac{493.60 + 1\,722.32 + 52.08}{\frac{493.60}{4.5} + \frac{1\,722.32}{5.1} + \frac{52.08}{5.0}} = 5\mathrm{MPa}$$

上式中各项含义,若用面积 A 代表“压力/长度”,由图 4-4 可得:

$$A_{0145}=A_{0145}-0=493.60\text{kPa}\cdot\text{m}(\text{kN/m})$$

$$A_{1256}=A_{0246}-A_{0145}=2215.92-493.60=1722.32\text{kPa}\cdot\text{m}(\text{kN/m})$$

$$A_{2367}=A_{0347}-A_{0246}=2268.00-2215.92=52.08\text{kPa}\cdot\text{m}(\text{kN/m})$$

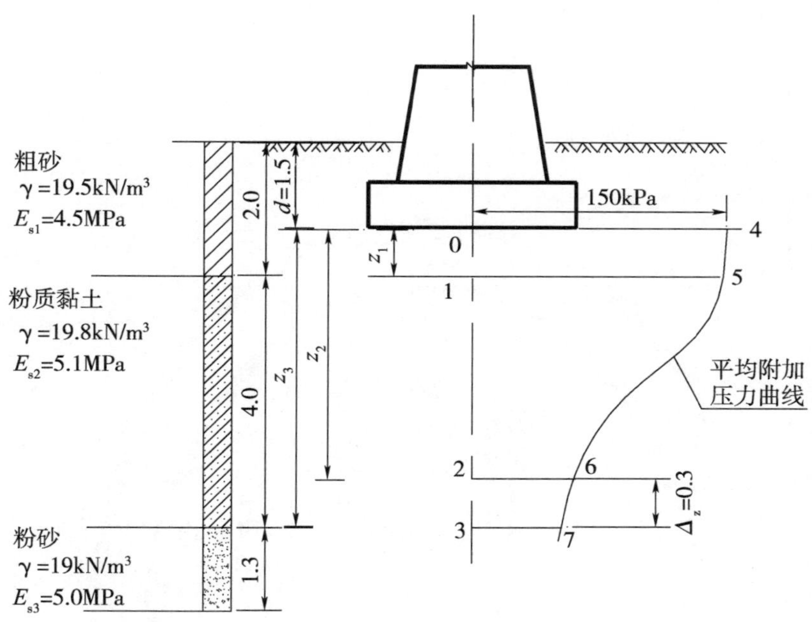

图 4-4 $\overline{E}_s$ 计算示意(尺寸单位:m)

5 确定地基沉降计算深度 z_n。

对于地基沉降计算深度(包括存在相邻荷载影响),以相对变形作为控制标准(简称变形法),即:$\Delta s'_n\leqslant 0.025\sum_{i=1}^{n}\Delta s'_i$[见本规范公式(4.3.6)]。可见,其表达形式而言,现行规范与原规范一样[原规范公式(3.3.5)],但在 $\Delta s'_n$ 的取值上,两者不一样。原规范第 3.3.5 条取地基深度 z_n 处,向上取计算层厚度为 1m 的计算变形值。这样的规定,对于不同基础宽度,其计算精度不等;用变形比法计算独立基础、条形基础时,其值偏大;但对于 $b=10\sim50\text{m}$ 的大基础,其值却与实测值接近。为使变形比法在计算小基础时,其计算 z_n 值不至于过大,经反复试算,提出采用 $0.3(1+\ln b)$(以 m 计)代替采用上述 1m 的规定,取得较为满意的结果(简称修正变形比法),本规范表 4.3.6 就是根据 $0.3(1+\ln b)$(以 m 计)的关系,以更粗的分格给出向上计算层厚 Δz 的值。

当无相邻荷载影响,基础宽度在 1~30m 范围内时,确定基础中点的变形计算深度,可用本规范公式(4.3.7)。本规范公式(4.3.7)根据具有分层的 19 个荷载试验(面积为 $0.5\sim13.5\text{m}^2$)和 31 个工程实测资料统计分析而得。分析结果表明,对于一定的基础宽度,地基压缩层的深度不一定随着荷载 p 的增加而增加。基础形状与地基土类别对压缩层深度的影响亦无显著规律;而基础大小和压缩层深度之间却有着明显的规律性的关系。

图 4-5 为以实测压缩层深度 z_n 与基础宽度 b 之比为纵坐标,而以 b 为横坐标的实测点与回归线图。实测方程 $z_n/b=2.0-0.4\ln b$ 为根据实测点求得的结果。为使曲线具有

更高的保证率,方程式右边引入随机项 $t_a\phi_0 s$,取置信度 $1-\alpha=95\%$ 时,该随机项偏于安全地取 0.5,故公式改为本规范公式(4.3.7)。

图 4-5 的实线之上有两条虚线。上层虚线为 $\alpha=0.05$,具有置信度 95% 的方程,即本规范公式(4.3.7);下层虚线为 $\alpha=0.2$,具有置信度 80% 的方程。为安全起见推荐前者。

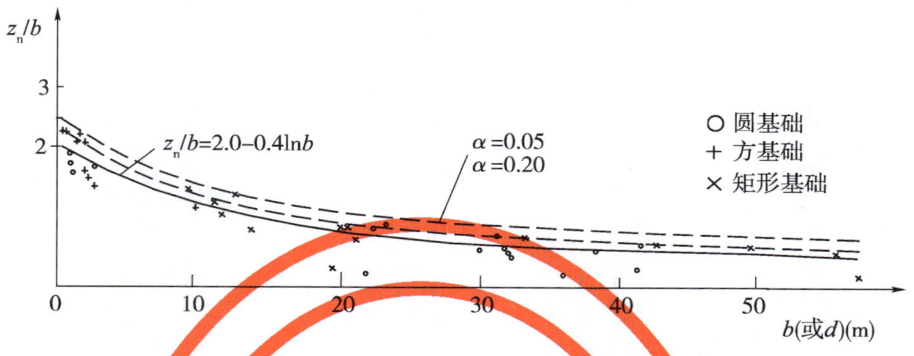

图 4-5　$z_n/b-b$ 实测点和回归线

从图 4-5 中可以看到,绝大多数实测点分布在 $z_n/b=2$ 线以下,即使最高的个别点,也只位于 $z_n/b=2.2$ 之处。国内外一些资料亦认为压缩层深度以 2 倍 b 或稍高一点为宜。所以规范规定在计算深度范围内存在基岩时,z_n 可取至基岩表面;当存在较厚的坚硬黏土层,其孔隙比小于 0.5、压缩模量大于 50MPa,或存在较厚的密实砂卵层,其压缩模量大于 80MPa 时,可取至该层土表面。

6　基底压力图形,本条近似地简化为矩形。基底压力值 p 按本条规定采用,有关说明见本规范第 4.2.6 条条文说明。桥墩台的平面面积一般较工民建简单且较小,这个简化方法仍属可用。对某些地基情况复杂的桥墩台,也可按实际的梯形压力图形,用角点法计算基础中点沉降量,可参用《建筑地基基础设计规范》(GB 50007—2002)附录内有关计算用表。

4.4　基础稳定性计算

4.4.1　原规范第 3.4.1 条,桥涵墩台基础抗倾覆稳定验算与挡土墙基础抗倾覆稳定验算分别采用两种不同计算方法。桥涵基础抗倾覆稳定验算方法,即原规范第 3.4.1 条第一款方法,系在 20 世纪 50 年代自前苏联引入我国。对此,铁道部第三铁道设计院刊物《铁路标准设计通讯》20 世纪 50 年代曾数期介绍和讨论;前交通部公路规划设计院刊物《公路设计资料》1965 年第五期也刊载周相略一文,就这个方法的抗倾覆稳定安全系数与偏心距大小、应力比等的关系,作了详细分析。1958 年《铁路桥涵设计规范》和 1961 年《公路桥涵设计规范》(试行)均引用此法。挡土墙用于路基结构物、房屋结构物较多的情况下,挡土墙抗倾覆稳定验算仍沿用历史上近百年来老方法,即原规范第 3.4.1 条第二款方法。《铁路路基设计规范》(TBJ 1—96)第 10.3.4 条,《建筑地基基础设计规范》(GB 50007—2002)第 6.6.5 条,《公路路基设计规范》(JTG D30—2004)第 5.4.1 条,均以此法用于挡土墙设计。此次修编本规范,不将挡土墙基础抗倾覆稳定计算方法列入,但是本条说明将就两种不同的计算方法作一比较，说明桥涵墩台基础抗倾覆稳定计算方法是可行的，并与国外规范（例如美国 AASHTO 规范，见后第 2 款）用法一致。

1　桥涵墩台基础抗倾覆稳定计算方法。

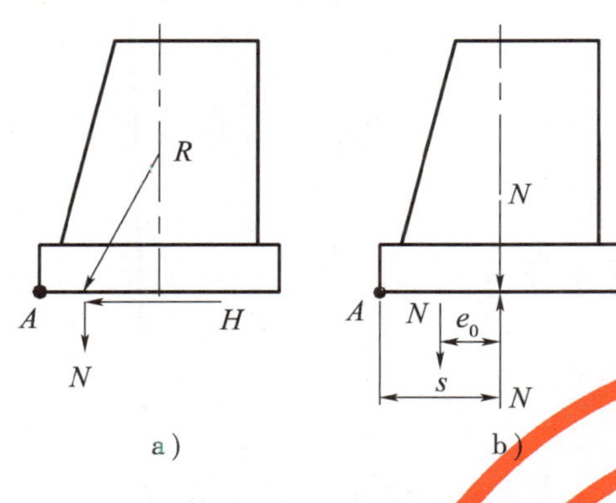

图 4-6　倾覆稳定示意图

验算基底抗倾覆稳定性，旨在保证桥梁墩台不致向一侧倾倒（绕基底的某一轴转动）。建筑在岩层上的墩台是绕基底受压的最外边缘（以最外边缘为轴）而倾覆；建筑在弹性的软土上面的墩台基础，由于最大受压边缘陷入土内，此时基础的转动轴将在受压最外边缘的内侧某一线上。基底土愈弱，基础转动轴将愈接近基底中心，基础抗倾覆的稳定性就愈低。但在设计基础时，因要求基底最大压力限制在基底土的容许承载力以内，故基础的转动轴仍假定在最大受压的外边缘，如图 4-6a）所示。

现将合力作用点移至基底，设基底底面合力分解为竖向力 N 和水平力 H，见图 4-6a）。此时 H 仅有滑动作用，N 才有倾覆作用。如将 N 移至基底重心，同时又加一对大小相等、方向相反的力偶 Ne_0，见图 4-6b），即在基底重心作用有一个竖向力 N 和弯矩 Ne_0，其各竖向力的作用与图 4-6a）是一致的。我们可以看到，力偶 Ne_0 绕基底最外边 A 旋转，为倾覆力矩，而竖向力 N 对 A 点的力矩则为稳定力矩。即：

$$k_0=\frac{Ns}{Ne_0}=\frac{s}{e_0} \tag{4-12}$$

2　桥涵墩台基础抗倾覆稳定验算与挡土墙基础抗倾覆稳定验算两种方法或两种概念（以下简称第一种方法和第二种方法）比较（图 4-7）。

第一种方法安全系数 k_0：

$$k_0=\frac{M_y}{M_0} \tag{4-13}$$

式中：M_y——把全部竖向力移至基底截面重心对截面边缘的抵抗倾覆力矩；

M_0——全部外力对基底截面重心倾覆力矩。

$$M_y=s\sum P_i \tag{4-14}$$

$$M_0=\sum P_i e_i+\sum T_i h_i \tag{4-15}$$

$$k_0=\frac{s\sum P_i}{\sum P_i e_i+\sum T_i h_i}=\frac{s}{\dfrac{\sum P_i e_i+\sum T_i h_i}{\sum P_i}}=\frac{s}{e_0} \tag{4-16}$$

公式（4-16）即为本规范公式（4.4.1-1）。

第二方法安全系数 k'_0：

$$k'_0=\frac{M'_y}{M'_0} \tag{4-17}$$

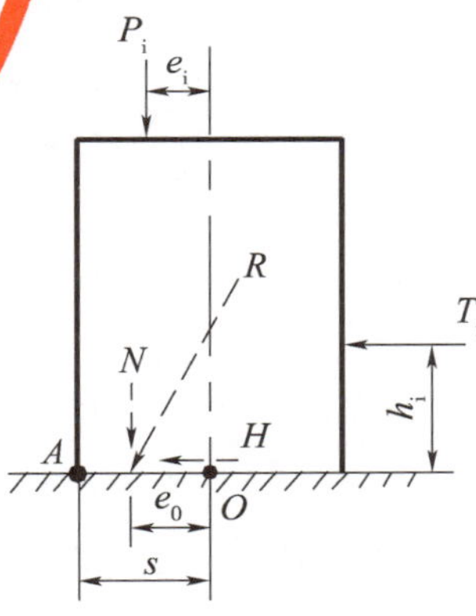

图 4-7　倾覆稳定验算

P_i、T_i-第 i 号竖向力、水平力；e_i、h_i-第 i 号竖向力、水平力对基底重心力臂；R-竖向力和水平力合力，其在基底偏心距为 e_0；N、H-作用于基底的合力 R 分解为竖向力 N 和水平力 H

式中:M'_y——绕基底外缘(A 点处)倾覆轴保持结构稳定的稳定力矩;

M'_0——绕基底外缘(A 点处)倾覆轴使结构发生倾覆的倾覆力矩。

按图 4-7:

$$k'_0=\frac{\sum P_i(s-e_i)}{\sum T_ih_i} \tag{4-18}$$

按上面两种方法计算所得抗倾覆安全系数,通常不相等。那么,什么情况下能相等呢?试令 $k_0=k'_0$,即令公式(4-16)等于公式(4-17)。

$$\frac{s\sum P_i}{\sum P_ie_i+\sum T_ih_i}=\frac{\sum P_i(s-e_i)}{\sum T_ih_i} \tag{4-19}$$

将公式(4-19)移项整理:

$$\begin{aligned} s\sum P_i\times\sum T_ih_i &=(\sum P_ie_i+\sum T_ih_i)\times(\sum P_is-\sum P_ie_i)\\ &=\sum P_ie_i\times\sum P_is+\sum T_ih_i\times\sum P_is-\sum P_ie_i\times\sum P_ie_i-\sum T_ih_i\times\sum P_ie_i\\ &=\sum P_ie_i(\sum P_is-\sum P_ie_i-\sum T_ih_i)+\sum T_ih_i\times\sum P_is \end{aligned}$$

得:

$$\sum P_ie_i(\sum P_is-\sum P_ie_i-\sum T_ih_i)=0 \tag{4-20}$$

按公式(4-20),只有当下面两种情况,等式两边才相等。

情况 1:$\sum P_ie_i=0$,即竖向合力是作用于截面重心。

情况 2:$\sum P_is-\sum P_ie_i-\sum T_ih_i=0$,即$\sum P_i(s-e_i)=\sum T_ih_i$,即在 A 点,所有竖向力力矩总和等于所有水平力力矩总和;或者说 R 作用于 A 点。

这两种安全系数 k_0 和 k'_0 的关系推演如下:

自公式(4-16)

$$\begin{aligned} k_0&=\frac{s\sum P_i}{\sum P_ie_i+\sum T_ih_i}=\frac{\sum P_i(s-e_i)+\sum P_ie_i}{\sum P_ie_i+\sum T_ih_i}\\ &=\frac{[\sum P_i(s-e_i)+\sum P_ie_i]/\sum T_ih_i}{[\sum P_ie_i+\sum T_ih_i]/\sum T_ih_i}=\frac{\dfrac{\sum P_i(s-e_i)}{\sum T_ih_i}+\dfrac{\sum P_ie_i}{\sum T_ih_i}}{1+\dfrac{\sum P_ie_i}{\sum T_ih_i}}=\frac{k'_0+\alpha}{1+\alpha} \end{aligned} \tag{4-21}$$

其中

$$\alpha=\frac{\sum P_ie_i}{\sum T_ih_i} \tag{4-22}$$

将公式(4-21)移项后可得 k_0 和 k'_0 两者关系式:

$$k'_0=k_0+\alpha(k_0-1) \tag{4-23}$$

自公式(4-22),当 $\alpha>0$(α 为正值),即$\sum P_ie_i$ 与$\sum T_ih_i$ 同方向;同时又考虑一般情况下 k_0 均大于 1,从公式(4-23)可知,$k'_0>k_0$,也就是说第二种方法安全系数 k'_0 将大于第一种方法安全系数 k_0,第二种方法较为安全。

自公式(4-22),当 $\alpha<0$(α 为负值),即$\sum P_ie_i$ 与$\sum T_ih_i$ 反方向,从公式(4-23)可知,$k'_0<k_0$,也就是说第二种方法安全系数 k'_0 将小于第一种方法安全系数 k_0,第一种方法较为安全。

《美国公路桥梁设计规范——荷载与抗力系数设计法》(1994)(简称《AASHTO—LRFD》规范)11.6.3.3 条,对于墩台、挡土墙抗倾覆稳定,都采用上述第一种概念,但规定用偏心距限值表达,介绍如下:

对于土体上的基础,反力的合力作用位置应位于基底中央的 $b/2$ 范围内;

对于岩石上的基础,反力的合力作用位置应位于基底中央的 $3b/4$ 范围内。

上述"b"在条文中未注明,显然系为基底全宽;如图 4-8 所示,同样可以用本规范公式(4.4.1-1)计算出安全系数。

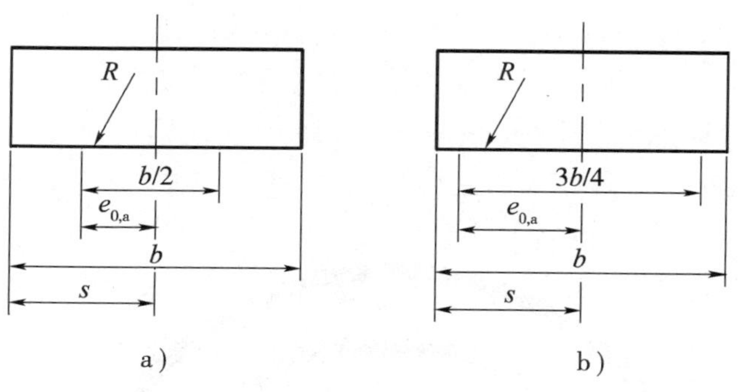

图 4-8　美国 AASHTO 规范关于基底容许偏心距范围

a)土地基;b)岩石地基

b-基底宽;R-外力合力;$e_{0,a}$-容许偏心范围;s-基底重心至偏心方向边缘距离

土基　　$e_0=\dfrac{b}{4}=\dfrac{1}{4}\times 2s=\dfrac{s}{2}$　　$k_0=\dfrac{s}{e_0}=\dfrac{s}{s/2}=2$

岩基　　$e_0=\dfrac{3}{8}b=\dfrac{3}{8}\times 2s=\dfrac{3}{4}s$　　$k_0=\dfrac{s}{e_0}=\dfrac{s}{3s/4}=1.33$

4.4.2　基础滑动有两种可能,一种为水平推力克服了基底面与基底土之间的摩阻力而沿基底面滑动;另一种为水平推力克服了土体内部的摩阻力使基础与持力层的一部分一起滑动。后者对桥涵墩台来说是很少出现的,因为桥涵墩台基础一般埋置深度较深,而且基底的容许压力已有一定的安全系数,这就保证了基底土不致产生局部极限平衡而达于塑性流动。故本规范规定,只验算前一种的抗滑动稳定性。抗滑动稳定系数为抗滑稳定力与滑动力之比。

摩擦系数值引自原规范表 3.4.2 并参考《铁路桥涵地基和基础设计规范》(TB 10002.5—2005)(简称《TB 10002.5—2005 规范》),按本规范第 3 章地基岩土分类确定。

关于桥涵墩台抗滑动稳定性计算式,原规范公式(3.4.2)分母 $\sum T_i$ 为水平力代数总和,正负可以相消,当两个不同方向水平力很接近时,分母趋于零,k_c 则趋于无穷大,不尽合理。所以两个或数个方向不同的水平力不能相消后求其代数和,而应将水平力之和较大的一方作为滑动力列入分母项,水平力之和较小的一方作为稳定力列入分子项,摩阻力则始终作为稳定力的一方列入分子项。例如拱桥桥台,多数拱脚水平推力大于台后土侧压力,所以拱脚水平推力应列入分母项,台后土侧压力应列入分子项,摩阻力则列入分子项与已列入分子项的台后土侧压力相加。关于拱桥桥台引道路基的台后土侧压力,宜采用主动土压力,不宜采用被动土压力。内摩擦角为 30°时,被动土压力为主动土压力的 9 倍,只有桥台逐渐向后移动一定距离后,土体产生明显破坏棱体,被动土压力才达到计算值。此时拱圈因拱脚位移过度已彻底破坏,所以被动土压力不宜作为稳定力。尽管某些资料认为可乘以 0.3 的系数,其值是否可用也值得商榷,所以,本规范不作为稳定力。如要利用需慎重,即使乘以 0.3 系数,也为主动土压力的 2.7 倍。被动土压力即使达此值,拱脚位移也有一定距离,拱脚截面也将为此项位移而受损。

4.4.3 墩台基础抗倾覆和抗滑动的稳定性系数,基本上维持原规范数值。抗倾覆稳定性系数,在同样作用组合条件下,略大于抗滑动稳定性系数。这是考虑基础周边土对基础的抗滑动稳定,较之对基础的抗倾覆稳定,具有较大的稳定作用。

墩台基础抗倾覆稳定系数 k_0,与本规范第 4.2.5 条关于合力偏心距 e_0 有一定关系。现以矩形截面单偏心为例,说明如下:

本规范公式(4.4.1-1),$k_0 = s/e_0$,$e_0 = s/k_0 = (b/2)/k_0$(b 为基础宽度),对于单向偏心的矩形截面,基础取单位长度,$\rho = 0.167b$(b 为基础宽度)。在不同 k_0 情况下,e_0 将如表 4-2 所示。

表 4-2 矩形截面单偏心抗倾覆稳定系数 k_0、偏心距和 p_{max}/p_{min} 对照表

k_0	偏心距 e_0		p_{max}/p_{min}
	以 b 表示	以 ρ 表示	
1.2	$0.417b$	2.497ρ	$(3.502/-1.502)\times N/A$
1.3	$0.385b$	2.305ρ	$(3.31/-1.31)\times N/A$
1.5	$0.333b$	1.994ρ	$(2.998/-0.998)\times N/A$

注:1. p_{max} 和 p_{min} 分别为最大和最小应力,$p_{max} = N(1+6e_0/b)/A$,$p_{min} = N(1-6e_0/b)/A$,负值为拉应力。

2. N 为竖向力,A 为基底面积。

从表 4-2 可以看出,矩形截面单向偏心抗倾覆稳定系数等于规定限值时,相应偏心距大于本规范表 4.2.5 规定,说明偏心距控制设计。关于偏心距限值与抗倾覆稳定性系数的关系见第 4.2.5 条条文说明。

4.5 软土或软弱地基处理

4.5.1 浅基础软土或软弱地基承载力不足或沉降量大于容许沉降量时,应采取人工加固处理,这种处理后的地基也称为人工地基。

软土或软弱地基一般系指抗剪强度较低、天然含水量高、天然孔隙比大、压缩性较高、渗透性较小的淤泥、淤泥质土、冲填土、素填土、杂填土、饱和软黏土以及其他高压缩性土层。

在软土或软弱地基上修建建筑物,必须重视地基的变形和稳定问题。普通浅基础下的软土或软弱地基,容许承载力约为 60 ~ 80kPa,如果不作任何处理,一般不能满足荷载对地基的要求。地基处理的方法很多,公路桥梁上较为常用的有砂砾垫层、砂桩、预玉砂井。本规范按原规范所列内容,根据新近发展,作了某些改进,其他方法可参照《建筑地基处理技术规范》(JGJ 79—2002)。

4.5.2 砂砾垫层材料应就地取材,同时又要符合强度要求。垫层以中砂为主,其颗粒的不均匀系数不应小于 5。可掺入一定数量的碎石(碎石粒径不应超过 100mm),既能提高强度,又易于夯实。黏土含量不应大于5%,粉土含量不应大于25%,因为这些含量过多不利排水,也不利夯实。桥涵地基基坑面积较小,机械压实难以操作。安徽省某些地区,有将4%~5%水泥掺入垫层材料的做法,以提高承载力。砂砾材料透水性强,只有在一定条件下才可用于湿陷性黄土地基。

4.5.3 原规范第5.0.3条、第5.0.4条有关砂砾垫层的规定有三个问题:其一是软土或软弱地基的承压应力图形呈钟形,假定以梯形计算,实际上软土或软弱地基上面的砂砾垫层厚达1~3m,基础不直接设于软土或软弱地基上,所以软土或软弱地基承压力接近矩形,不应作为梯形计算;其二是砂砾垫层扩散角假定为35°~45°,相当于M5级或以上砂浆砌筑的石砌体和混凝土圬工的扩散角,此值偏大,原规范条文说明中称由于承压应力图形假定为梯形,故其扩散角较一般假定为矩形时大,值得商榷;其三是缺少砂砾垫层的容许承载力。据此,本规范采用《建筑地基处理技术规范》(JGJ 79—2002)有关规定。

4.5.8、4.5.9 预压法分为加载预压法和真空预压法两类,适用于处理淤泥质土、淤泥和冲填土等饱和黏性土地基。预压法的缺点是加载预压需要大量的堆载和很长的排水固结时间,所以常在地基中打入砂井,然后进行加载预压,即砂井(加载)预压法。砂井的作用是缩短软土中的排水距离,土中水通过砂井顶部的砂垫层或排水沟排走,使软土中的孔隙水压力得以较快地消散,从而加速地基固结,地基强度迅速提高。这两条主要对砂井(加载)预压法作出规定。

4.6 湿陷性黄土地基处理

黄土(原生黄土和次生黄土的统称)在我国特别发育,地层全、厚度大,从东向西分布在黑龙江、吉林、辽宁、内蒙古、山东、河北、河南、山西、陕西、甘肃、宁夏和新疆等地,大致以昆仑山、祁连山、秦岭为界(其南很少,分布零星)。我国黄土约64万平方公里。在平坦的黄土地区,黄土有湿陷性和地裂缝;在斜坡黄土地区,黄土有黄土滑坡、黄土崩塌和黄土滑塌。所以,黄土地区的工程地质问题应予重视。原规范第5.0.8条及其条文说明,对黄土地基的处理有所规定,现根据国内有关黄土的规范和书籍,予以改写。

主要参考资料以下述前两种为主;此外,建筑部门也有规范可供参考:

1 《铁路桥涵地基和基础设计规范》(TB 10002.5—2005);

2 《公路地基处理设计施工实用技术》(张留俊等编著,人民交通出版社,2004);

3 《湿陷性黄土地区建筑规范》(GB 50025—2004)。

4.6.1~4.6.5 在上覆土的自重压力下,土层受水浸湿发生湿陷,称自重湿陷性土。在上覆土的自重压力下,土层受水浸湿不发生湿陷,称自重非湿陷性土。各条内容取自《铁路桥涵地基和基础设计规范》(TB 10002.5—2005),该规范在制定时也参考了《湿陷性黄土地区建筑规范》(GB 50025—2004)。

4.6.6 本条参考《公路地基处理设计施工实用技术》第4章第2节编写。本规范主要推荐换填法(垫层法)、强夯法、灰土挤密桩法三种,这些方法较为常用;此外,振冲法(适用于饱和黄土)、高压喷射注浆法,也可用于黄土地基处理。关于黄土地基处理的设计和施工,除前述有关资料可作参考外,《建筑地基处理技术规范》(JGJ 79—2002),也适用于黄土地基处理的设计和施工。

1 湿陷性黄土地基上的桥涵设计应注意下列事项:

1)湿陷性黄土地基可采用垫层法(换填法)、强夯法、振冲法、土或灰土挤密桩法等方法进行处理。选择地基处理方案时,应经过技术经济比较,选用加强上部结构、基础和处理地基相结合的方案。

2)湿陷性黄土地区的桥涵,宜设置在原有沟床上,并宜采用适应沉降的结构。涵洞不应采用分离式基础。

3)处理后的地基承载力应满足设计要求,且其下卧层顶面的承载力不应小于下卧层顶面的附加压力与自重压力之和。

4)处理后的地基干密度不应小于1.6t/m^3。

2 在湿陷性黄土地基上设置的垫层,可采用灰土垫层、素土垫层和砂砾垫层。灰土垫层应用最广;素土垫层主要用于灰土垫层下面挖出的湿土的回填处理;砂砾垫层则仅适用于地下水位较高及黄土层下卧卵砾石或岩石出露地段。灰土垫层按石灰与土以3:7拌和,在设计与施工中应符合下列要求:

1)采用优质石灰,与土料拌和均匀,加水至最佳含水量后充分闷料。

2)灰土垫层应分层压实或夯实,分层厚度不大于150mm,按重型击实标准的压实度不小于95%。

3)灰土垫层总厚度。对于非自重湿陷性黄土地基,垫层总厚度不宜小于1.0m,并使其下面各天然土层所受的压力小于湿陷起始压力;对于自重湿陷黄土地基,垫层总厚度不宜小于2.0m,并应保证其下卧层顶面的承载力不小于下卧层顶面的总压力(附加压力与土自重压力之和)。

4)灰土垫层每边超出基础边缘外的宽度不应小于其厚度,且不宜小于1.5m。灰土垫层以下宜设置一层1.0~1.5m厚的素土垫层,其基底应夯实。

3 湿陷性黄土地基采用强夯法处理应注意以下事项:

1)强夯前应先进行试夯,试夯应按设计要求选点进行。

2)被处理的地基的天然含水量宜低于塑限含水量的1%~3%。当含水量低于10%时,宜加水至塑限含水量;当土的天然含水量大于塑限含水量3%时,宜采取措施适当降低含水量。

4 湿陷性黄土地基采用灰土挤密桩法,石灰和土的比例可取2:8~3:7。石灰宜采用新鲜消石灰,其颗粒不应大于5mm。灰土填料中的土料宜选蒙脱石、高岭石、伊利石等矿物成分的黏土,且不应含有有机物;土料pH值不宜小于7,且土颗粒不应大于15mm。

灰土桩沉管机的吨位一般为0.5~2.5 t,其相应沉管直径为0.3~0.6m,处理深度5~15m。

5 桩基础

5.1 一般规定

5.1.1 合理地选择桩类和桩型是桩基设计中的重要环节，有关桩的分类说明如下：

1 按承载性状分类

桩在竖向荷载作用下，桩顶荷载由桩侧阻力和桩端阻力共同承受，而桩侧阻力、桩端阻力的大小及分担荷载比例，主要由桩侧和桩端地基土的物理力学性质、桩的尺寸和施工工艺所决定。传统的分类法是将桩分成摩擦桩和端承桩两大类。

2 按成桩方法分类

大量工程实践表明，成桩挤土效应对桩的承载力、成桩质量控制和环境等有很大影响，因此，根据成桩方法和成桩过程的挤土效应，将桩分为非挤土桩、部分挤土桩和挤土桩三类。

在饱和软土中设置挤土桩，如设计和施工不当，就会产生明显的挤土效应，导致未初凝的灌注桩桩身缩小乃至断裂、桩上涌和移位、地面隆起等，从而降低桩的承载力；有时还会损坏邻近建筑物；桩基施工后，还可能因饱和软土中孔隙水压力消散，土层产生再固结沉降，使桩产生负摩阻力，降低桩基承载力，增大桩基沉降。挤土桩只有设计和施工得当，才可收到良好的技术经济效果。

在非饱和松散土中采用挤土桩，其承载力明显高于非挤土桩。因此，正确地选择成桩方法和工艺，是桩基设计中的重要环节。

5.1.2 钻(挖)孔桩在多种土类中都可采用，但挖孔桩宜用于无地下水或地下水量不多的地层。

在流动状态的土层及可能发生流砂的土层内，钻(挖)孔桩的施工较为困难，因此对淤泥及流砂地基应先做施工工艺试验，取得经验后方可决定取舍。

沉桩包括锤击、静压、振动下沉和射水下沉的桩。沉桩可以采用斜桩来抵抗较大的水平力，在某些情况下要比采用竖直的钻孔桩有利。例如，桩数量较多，而现场又有打桩设备和搬移桩架等有利条件，可以考虑采用沉桩。在有严重流砂的河床内，若采用钻孔桩施工比较困难，也可以采用沉桩。碎、卵石类土地基可采用射水沉桩方法施工。

5.1.5 摩擦桩的沉降一般大于端承桩的沉降，为防止桩基产生不均匀沉降，在同一桩基中，不宜同时采用摩擦桩和端承桩。在同一桩基中，采用不同直径、不同材料和桩端深度相差过大的桩，不仅设计复杂，施工中也易产生差错，故不宜采用。

5.2 构造

5.2.1 桩的直径应根据受力大小、桩基形式和施工条件等综合因素确定。一般情况下,钻孔灌注桩的设计直径宜采用0.8~3.2m;挖孔桩直径或最小边宽不宜小于1.2m。

钢筋混凝土管桩直径一般采用0.4~0.8m,是为适应现有的沉入桩施工的机具设备;管壁最小厚度80mm,是指用离心旋转机制造时的壁厚。

5.2.2 混凝土桩

锤击或振动下沉的钢筋混凝土方桩和管桩都是预制的,其桩身配筋除应符合基础结构的强度要求外,并应满足运输、起吊和沉桩时的受力要求,所以需要通长配筋。锤击或振动下沉的过程中,桩的两端受力较大,尤其在坚硬的土层中受力更大,故桩两端的箍筋或螺旋筋要适当加密其间距。

钻(挖)孔桩是先钻(挖)孔,随后就地灌注混凝土制成的,没有吊运、下沉等工序,因此,钻(挖)孔桩仅按结构受力要求分段配筋。当按内力计算不需要配筋时,应在桩顶3.0~5.0m内设构造钢筋。为防止钢筋骨架在成形或吊装过程中产生太大的变形,一般规定主筋的最小直径不应小于16mm,且每桩主筋数量不应少于8根。为使灌注的混凝土能顺畅地从钢筋笼骨架内溢出,主筋的净距不应小于80mm,但也不应大于350mm。如配筋较多时,可将钢筋成束布置,每束不应多于3根。为防止因骨架移动发生露筋现象,钢筋净保护层厚度不应小于60mm。箍筋直径不应小于主筋直径的1/4,且不应小于8mm。当骨架较重时,为增加吊装时的骨架刚度,一般沿钢筋笼骨架每隔2.0~2.5m设置直径16~22mm的加劲箍一道。

钢筋混凝土桩采用法兰盘接头。为节省用钢量和加快施工进度,应尽量减少接头数量,可根据施工条件,决定分节长度。

5.2.3 钢桩

钢桩选材在满足使用和安全的前提下,应注意经济合理。由于工程所处环境、水质和气候等条件不同,钢材腐蚀的特点亦有所不同,设计时应综合考虑。耐腐蚀特种钢,因价格较贵,选用时应慎重。

钢桩偏差不仅要在制作过程中控制,运到工地后在施打前还应检查。这是因为出厂后在运输或堆放过程中会因措施不当而造成桩身局部变形。此外,出厂成品均为定尺钢桩,而实际施工时都是由数根焊接而成,但定尺桩组合后的长度不一定等于桩的需要长度,所以多数情况下,最后一节为非定尺桩,这就要进行切割。因此应对切割后的节段及拼接后的桩进行外形尺寸检验。钢管桩出厂时,两端应有防护圈,以防坡口受损;对H型桩,因其刚度不大,若支点不合理,堆放层数过多,均会造成桩体弯曲,影响施工。

选择焊条或焊丝的型号应与构件钢材的强度相适应,焊剂应与焊丝相适应。

材料强度设计值引自现行国家标准《钢结构设计规范》。

钢桩的纵缝和环缝都属于主要结构焊缝，均应采用对接，不得采用搭接或其他形式。为了保证焊接质量，尽可能进行工厂焊接，并采用双面施焊。如不能采取双面施焊，则应设内衬板单面施焊，或采用其他可靠的焊接工艺，否则焊缝强度应适当降低。

H型桩或其他薄壁钢桩不同于钢管桩，其断面与刚度本来就很小，为保证应有的刚度和强度不致因焊接而削弱，一般应加连接板。

H型桩，其刚度不同于钢管桩，且两个方向的刚度不一，很容易在刚度小的方向发生失稳，因而要对施工锤重予以限制。如在刚度小的方向设约束装置，则有利于顺利沉桩。

接桩前和沉桩后对桩顶作局部切割处理是为了避免因桩顶发生局部变形后，影响桩的防腐性能和使用要求。

铰接结构构造复杂，且对桩顶抗腐蚀不利，工程中一般按固接设计。桩顶的锚固受力状态较为复杂，一般采用应力叠加的方法计算。桩顶锚固形式应满足下列要求：

钢管桩与承台之间应采用固接连接。

固接连接有桩顶直接伸入承台内和桩顶通过锚固铁件或钢筋伸入承台内两种形式，见本条文说明图5-1。

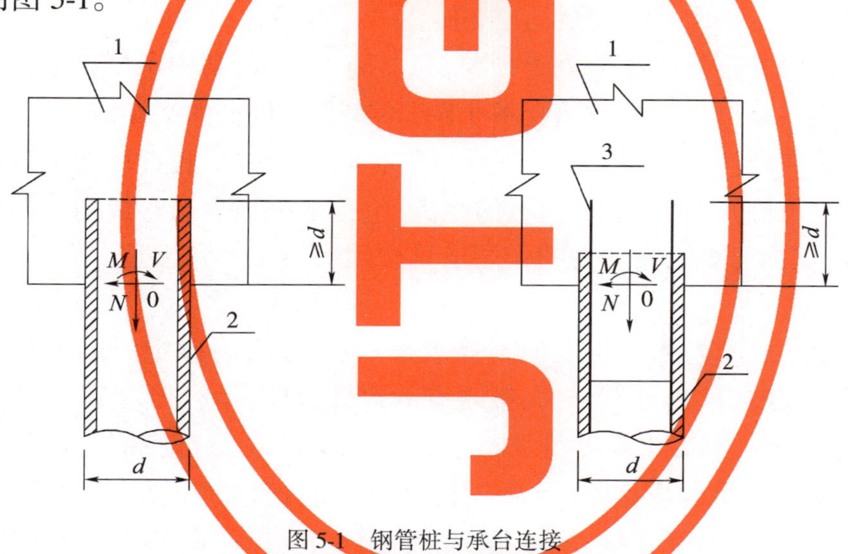

图5-1 钢管桩与承台连接

1-承台；2-钢管桩；3-锚固铁件

桩顶固接连接时，应能承受桩顶弯矩、剪力和轴向力等作用，并应按本条文说明表5-1的规定验算。

表5-1 桩顶锚固验算项目

荷载情况 \ 固接形式	桩顶直接伸入承台	桩顶通过锚固铁件伸入承台
轴向压力	桩顶混凝土的挤压和冲切	
轴向拉力	桩顶锚固深度	锚固铁件的截面面积、锚固长度和焊缝长度
水平剪力、弯矩	桩侧混凝土的挤压应力	桩侧混凝土的挤压和铁件应力

注：1. 桩顶直接伸入承台时，桩顶伸入的最小深度不应小于1倍桩径。

2. 桩顶通过锚固铁件或钢筋伸入承台时，桩顶伸入的深度不应小于100mm。

3. 当桩受轴向拉力时，桩顶直接伸入承台的部分必要时可加焊锚固铁件。

5.2.4 桩的布置和中距

1 桩的排列应根据受力大小和施工条件确定,一般群桩的布置宜采用对称排列;若承台面积不大,桩数较多,则可采用梅花形或环形排列。

2 摩擦桩的群桩中距,从受力考虑最好是使各桩端平面处压力分布范围不相重叠,以充分发挥其承载能力。根据这一要求,经试验测定,中距定为 $6d$(d 为直径或边长)。但桩距如采用 $6d$ 就需要很大面积的承台,故一般采用的群桩中距均小于 $6d$。为了使桩端平面处相邻桩作用于土的压力重叠不致太多,以致因土体挤密而使桩打不下去,故根据经验规定锤击、静压沉桩在桩端平面处的中距不小于 $3d$;振动下沉桩,因土的挤压更为显著,所以规定在桩端平面处中距不小于 $4d$。桩在承台底面处的中距均不应小于桩径(或边长)的 1.5 倍。

钻孔桩不存在沉桩过程中相互影响或打不下去的现象,为减小承台面积,其中距可以适当减小。但中距过小会使桩间土体与桩侧间的摩擦支承作用降低,故规定不小于 $2.5d$。

挖孔桩的摩擦桩中距,可参照钻孔桩采用。

端承桩因桩尖处不发生压力重叠现象,只要施工许可,其中距可比摩擦桩适当减小。

支承或嵌固在基岩中的钻(挖)孔桩中距,不应小于桩径的 2.0 倍。

钻(挖)孔扩底灌注桩中距不应小于 1.5 倍扩底直径或扩底直径加 1.0m,取较大者。

3 边桩(或角桩)外侧至承台边缘的距离,应保证桩顶主筋弯成喇叭形后还有足够的保护层,同时在桩顶弯矩及横向力的作用下承台边缘圬工不致破裂。

5.2.5 承台厚度、配筋和混凝土强度等级,一般应按受力确定。但承台受力情况比较复杂,目前还没有较成熟的计算方法,按现有的设计经验,承台厚度宜为桩直径 1.0~2.0 倍,且不宜小于 1.5m,混凝土强度等级不应低于 C25,并在承台底部的桩顶布置一层钢筋网。当桩顶主筋伸入承台连接时,此项钢筋网须全长通过桩顶,并与桩的主筋绑扎在一起,以防止承台受拉区裂缝开展,见本条文说明图 5-2。当桩顶不破头直接埋入承台内时,

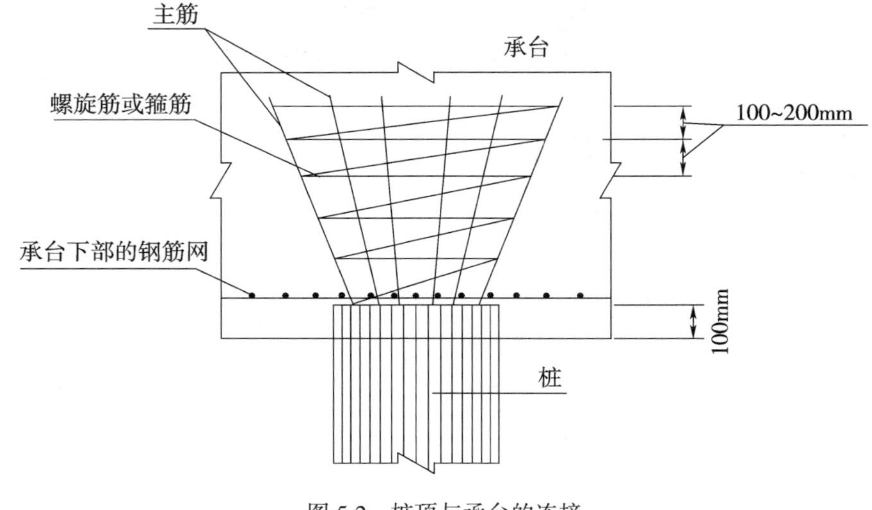

图 5-2 桩顶与承台的连接

应在桩顶面上设一两层局部钢筋网，钢筋直径不小于 12mm，钢筋网每边长度不小于桩径的 2.5 倍，网孔为 100mm × 100mm ~ 150mm × 150mm。

承台计算可按照现行《公路钢筋混凝土及预应力混凝土桥涵设计规范》(JTG D62)的有关章节进行。

横系梁的构造钢筋按不小于其横截面面积的 0.15% 设置。

5.2.6 为加强桩和承台的连接，本规范规定，混凝土桩顶埋入承台内 100mm。

5.3 计算

5.3.1 桩的计算

1 假定承台底面以上全部荷载由桩承受。从一些旧桥的开挖检验中发现，承台底面与地基土有脱离现象，故不考虑承台底面的地基土分担承台底面以上的竖直荷载。

2 桥台土压力一般自填土前的原地面起算，当有开挖时，则自基坑底面起算。对老填土或冲积填土，所谓“原地面”仍指填新土前的地面。当台前陡坎距离较近时，土压力应自陡坎下地面起算；当先填土后施工桥台，且填土质量有充分保证时，土压力可自填土后的地面起算。

5.3.2 当桩穿过软土和软弱地基土层并达到坚实土层，桩侧软弱土层上有竖向荷载作用(如路基填土)，导致桩周土层的压缩下沉量大于桩的竖向位移值(包括桩身压缩和桩端下沉)，或土层中地下水位下降引起地面大面积下沉，而使土层的压缩下沉速度大于桩身的下沉速度时，均需考虑压缩土层对桩身产生向下的负摩阻力。目前，国内外对负摩阻力的计算方法研究尚不够完善，计算方法较多，且差异较大，而现场试验则投入大、周期长。因此，多根据有关资料按经验公式进行估算。本条文说明建议按以下方法计算单桩负摩阻力：

$$N_n = u\sum_{i=1}^{n} q_{ni} l_i \tag{5-1}$$

$$q_{ni} = \beta\sigma'_{vi} \tag{5-2}$$

式中：N_n——单桩负摩阻力(kN)；

u——桩身周长(m)；

l_i——中性点以上各土层的厚度(m)；中性点深度 l_n 应按桩周土层沉降与桩沉降相等的条件计算确定，无法按计算确定的，也可参照表 5-2 确定；

q_{ni}——与 l_i 对应的各土层与桩侧负摩阻力计算值(kPa)，当计算值大于正摩阻力时，取正摩阻力值；

β——负摩阻力系数，可按表 5-3 取值；

σ'_{vi}——桩侧第 i 层土平均竖向有效应力(kPa)，$\sigma'_{vi} = p + \gamma'_i z_i$；

γ'_i——第 i 层土层底以上桩周土按厚度计算的加权平均浮重度；

z_i——自地面起算的第 i 层土中点深度;

p——地面均布荷载。

表 5-2　中性点深度 l_n 的确定

持力层性质	黏性土、粉土	中密以上砂	砾石、卵石	基岩
中性点深度比 l_n/l_0	0.5~0.6	0.7~0.8	0.9	1.0

注:1. l_n、l_0 分别为中性点深度和桩周沉降变形土层下限深度。

2. 桩穿越自重湿陷性黄土层时,按表列值增大 10%(持力层为基岩除外)。

表 5-3　负摩阻力系数 β

土　类	β	土　类	β
饱和软土	0.15~0.25	砂土	0.35~0.50
黏性土、粉土	0.25~0.40	自重湿陷性黄土	0.20~0.35

注:1. 在同类土中,对于打入桩或沉管灌注桩,取表中较大值;对于钻(冲)挖孔灌注桩,取表中较小值。

2. 填土按其组成取表中同类土的较大值。

注意,按式(5-1)计算得单桩负摩阻力值不应大于单桩所分配承受的桩周下沉土重(以桩为中心,水平方向 1/2 桩间距、竖向 l_n 深度范围内土体的重量)。而对于群桩的负摩阻力问题,建议按照单桩负摩阻力计算方法进行群桩中任一单桩的下拉荷载计算。

在桩基设计中,可采用某些措施(如预制桩表面涂沥青层等)来降低或消除负摩阻力。

5.3.3　摩擦桩单桩轴向受压承载力容许值$[R_a]$的计算

1　钻(挖)孔桩单桩轴向受压承载力容许值计算公式$[R_a]=\frac{1}{2}u\sum_{i=1}^{n}q_{ik}l_i+A_pq_r$中,第一项是桩侧总摩阻力容许值,第二项是桩端总承载力容许值。

1)关于桩侧土的摩阻力标准值 q_{ik}(kPa)

土的分类取用本规范第 3.1 节的规定,q_{ik} 值基本采用原规范数据并略有调整。

2)桩端处土的承载力容许值 q_r(kPa)

$$q_r=m_0\lambda\{[f_{a0}]+k_2\gamma_2(h-3)\} \tag{5-3}$$

本次规范修订,q_r(相当于原规范$\frac{1}{2}\sigma_R$)的计算公式仍沿用原规范方式,但数值有所修正。

q_r 的上限值不是由公式计算得出的最大值,而是基于大量实测资料得到的。

近些年的实际应用中发现,原规范某些情况下 q_r 的计算结果大出实测值较多,故本次规范的修订过程中,收集统计了较理想的 113 根试桩资料(均为桩顶变位较大的试桩,包含了用于制定原规范的 105 根试桩中的 15 根),提出了 q_r 的上限值。

当桩端持力层为黏性土时未限制 q_r 的上限,因为从实测数据来看,部分试桩的测试结果要大于由公式计算得到的可能最大值。

当桩端持力层为砂土时,按照粉砂 1 000kPa,细砂 1 150kPa,中砂、粗砂、砾砂 1 450kPa 三大类规定了 q_r 的上限。

当桩端持力层为碎石土时，取 2 750kPa 为 q_r 的上限。

当有可靠的试验结果表明 q_r 值超过上述规定值时，可按实测结果采用。

在本规范表 5.3.3-3 及其注释中，调整 $\frac{t}{d}$ 的比值和按桩径大小限制桩端沉淀土厚度，是由于施工水平提高的缘故。

3)关于地面或局部冲刷线以下桩身自重问题

本规范推荐公式中的 q_{ik}和 q_r 基本采用了原规范的数值和计算公式，这些值多数是以中小直径的中长、短桩静载试验为依据而确定的。静载试验前桩身自重力业已在土中取得平衡，设计中不必计入桩重力。但考虑到桩身自重与置换土重之差会引起沉降，为保证安全，将桩身自重与置换土重之差作为超载考虑。

对于上述问题，《铁路桥涵地基和基础设计规范》(TB 10002.5—2005)、日本规范《道路橋示方書》和《英国基础规范》(BS 8004)也将桩入土部分所置换土体而增加的重力作为超载处理。

2 根据近年来使用和测试结果，原规范的沉桩承载力的计算与实际情况没有大的出入，故未变动。

5.3.4 本规范给出嵌岩桩(不包括强风化、全风化岩)单桩承载力的计算模式为：承载力一般由桩周土总侧阻力、嵌岩段总侧阻力和总端阻力三部分组成。

1 关于上覆土层侧阻力问题，以往有这样一种概念：凡嵌岩桩必为端承桩，凡端承桩均不考虑土层侧阻力。研究结果表明：随着上覆土层的性质和厚度的不同，嵌入基岩性质和深度的不同，以及桩端沉渣厚度不同，桩侧阻力、端阻力的发挥性状也不同。大量现场试验结果表明，一般情况下，即使桩端置于新鲜或微风化基岩中，上覆土层的侧阻力也是可以发挥的。

本次规范修订过程中，收集统计了较理想的 151 根试桩资料(均为桩顶变位较大的试桩)，结果表明上覆土层的侧阻力都是发挥的。为安全起见，当 $2\text{MPa} \leqslant f_{rk} < 15\text{MPa}$ 时，$\zeta_s = 0.8$；当 $15\text{MPa} \leqslant f_{rk} \leqslant 30\text{MPa}$ 时，$\zeta_s = 0.5$；当 $f_{rk} > 30\text{MPa}$ 时，$\zeta_s = 0.2$；当 $f_{rk} < 2\text{MPa}$ 时按摩擦桩计算。

2 持力层岩性问题。实际上有大量的工程采用了中风化层作为桩基持力层，本规范岩性划分时考虑中风化层，故本次修订考虑了中风化层作为持力层的情况。为安全起见，c_1、c_2 值还应分别乘以 0.75 的折减系数。

3 系数 c_1、c_2 的选择主要由孔中泥浆的清除情况及钻孔有无破碎等因素决定，同时也受嵌岩深度和施工工艺的影响。同时摩阻力系数 c_2 要适当考虑孔壁粗糙度的影响。根据冲击钻钻岩石的经验，坚硬的岩石和很软的岩石，孔壁的粗糙度比中等强度的岩石要平滑些。本规范表 5.3.4 将 c_1、c_2 的数值划分为三类，根据具体情况选用。当嵌岩段桩长过短，入岩深度小于或等于 0.5m 时，综合考虑各种因素，c_1 采用表列数值的 0.75 倍，$c_2 = 0$；对于钻孔桩，系数 c_1、c_2 值可降低 20%采用。

本条所述嵌岩桩系指桩端嵌入中风化岩、微风化岩或新鲜岩，桩端岩体能取样进行单轴抗压强度试验的情况。对于桩端置于强风化岩中的嵌岩桩,由于强风化岩不能取样成型,其强度不能通过单轴抗压强度试验确定。这类强风化嵌岩段极限承载力参数标准值可根据岩体的风化程度按砂土、碎石类土取值,按摩擦桩计算。

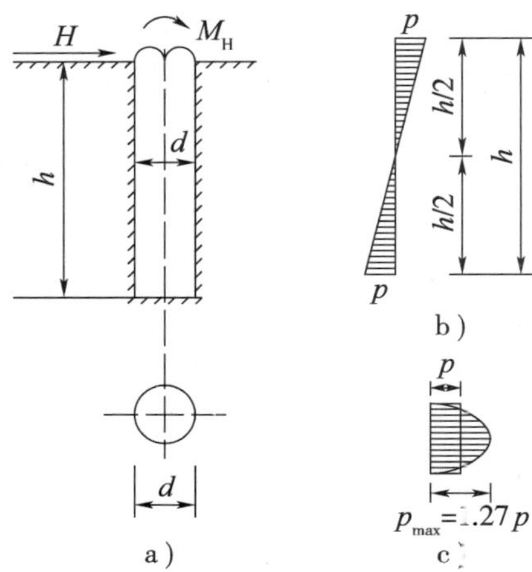

图 5-3　压力分布图

5.3.5　根据编写组的专题研究报告,嵌岩桩嵌入基岩中深度的计算公式,在 $f_{rk} \geqslant 2\text{MPa}$ 时适用。

公式按下列假定求得:

1　圆形桩

1)桩在嵌固深度 h 范围内的应力图形,假定按两个相等三角形变化[图 5-3b)];

2)桩侧压力的分布,假定最大压力 p_{max} 等于平均压应力 p 的 1.27 倍[图 5-3c)];

3)水平力 H 和桩端摩阻力对桩的影响略而不计。

$$p_{max} = c\beta f_{rk} \tag{5-4}$$

式中:c——安全系数,采用 0.5;

β——岩石的竖直抗压强度换算为水平抗压强度的折减系数;

f_{rk}——岩石饱和单轴抗压强度标准值(kPa),黏土质岩取天然湿度单轴抗压强度标准值。

$$\begin{aligned} M_H &= \left(\frac{1}{2}p \times \frac{h}{2} \times d\right) \times \left(2 \times \frac{2}{3} \times \frac{h}{2}\right) \\ &= \frac{1}{6}ph^2 d = \frac{1}{6} \times \frac{p_{max}}{1.27} \times h^2 d \\ &= \frac{1}{7.62}c\beta f_{rk} h^2 d = 0.131 \times 0.5\beta f_{rk} h^2 d \\ &= 0.065\ 5\beta f_{rk} h^2 d \end{aligned}$$

$$h = \sqrt{\frac{M_H}{0.065\ 5\beta f_{rk} d}}$$

2　矩形桩

除 $p_{max} = p$ 以外,其他假定均与圆形桩同。

$$\begin{aligned} M_H &= \left(\frac{1}{2}p \times \frac{h}{2} \times b\right) \times \left(2 \times \frac{2}{3} \times \frac{h}{2}\right) \\ &= \frac{1}{6}ph^2 b = \frac{1}{6} \times 0.5\beta f_{rk} h^2 b \\ &= 0.083\ 3\beta f_{rk} h^2 b \end{aligned}$$

$$h = \sqrt{\frac{M_H}{0.083\ 3\beta f_{rk} b}}$$

上述公式未考虑钻孔底面承受挠曲力矩的影响,根据已有的试验资料验证,计算的深度偏于安全。

5.3.6 桩端后压浆浆液通过渗透(粗粒土)和劈裂(细粒土)形式在沉渣和桩端一定范围土体中扩散,从而起到加固作用。试验表明,浆液循桩侧泥皮和软弱扰动层向上扩散8.0~12.0m的高度(粗粒土取低值、细粒土取高值),对桩侧阻力起增强作用。这说明桩端压浆既增强端阻又使桩端以上一定范围的侧阻力得到增强。该现象,通过开挖观察和桩身轴力测试均得到证实。

本次规范修订过程中,收集统计了较理想的69根桩端后压浆试桩资料(均为桩顶变位较大的试桩),经统计归纳后得出本规范表5.3.6中的计算系数。

桩端后压浆应注重以下技术指标,从而保证后压浆对桩承载力的提高作用:①浆液水灰比;②桩端压浆终止压力;③持荷时间;④压浆流量;⑤压浆量。详见本规范附录N。

5.3.7 表5.3.7中永久作用与可变作用组合,包括所有可能同时出现,且对桩受压承载力不利的作用在内。表中作用效应偶然组合,由于其中偶然作用发生的概率很小,作用时间极短,故它们的桩承载力容许值均需乘以大于1.0的抗力系数;施工阶段作用是临时性的,此时,桩承载力容许值也应乘以大于1.0的抗力系数。

5.3.8 由试验得知,当桩上拔时,桩四周的土能较自由地向上凸起;而桩受压时桩四周的土互相挤压,桩下沉就比较困难。因此,两者摩阻力不同,拔桩时土对桩侧的摩阻力比桩下沉时的摩阻力要小得多。根据国内外的研究,对于黏性土和粉土,拔桩时土的摩阻力等于桩受轴向压力时摩阻力的0.6~0.8倍;对于砂土,拔桩时土的摩阻力等于桩受轴向压力时摩阻力的0.5~0.7倍。为安全起见,统一取为0.6;考虑安全系数后,本规范公式(5.3.8)内取0.3。

对于扩底桩,当桩长与桩径之比$\sum l_i/d \leqslant 5$时,桩(土)自重可取扩大端圆柱体投影面形成的桩(土)自重。这时破坏体周长为πD,单桩的抗拔极限侧阻力标准值仍取桩侧表面土的标准值。

对于$\sum l_i/d > 5$的扩底桩,其抗拔破坏模式受土的压缩性影响,桩上段的剪切面将转变为发生于桩土界面,即破坏柱体直径由D减小为d,因此其剪切面周长以$\sum l_i/d = 5$为界分段计算。

5.3.9 桩在水平荷载作用下的内力计算,有m法、常数法、c法、k法等。大量试验和大量工程实践表明m法较为适用,其地面位移不宜超过10mm。在水深流急的情况下,桩承受水平力作用,一般地面处的位移多大于10mm,属非线性。考虑到m法已为广大工程技术人员所熟悉,又有现成无量纲系数表格,当作用于桩上水平荷载较小,或桩在地面处的位移不超过10mm时,m法偏差较小,使用又较方便,故仍采用m法。

5.3.10 桩应验算桩身强度、稳定性及裂缝宽度。验算方法可按照现行《公路钢筋混凝土及预应力混凝土桥涵设计规范》(JTG D62)的有关规定进行。

5.3.11 群桩的破坏形式,可能是整体破坏,也可能是单桩刺入破坏。

整体破坏时群桩作为整体基础验算桩端平面处土的承载力,验算方法按附录 R 进行。

单桩刺入破坏应按单桩承载力考虑。

5.3.12 桩身压缩量宜按实际摩阻力分布计算。当缺乏相关资料时,可按下式估算:

$$\text{桩身压缩量(mm)} \approx \frac{Pl}{2EA_p} \tag{5-5}$$

式中:P——桩顶荷载(kN);

l——桩长(mm);

E——桩身混凝土抗压弹性模量(kN/mm^2);

A_p——桩身截面面积(mm^2)。

6 沉井基础

6.1 一般规定

6.1.1 沉井在深基础施工中具有很多优点，如技术上比较稳妥可靠，施工操作简便等。同时，由于沉井基础埋置较深，稳定性好，能支承较大荷载。当沉井遇有流砂、蛮石、树干或老桥基等难以清除的障碍物时，下沉是非常困难的，故上述情况下应尽量避免采用沉井基础。河床覆盖层下如遇有倾斜度较大的需要奠基的岩层，也会增加了沉井施工难度。

6.1.2 沉井下沉是靠在井孔内不断取土，在沉井重力作用下克服四周井壁与土的摩阻力和刃脚底面土的阻力而实现的，所以在设计时应首先确定沉井在自身重力作用下是否有足够的重力使沉井顺利下沉。下沉系数 $k = G/R$ 可取 1.15 ~ 1.25，其中 G 为沉井自重，R 为沉井底端地基总反力 R_r 与沉井侧面总摩阻力 R_f 之和；R_f 计算可假定单位面积摩阻力沿深度呈梯形分布，距地面 5m 范围内按三角形分布，其下为常数，$R_f = u(h-2.5)q$，式中 u 为沉井下端面周长，h 为沉井入土深度，q 为井壁单位面积摩阻力加权平均值。

井壁与土体之间的摩阻力，可根据沉井所在地点土层已有测试资料来估算，也可以参考以往类似的沉井设计中的侧面摩阻力采用之。如无资料，对下沉深度在 20m 以内，最大不超过 30m 的沉井，可参照本规范表 6.1.2 的数值选用。

6.2 构造

6.2.1 沉井平面形状有圆形、圆端形、正方形和长方形等。桥梁基础当采用圆端形或长方形时，为保持其下沉的稳定性，长边与短边之比宜小。

沉井平面尺寸的大小，主要由地基土的容许承载力决定。同时，在水流冲刷大的河床上，应考虑阻水较小的截面形式。

沉井棱角处宜做成圆角或钝角，使沉井在平面框架受力状态下受力均匀，减少井壁摩擦面积和不至于形成死角。

沉井的井孔最小尺寸，应视取土机具而定，一般不宜小于 2.5m。

6.2.2 沉井一般分节下沉，如土质松软，沉井底节的高度以不超过 $0.8b$（b 为沉井宽度）为宜。如沉井高度在 8m 以下，地基土质情况和施工条件都许可时，沉井也可以一次浇成。

沉井外壁，可做成柱形、阶梯形、锥形。

6.2.3 沉井井壁的厚度，与下沉深度、土的摩阻力及施工方法有密切关系。沉井靠自身重力下沉，井壁较厚，可采用 0.8~1.5m；在深水河流中，流速在 2m/s 以内，可采用钢筋混凝土薄壁或钢模薄壁浮运沉井。

6.2.4 沉井沉入坚硬土层或沉抵岩层者，宜采用尖刃脚或用型钢加强刃脚；沉入松软土层者，宜采用带有踏面的刃脚。沉井刃脚斜面在保证受弯和受剪的强度要求下，应尽量做得陡些，所以规定斜面与水平面交角不应小于 45°。

沉井内隔墙底面比刃脚底面应至少高出 0.5m，以减少下沉时的阻力。

在倾斜的岩面上采用高低刃脚的沉井时，必须有足够的钻探资料，确切掌握岩面的高低变化，使刃脚做成与岩面倾斜度相适应的台阶或斜坡形，以使刃脚嵌入岩层，便于取土清基而不致翻砂。

6.2.5 沉井材料可根据土质软硬采用混凝土适当配以构造钢筋、钢筋混凝土和钢材等。《公路钢筋混凝土及预应力混凝土桥涵设计规范》(JTG D62—2004)第 9.1.2 条规定，偏心受压构件最小配筋率为 0.5%，受弯构件最小配筋率为($45f_{td}/f_{td}$)%且不小于 0.2%，较原规范有所提高。本规范沿用 1975 年、1985 年规范规定，沉井配筋率不应小于 0.1%。对于沉井底节(包括刃脚)，其中刃脚受力难以准确计算，因此，最小配筋率不宜过小。对薄壁沉井，仍宜采用较大的配筋率，不应仅满足于最小限值。

6.2.6 沉井井孔内是否需要填实应根据沉井受力和稳定的要求来确定。一般井孔填料，可采用混凝土、片石混凝土或浆砌片石；在非冰冻地区，封底以后也可采用砂砾填心或仅封底而不填心，此时顶面需设钢筋混凝土盖板。在沉井底部，封底混凝土应足以平衡沉井底面水浮力。

6.3 计算

6.3.1 沉井作为整体基础来计算。

1)先根据荷载、水文地质条件及各土层的工程特性等定出沉井的轮廓尺寸。

2)验算沉井基底承载力、偏心距、滑动及倾覆稳定等以满足设计要求。

3)可考虑扣除冲刷后土对井壁约束作用。

6.3.2 1 沉井底节验算

1)当排水挖土下沉时，沉井的支承位置可以控制在受力最有利的范围。对于圆端形或长方形沉井，当其长边大于 1.5 倍短边时，支承点可设于长边，两支点的间距等于 0.7 倍边长(本规范图 6.3.2-1)，以使支承处产生的负弯矩与长边中点处产生的正弯矩绝对值大致相等，并按此条件验算沉井自重所引起的井壁顶部或底部混凝土的抗拉强度。

2)当不排水挖土下沉时,因无法控制支点位置,可将底节沉井作为梁并按下列假定的不利支承情况进行验算。

①假定底节沉井仅支承于长边的中点(本规范图 6.3.2-2)的点“2”,两端悬空,验算由于沉井重力在长边中点附近最不利竖截面上所产生的井壁顶部混凝土抗拉强度。

②假定底节沉井支承于短边的两端点(本规范图 6.3.2-2)的点“3”,验算由于沉井自重在短边中点处引起的刃脚底面混凝土的抗拉强度。

2 沉井井壁验算

1)沉井井壁竖向验算

当沉井沉到设计标高而刃脚下的土已被掏空时,井壁上部可能被土层夹住,井壁下部处于悬挂状态,井壁中段就会产生最大的竖向受拉。计算方法推导如下:

①等截面井壁

从井壁受竖向受拉的最不利条件考虑,假设摩阻力的分布如图 6-1 所示。

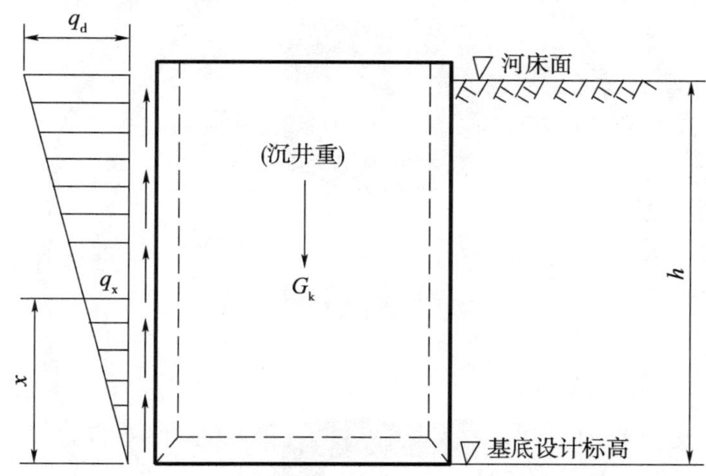

图 6-1 等截面沉井井壁竖向受拉计算图

因 $$G_k = \frac{1}{2} \cdot q_d \cdot h \cdot u$$

所以 $$q_d = \frac{2G_k}{hu}$$

又 $$\frac{q_x}{x} = \frac{q_d}{h}$$

所以 $$q_x = \frac{q_d}{h}x = \frac{2G_k}{hu} \times \frac{x}{h} = \frac{2G_k x}{h^2 u}$$

式中:G_k——沉井重力(kN);

u——井壁周长(m);

h——沉井入土深度(m);

q_d——作用于河床表面处的井壁上的单位摩阻力(kPa);

q_x——作用在距刃脚底面 x 高度处井壁上的单位摩阻力(kPa)。

井壁 x 处的拉力 P_x =(x 以下自重)-(x 高度内摩阻力),即:

$$P_x=\frac{G_k x}{h}-\frac{q_x xu}{2}=\frac{G_k x}{h}-\frac{2G_k x}{h^2 u}\cdot\frac{xu}{2}=\frac{G_k x}{h}-\frac{G_k x^2}{h^2} \tag{6-1}$$

为了求得 $P_{\max}$,令$\frac{\mathrm{d}P_x}{\mathrm{d}x}=0$

即

$$\frac{\mathrm{d}P_x}{\mathrm{d}x}=\frac{G_k}{h}-\frac{2G_k x}{h^2}=0$$

所以 $x=\frac{h}{2}$,将 x 代入公式(6-1)得:

$$P_{\max}=\frac{G_k}{h}\cdot\frac{h}{2}-\frac{G_k}{h^2}\left(\frac{h}{2}\right)^2=\frac{G_k}{2}-\frac{G_k}{4}=\frac{1}{4}G_k \tag{6-2}$$

②台阶形井壁(图 6-2)

因

$$G_{1k}+G_{2k}+G_{3k}+G_{4k}=0.5q_d hu$$

所以

$$q_d=\frac{2(G_{1k}+G_{2k}+G_{3k}+G_{4k})}{hu}$$

又

$$\frac{q_x}{x}=\frac{q_d}{h},\ q_x=\frac{x}{h}q_d$$

井壁 x 处拉力等于 x 范围内自重减去 x 范围内摩阻力,即:

$$P_x=G_x-\frac{1}{2}uq_x x \tag{6-3}$$

对台阶形井壁,每段井壁都应进行拉力计算,然后取最大值。通过计算,说明最大拉力发生在各截面变化处。

2)沉井井壁水平框架验算

沉井下沉至设计标高,刃脚下的土已被掏空,沉井井壁在水压力和土压力作用下井壁受最大水平力,此时把井壁作为水平框架来验算。这种水平弯曲验算分为两部分:

①刃脚根部以上高度等于井壁厚度 t 的一段井壁

验算位于刃脚根部以上其高度等于井壁厚度 t 的一段井壁,据此设置该段的水平钢筋。因这段井壁 t 又是刃脚悬臂梁的固定端,施工阶段作用于该段的水平荷载,除本身所受的水平荷载外,还承受由刃脚传来的水平力 Q(图 6-3)。作用在该段井壁上的平均荷载 q,即:

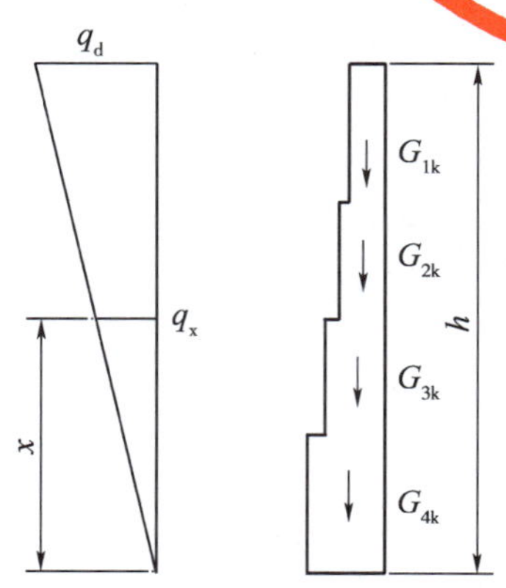

图 6-2　台阶形沉井井壁竖向受拉计算图

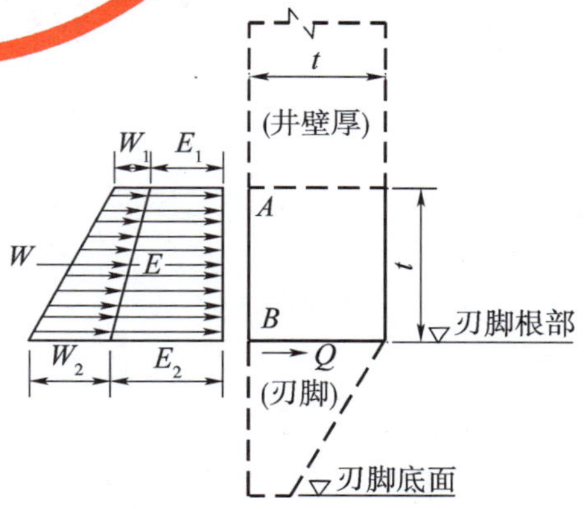

图 6-3　刃脚根部以上高度等于井壁厚度的一段井壁框架荷载分布图

$$q = W + E + Q \tag{6-4}$$

$$W = \frac{W_1 + W_2}{2} \cdot t \tag{6-5}$$

$$W_1 = \lambda h_1 \gamma_w \tag{6-6}$$

$$W_2 = \lambda h_2 \gamma_w \tag{6-7}$$

$$E = \frac{E_1 + E_2}{2} \cdot t \tag{6-8}$$

式中：q——作用在井壁高度 t 段上的均布荷载(kN/m)；

W——作用在井壁高度 t 段上的水压力(kN/m)；

W_1——作用在刃脚根部以上，高度 t 范围内截面 A 上的单位水压力(kPa)；

W_2——作用在刃脚根部截面 B 的单位水压力(kPa)；

t——井壁厚度(m)；

h_1、h_2——验算截面 A 和 B 距水面的高度(m)；

γ_w——水的重度($10kN/m^3$)；

λ——折减系数，排水挖土时，井内无水压，井外水压视土质而定，砂类土 $\lambda = 1.0$；黏性土 $\lambda = 0.7$；不排水挖土时，井外水压以 100% 计，$\lambda = 1.0$，井内水压以 50% 计，$\lambda = 0.5$；

E——作用在 t 段井壁上的土侧压力(kPa)；

E_1——作用在刃脚根部以上，高度 t 处 A 截面的单位土侧压力(kPa)，可按《公路桥涵设计通用规范》(JTG D60)有关土侧压力公式计算；

E_2——作用在刃脚根部处 B 截面的单位土侧压力(kPa)；

Q——由刃脚传来的水平力(kN/m)，其值等于作用在刃脚悬臂梁上的水平力乘以分配系数 α，见本规范公式(6.3.4-1)。

W 的作用点距刃脚根部为 $\frac{W_2 + 2W_1}{W_2 + W_1} \cdot \frac{t}{3}$，$E$ 的作用点距刃脚根部为 $\frac{E_2 + 2E_1}{E_2 + E_1} \cdot \frac{t}{3}$。

根据以上计算出来的 q 值，即可按框架分析求刃脚根部以上 t 高度内截面的作用效应。

②其余段井壁

其余各段井壁的计算，可按井壁断面的变化，将井壁分成数段，取每一段中控制设计的井壁(位于每一段最下端的单位高度)进行计算。作用在框架上的均布荷载 $q = W + E$。然后用同样的计算方法，求得水平框架内截面的作用效应。并将水平筋布置在全段上。

采用泥浆套下沉的沉井，在下沉过程中所受到的侧压力，应将沉井外侧泥浆压力按 100% 计算，因为泥浆压力一定要大于水压力及土压力总和，才能保证泥浆套不被破坏。

采用空气幕沉井，在下沉过程中受到土侧压力，根据试验沉井测量结果，压气时气压对井壁的作用不明显，可以略去不计，仍按普通沉井的有关规定计算。

在计算空气幕沉井下沉过程中结构强度时，由于井壁的摩擦力在开气时减小，不开气时仍与普通沉井相同。因此视计算内容，按最不利情况采用。

6.3.3 沉井刃脚验算。刃脚竖直方向和水平方向的弯曲应分别验算,用以布设刃脚竖直和水平钢筋并验算其混凝土的强度。在进行内力分析时,应按悬臂和框架分别进行计算。

1 刃脚作为悬臂梁计算其竖直方向的弯曲强度

1)刃脚向外弯曲。在沉井下沉过程中,刃脚内侧切入土中约 1m,而在地面以上或水面以上还露出一定高度或井壁全部筑就后的外露高度。此时,刃脚受井孔内土体的横向压力,在刃脚根部水平截面上则产生最大的向外弯矩,计算方法如下(图 6-4):

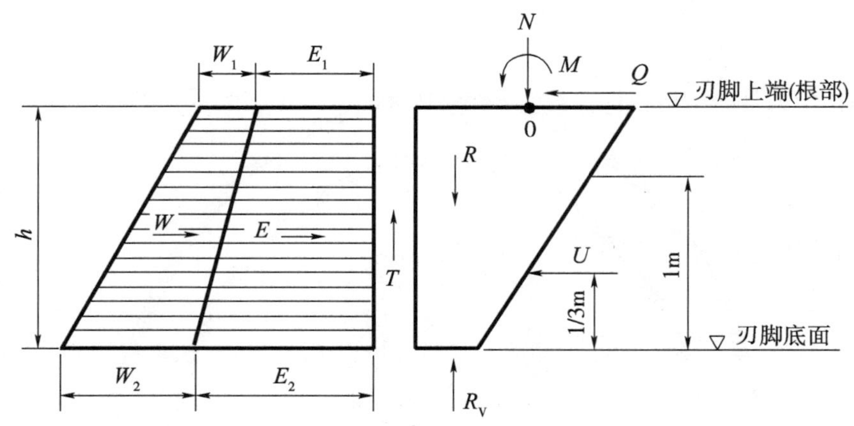

图 6-4 在刃脚上的外力

①沿井壁的水平方向取一个单位宽度,并按本规范第 6.3.2 条条文说明的方法计算作用在刃脚上的土侧压力 E 和水压力 W,其中 E_1、E_2 分别为刃脚上端和底面的土侧压力,W_1、W_2 分别为刃脚上端和底面的水压力。

在计算刃脚向外弯曲时,作用在刃脚外侧的计算侧土压力和水压力的总和,不应大于静水压力的 70%,否则就按 70%的静水压力计算。

②作用在井壁外侧单位宽度上的摩阻力 T 按以下两式计算,取其较小值(kN/m),目的为求得反力 R_V(图 6-5)最大值。

$$T = \mu \cdot E = \tan\varphi E = 0.5E \tag{6-9}$$

$$T = q \cdot A \tag{6-10}$$

式中:μ——摩擦系数,$\mu = \tan\varphi$;

φ——土内摩擦角,一般土在水中的内摩擦角可采用 26°30′,tan26°30′ = 0.5;

q——土与井壁间的单位摩阻力,按本规范第 6.1.2 条表 6.1.2 选用;

A——沉井侧面与土接触的单位宽度上的总面积(m^2),$A = 1 \times h = h$(h 为刃脚高度,以m 计);

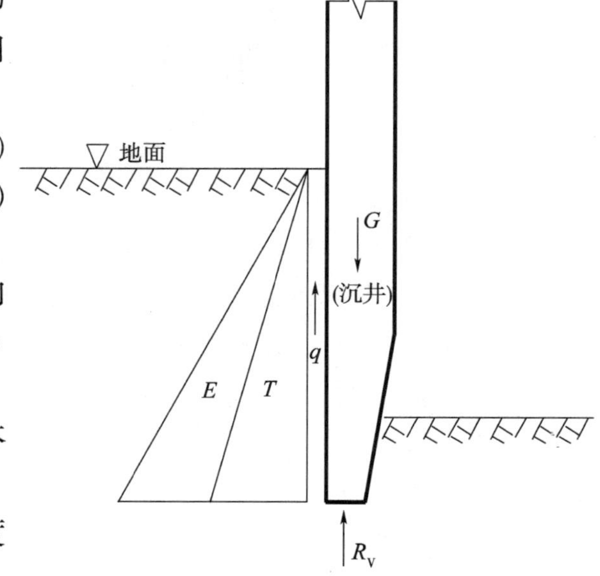

图 6-5 井壁摩阻力 T 及刃脚下土的反力 R_V

E——作用在井壁上每 m 宽度的总土压力（kN/m）。

③刃脚底单位周长上土的竖向反力 R_V，可按下式计算（见图 6-5）：

$$R_V = G - T \tag{6-11}$$

式中：G——沿沉井外壁单位周长上的沉井重力，其值等于该高度沉井的总重除以沉井的周长；在不排水挖土下沉时，应在沉井总重中扣去淹没水中部分的浮力；

T——沿井壁单位周长上沉井侧面总摩阻力。

R_V 的作用点可按下法计算（图 6-6）：假定作用在刃脚斜面上的土反力的方向与斜面上法线成 β 角，β 为土反力与刃脚斜面间的外摩擦角（一般取 $\beta = 30°$）。作用在刃脚斜面上的土反力分解成水平力 U 与垂直力 V_2，刃脚底面上的垂直反力为 V_1，则：

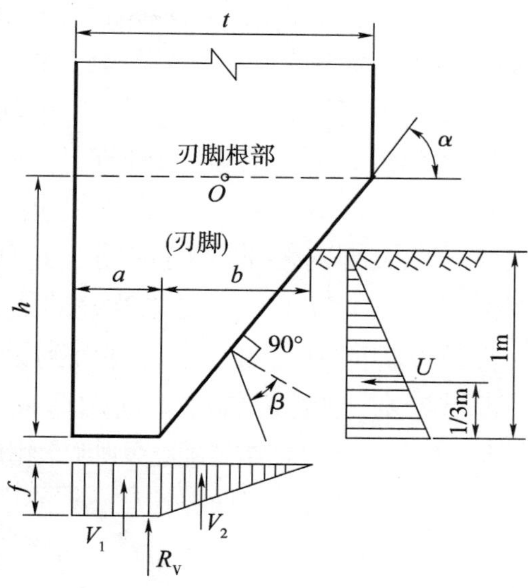

图 6-6　刃脚下 R_V 的作用点计算

$$R_V = V_1 + V_2 \tag{6-12}$$

$$\frac{V_1}{V_2} = \frac{f \cdot a}{\frac{1}{2} f \cdot b} = \frac{2a}{b} \tag{6-13}$$

式中：a——刃脚踏面底宽（m）；

b——刃脚入土斜面的水平投影（m）；

f——竖直反力强度（kN/m）。

解以上联立方程式即可求得 V_1 和 V_2。假定 V_2 为三角形分布，则 V_1 和 V_2 的作用点距刃脚外壁之距离分别为$\frac{a}{2}$和 $a + \frac{b}{3}$。这样即可求得 V_1 和 V_2 的合力 R_V 的作用点。

④作用在刃脚斜面上的水平力 U 可按下式计算：

$$U = V_2 \tan(\alpha - \beta) \tag{6-14}$$

式中：α——刃脚斜面与水平面所成的夹角；

β——土与刃脚斜面间的外摩擦角，一般为 30°。

假定 U 为三角形分布，则 U 的作用点在距刃脚底面$\frac{1}{3}$m 高处。

⑤刃脚重力 g 按下式计算：

$$g = \gamma_h \cdot h \frac{t + a}{2} \tag{6-15}$$

式中：γ_h——混凝土重度（kN/m³），若不排水下沉，应扣除水的浮力；

h——刃脚斜面的高度（m）。

⑥作用在刃脚外侧的摩阻力，其计算方法与计算井壁外侧摩阻力 T 的方法相同，但取两式中的较大值，其目的为使刃脚弯矩最大。

⑦刃脚既视作悬臂梁,又视作一个封闭的水平框架,因此作用在刃脚侧面上的水平力将两种不同作用来共同承担,其分配系数见本规范第6.3.4条及其条文说明。

⑧求得作用在刃脚上的所有外力的大小、方向和作用点以后,即可求算刃脚根部处截面上每单位周长井壁内的轴向压力 N、水平剪力 Q 及对刃脚根部截面重心 O 点的弯矩 M(图6-6),并据此计算在刃脚内侧的竖向钢筋。此项钢筋应伸至刃脚根部以上 $0.5l_1$(l_1 为沉井外壁的最大计算跨径)。

2)刃脚向内弯曲。当沉井沉到设计标高,刃脚下的土已挖空,这时刃脚处于向内弯曲的不利情况,如图6-7所示。按此情况确定刃脚外侧竖向钢筋。

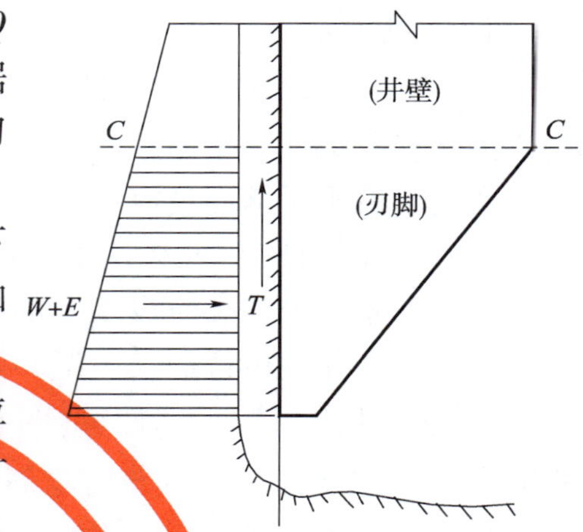

图6-7 刃脚向内弯曲

作用在刃脚外侧的外力,沿沉井周边取一单位周长计算,计算步骤和本款1)项的情况相似。其计算方法简述如下:

①计算刃脚外侧的土压力和水压力。土压力与本款1)项的情况相同。水压力计算,当不排水下沉时,井壁外侧水压力按100%计算,井内水压力一般按50%计算,但也可按施工中可能出现的水头差计算;当排水下沉时,在透水不良土中,外侧水压力可按静水压力的70%计算。这里土压力和水压力的总和不受本款第1)项规定的"不超过70%的静水压力"的限制。

②由于刃脚下的土已掏空,故刃脚下的垂直反力 R_v 和刃脚斜面水平反力 U(图6-6)均等于零。

③作用在井壁外侧的摩阻力 T 与本款第1)项②内计算方法相同,但取较小值。

④刃脚重力 g 与本款第1)项⑤相同。

⑥根据以上计算的所有外力,可以算出刃脚根部处截面上每单位周长(外侧)内的轴向力 N、水平力 Q 及对截面重心轴的弯矩 M。并据以计算刃脚外侧的竖向钢筋数量。此项钢筋也应延伸至刃脚根部以上 $0.5l_1$(l_1 为沉井外壁的最大计算跨径)。

2 刃脚作为水平框架计算其水平方向的弯曲强度。

当沉井下沉到设计标高,刃脚下的土已被掏空时,刃脚将受到最大的水平力。图6-8

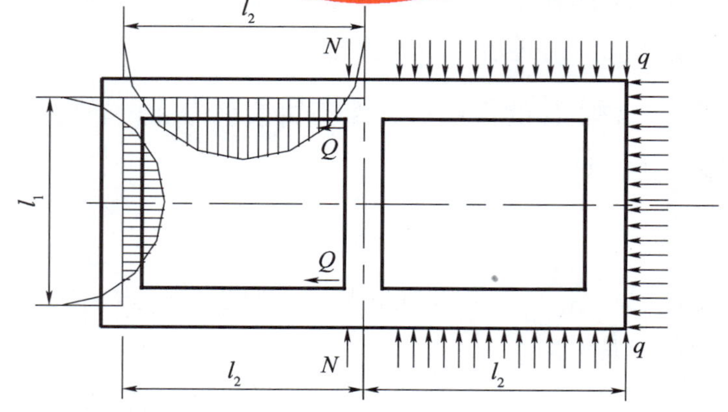

图6-8 矩形沉井刃脚上的水平框架

表示刃脚上沿井壁水平方向截取的单位高度水平框架,作用在这个水平框架上的外力计算与上述求算刃脚外侧钢筋的方法相同。但水平钢筋只分担作用在水平框架上的荷载,故作用在水平框架全周上的均布荷载为刃脚上的最大水平力乘以分配系数 β(见本规范第 6.3.4 条的分配系数)。

作用在矩形沉井上的最大弯矩 M、轴向力 N 及剪力 Q 可按下列近似公式计算:

$$M = \frac{q \cdot l_1^2}{16} \tag{6-16}$$

$$N = \frac{q \cdot l_2}{2} \tag{6-17}$$

$$Q = \frac{q \cdot l_1}{2} \tag{6-18}$$

式中:q——作用在刃脚框架上的水平均布荷载;

l_1、l_2——沉井外壁的最大和最小计算跨径。

根据以上计算的 M、N 和 Q,设计刃脚内的水平钢筋。为便于施工,不必按正负弯矩将钢筋弯起,可按正负弯矩的需要布置成内、外两圈。

6.3.4 沉井刃脚一方面可看作固着在刃脚根部处的悬臂梁,梁长等于外壁刃脚斜面部分的高度;另一方面,刃脚又可看作为一个封闭的水平框架。因此,作用在刃脚侧面上的水平力将由两种不同的构件即悬臂梁和框架来共同承担,也就是说,其中部分水平力竖向由刃脚根部承担(悬臂作用),部分由框架承担(框架作用)。按变形协调关系导得分配系数公式如下:

悬臂作用

$$\alpha = \frac{0.1 l_1^4}{h^4 + 0.05 l_1^4} \leqslant 1.0 \tag{6-19}$$

框架作用

$$\beta = \frac{h^4}{h^4 + 0.05 l_2^4} \leqslant 1.0 \tag{6-20}$$

式中:l_1——沉井外壁支承于内隔墙间的最大计算跨径;

l_2——沉井外壁支承于内隔墙间的最小计算跨径;

h——刃脚斜面部分的高度。

上述公式适用于当内隔墙的刃脚踏面底高出外壁的刃脚踏面底不大于 0.5m,或者大于 0.5m 但有竖直承托加强时。否则,全部水平力都由悬臂梁即刃脚承担(即 $\alpha = 1$)。

6.3.5 沉井封底混凝土应按如下规定计算:

1 在施工抽水时,封底混凝土应承受基底水和土的向上反力,此时如因混凝土的龄期不足,应考虑降混凝土强度。

2 沉井井孔用混凝土或石砌圬工填实时,封底混凝土应承受基础设计的最大基底反力,并计入井孔内填充物的重力。

3 封底层混凝土厚度,一般不宜小于 1.5 倍井孔直径或短边边长。

6.3.6 浮式沉井施工应计算各施工阶段的沉井重力、入水深度、浮体稳定性、井壁水头差、井壁出水高度及其受力部分混凝土的龄期强度,计算各种可能水位和河床标高时沉井就位的相应内力,以及落地后所控制的沉井浮重和刃脚可能达到的标高。通过每一施工阶段的计算,可能得到井壁各部位可能承受的内力并作为设计的依据。

保证浮式沉井的稳定性,沉井倾斜角不得大于6°,不致产生施工不安全感。浮式沉井的稳定性验算,可参阅《公路桥涵施工技术规范》(JTJ 041)。

7 地下连续墙

7.1 一般规定

7.1.1 地下连续墙技术是近几十年内发展起来的一种地下工程新技术,20 世纪 20 年代初应用于德国,50 ~ 60 年代先后在意大利、法国、日本等国得到了迅速发展,50 年代末期传入我国。该技术在各国均是首先应用在水利水电工程中,之后逐渐推广到建筑、市政、交通、矿山、铁道等部门。地下连续墙发展初期仅作为施工时承受水平荷载的挡土墙或防渗墙来使用,随后建筑、地铁等部门逐渐把地下连续墙用作高层建筑的地下室、地下停车场以及地铁等建筑的外墙结构,承担部分或全部的建筑物竖向荷载。近年来,在公路行业也得到了一定的应用,主要用作悬索桥重力式锚碇基坑的施工支护结构,同时也兼作基础的一部分参与使用阶段受力,如广东虎门大桥西锚碇采用圆形地下连续墙,江苏润扬长江大桥北锚碇采用矩形地下连续墙,武汉阳逻长江大桥南锚碇及广州珠江黄浦大桥采用圆形地下连续墙等。地下连续墙完全用作桥梁基础结构在国外特别在日本应用广泛,在国内尚处于探索研究阶段,但发展潜力很大。本章总结地下连续墙已有经验,力求使地下连续墙支护结构设计安全、经济、合理,同时对地下连续墙作为基础结构的设计起指导作用。

地下连续墙的概念、作用及分类是随着其自身的应用发展而不断变化着的。本规范地下连续墙主要用作桥梁基坑支护结构或桥梁基础,其范畴有所限制,主要体现在:①墙体截面形式为“板墙式”,不包括“排桩式”(如江苏润扬大桥南锚碇所采用的“人工冻土壁 + 地下连续排桩”支护结构形式),地下连续排桩支护结构的设计可参照直线形地下连续墙支护结构;②必须进行挖槽施工,不包括原位搅拌工法做成的地下连续墙(如水泥固化土);③墙体为现浇钢筋混凝土,不包括塑性混凝土、固化灰浆、自硬泥浆、预应力混凝土、钢制地连墙及预制墙体等。

本章依据一般地质条件下的工程经验,当主要土层为特殊地质条件时应结合当地经验应用。

7.1.2 基坑支护结构安全等级的划分与结构重要性系数采用了结构安全等级划分的基本方法,按支护结构破坏、土体失稳或过大变形的后果分为很严重、严重、不严重三种情况分别对应于三种安全等级,其重要性系数的选用与《公路桥涵设计通用规范》(JTG D60—2004)相一致。要求设计者在进行地下连续墙支护结构设计时应根据基坑的不同条件因地制宜进行设计。

地下连续墙基础作为桥梁结构的一部分,其设计安全等级与结构重要性系数与桥梁整体结构一致。

7.1.3 无论是作为支护结构还是作为基础,地下连续墙的设计与地质条件及周边环境条件密切相关。应明确提出地质勘察要求,掌握工程场地与环境条件(包括现状地下管道、管线、地下构筑物和邻近建筑物、设备、泥浆排放等各种可能影响地下连续墙施工或受到本项工程影响的情况)。对支护结构还应充分考虑基坑施工、使用时间对设计的影响。

7.1.4 地下连续墙设计与施工设备、施工技术、施工工艺密切相关。施工宜先进行成槽试验,根据试验结果确定泥浆配方和成槽机械。墙段接头是地下连续墙设计与施工的关键,接头的形式很多,宜根据不同设计要求采用不同的接头形式。

地下连续墙设计应考虑施工和使用期间对场地周围环境的影响,主要指地下连续墙施工及使用期间其沉降、变形对周边建筑物的影响,以及泥浆排放对环境的污染。防止地下连续墙施工作业和基坑开挖影响或危害邻近建筑(包括地下结构、地下管线等设施),充分预测并采取措施防止地面沉降、变形影响或危害邻近建筑的正常使用,并做好泥浆的回收和排放。

7.1.5 地下连续墙的施工应符合现行《公路桥涵施工技术规范》的规定,对材料、钢筋笼制作、混凝土配制和灌注、预埋件设置、槽段侧面平整性和竖直度、槽段接缝质量、墙体混凝土完整性等应进行检查或检测。

地下连续墙支护结构施工过程中,应对基坑、支护结构和周围环境进行观察和监测,当出现异常情况时,应及时采取措施。地下连续墙基础宜在施工和使用期间进行变形观测,对于应用在重要桥梁锚碇基础的地下连续墙宜进行长期变形监测工作,及时掌握地下连续墙基础在使用期间的变形特征。

当必须确切评价地下连续墙基础的承载能力或变形特性时,应进行现场墙体载荷试验。

7.2 支护结构设计

7.2.2 基坑支护结构设计应在强度、稳定和变形三个方面满足要求:

1)强度:支护结构,包括墙体、支撑体系或锚杆(锚索)的强度应满足构件强度设计的要求。

2)稳定:指基坑周围土体的稳定性,即不发生土体的滑动破坏和因渗流造成流砂、流土、管涌以及支护结构、支撑体系的失稳。

3)变形:因基坑开挖造成的地层移动及地下水位变化引起的地面变形,不得超过基坑周围建筑物、地下设施的允许变形值,不得影响地下结构的施工。

基坑施工过程中的监测应包括对支护结构的监测和对周边环境的监测。

7.2.3 当悬臂式地下连续墙支护结构不能满足结构受力及变形要求时,应设置支承系统。直线形地下连续墙支护结构的支承系统包括支撑(如撑杆、水平支架)和土层锚杆(锚索)等结构形式,圆形地下连续墙支护结构的支承系统包括环梁(含竖肋)、内衬等结构形式。当单层支承不能满足结构受力要求时,应采用多层支承。

7.2.5 安全等级为一、二级的基坑变形影响基坑支护结构的正常使用功能,但目前还不能给出变形限值的具体数值,各地区可根据工程的具体周边环境等因素确定。

7.2.6 为了基坑的安全施工和坑底周围土体的稳定,地下连续墙必须插入基坑开挖面以下土中一定深度(又称嵌入深度)。可采用极限平衡法计算确定。当计算确定的地下连续墙入土深度接近底部岩层且在工程造价增加不多的前提下,宜将墙体嵌入岩层。

7.2.7 通常,由于黏性土渗透性弱,地下水对土颗粒不易形成浮力,故有经验时,可采用饱和重度,用总应力强度指标水、土合算,其计算结果中已包括了水压力的作用。但当支护结构与周围土层之间能形成水头时,仍应单独考虑水压力的作用。对地下水位以下的粉土、砂土、碎石土,由于其渗透性强,地下水对土颗粒可形成浮力,故应采用水、土分算。水压力可按静水压力计算,有经验时也可考虑渗流作用对水压力的影响。

7.2.10 构造规定

1 地下连续墙的厚度应充分结合成槽机械能力。地下连续墙成槽有多种工艺,相对应可采用挖掘机、铣槽机等。根据设计采用值的大多数情况,并考虑实施的可行性和合理性,规定最小厚度不宜小于600mm。最大厚度主要受制于成槽机械的能力,我国目前最大成槽厚度为1 500mm,在武汉阳逻大桥南锚碇圆形地下连续墙基础中得到应用。

地下连续墙成槽竖直度直接关系到墙体厚度的计算取用值,对于圆形地下连续墙尤其如此;同时,还关系到墙体的防渗效果,并影响接头构造的施工。地下连续墙成槽竖直度与成槽设备、槽深、工艺技术及管理水平密切相关,一般情况下,都能达到不大于1/100。武汉阳逻大桥南锚碇地下连续墙最大墙深60m,设计要求不大于1/300,实际施工都达到要求,一些槽段甚至达到1/450~1/500。根据国内技术水平现状,规定地下连续墙成槽竖直度不应大于1/200,是比较切合实际的。

2 各部位或构件的混凝土强度等级、原材料及主要配合比指标尚应满足《公路工程混凝土结构防腐蚀技术规范》(JTG/T B07—01)的相关规定。

3 考虑地下连续墙施工精度较难控制,且为直接接触土体浇筑,为增加结构的耐久性,规定主筋净保护层厚度不应小于70mm。对于L型、T形、多边形钢筋笼,护壁泥浆浓度较大,以及有侵蚀性水质或海水时,应适当加大保护层厚度。

4 墙段接头是地下连续墙设计与施工的关键技术。接头类型从使用材料上可分为:钢管、钢板、钢筋、型钢和铸钢、预制混凝土、人造纤维布和橡胶等;从构造形式和施工方法上可分为:钻凿式、接头管、接头箱、隔板式、软接头、预制混凝土构件等;从受力上可分为:仅起止水防渗不能受力的接头、能承受剪力的铰结接头、能承受弯矩和剪力的刚性接头。接头类型的选择应满足结构受力和施工的要求。图 7-1a) ~ h)列出了常见的几种接头形式的示意图。接头管接头技术成熟,应用较多,一般情况下均可采用。对于有特殊设计要求的场合,应选用能满足相应要求的接头形式。

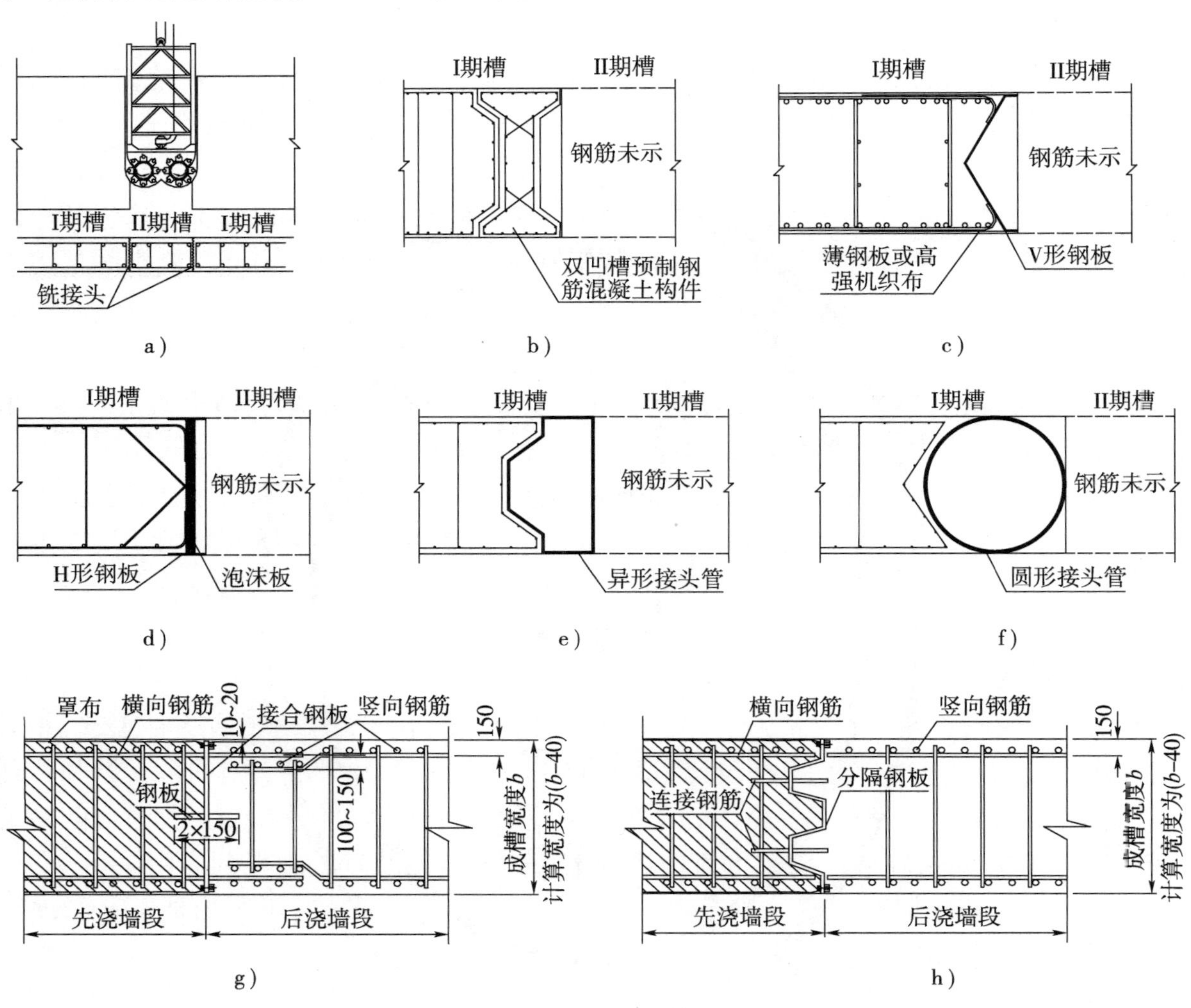

图 7-1　几种接头形式示意(尺寸单位:mm)

a)铣削接头;b)双凹槽预制钢筋混凝土构件接头;c)V 形钢板接头;d)H 形钢板接头;e)异形接头管接头;f)圆形接头管接头;g)、h)刚性接头

5　钢筋笼的竖向分段主要取决于起吊能力。考虑接头位置可能形成构造的薄弱环节,为保证安全,要求接头位置选在受力较小处,并应尽量相互错开。钢筋连接宜优先采用机械连接。当采用绑扎搭接时,应符合《公路钢筋混凝土及预应力混凝土桥涵设计规范》(JTG D62)的规定。

7.2.11　直线形地下连续墙支护结构计算规定:

1　抗倾覆稳定、整体抗滑移稳定、坑底抗隆起稳定和坑底抗渗稳定的验算方法可按照《建筑地基基础设计规范》(GB 50007)的有关规定执行。

2 作用于墙体上的土压力采用库仑或朗金理论计算。自然状态土体内水平向有效应力,可认为与静止土压力相等,随着基坑开挖,墙体变形增大,最终可呈现出主动极限平衡状态和被动极限平衡状态。当对支护结构水平位移有严格限制时,采用静止土压力计算。当按变形控制原则设计支护结构时,作用在支护结构上的土压力按变形条件,即支护结构与土体的相互作用原理确定土压力是比较合理的方法。

土的水平地基反力系数随深度增大的比例系数 m 应尽可能通过水平荷载试验确定。当无条件进行试验时,可根据经验取值。当无试验资料又缺乏经验时,可按表 7-1 选用。

表 7-1 m 值

地基土质情况	m 值(kN/m^4)
$I_L \geqslant 1.0$ 的黏性土,淤泥	1 000 ~ 2 000
$1.0 > I_L \geqslant 0.5$ 的黏性土,粉砂	2 000 ~ 4 000
$0.5 > I_L \geqslant 0$ 的黏性土,中、细砂	4 000 ~ 6 000
$I_L < 0$ 的黏性土,粗砂	6 000 ~ 10 000
砾石、砾砂、碎石、卵石	10 000 ~ 20 000

注:1. I_L 为黏性土的液性指数;

2. 地下连续墙在计算土体面或开挖面处的水平变位大于 10mm 时,取表中较小值。

黏性土(特别是软塑和流塑的黏性土)具有蠕变效应。蠕变效应影响土压力值,图 7-2 给出了黏性土蠕变效应引起的土压力滞后作用示意:对于非开挖侧的某一土体单元,如果在前一阶段发生了从 A 到 B 的向开挖侧位移,而若在下一阶段该土体单元向相反的非开挖侧方向移动,则其土压力模式重新建立,即直线 BC。黏性土体的蠕变特性与基坑开挖及支撑施工流程、被动区土体应力水平、土体含水量变化等因素密切相关,准确掌握土体的蠕变作用具有较大的现实难度。计算中宜根据可靠方法或经验考虑土压力的蠕变效应

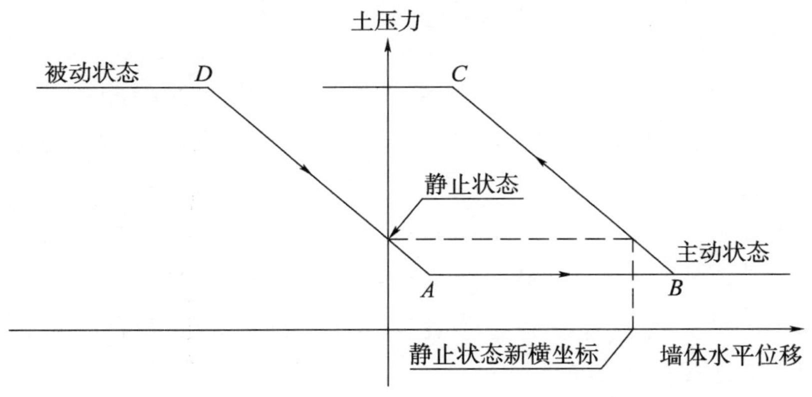

图 7-2 土压力滞后作用示意

对支护结构受力和变形的影响。

3 目前我国支护结构设计中常用的方法可分为弹性地基梁及极限平衡法。弹性地基梁法能较好地反映基坑施工过程中各种工况和复杂情况对支护结构受力的影响,当嵌固深度合理,具有试验数据或当地经验确定弹性支点刚度时,用该法确定支护结构内力及变形较为合理。考虑到现在计算手段均能保证,故规定采用弹性地基梁法进行支护结构计算。

7.2.12 直线形地下连续墙支护结构构件计算规定。

地下连续墙竖向轴力主要包括墙体及支撑的自重,因此墙体按偏心受压构件计算。但一般情况下该竖向轴力较小,因此有时偏于安全可按受弯构件计算。但当轴向力较大时应按偏心受压构件计算。

7.2.13 圆形地下连续墙支护结构构件计算规定:

圆形地下连续墙支护结构受力不同于直线形地下连续墙,在结构受力机理上具有明显的空间性,宜按空间结构计算。但当对墙体、环梁或内衬的环向效应,以及水土压力不均匀分布及程度能较准确把握时,按轴对称结构取单位宽度的墙体作为竖向弹性地基梁计算是一种简洁、直观的方法。其计算原理和方法与直线形地下连续墙相同,不同之处在于圆形地下连续墙应考虑墙体、环梁或内衬的环向效应支承刚度。

环梁或内衬可按平面内的刚架环形梁进行计算。荷载作用的不均匀性对环梁或内衬的内力及变形计算影响很大,应充分研究并准确掌握。在缺乏资料的情况下,荷载作用的不均匀系数可取 1.1 ~ 1.2,为安全计,按沿对角象限分布进行计算。圆环向外侧变形区域的土体对环梁或内衬的约束作用可通过在外侧设置水平径向弹簧来模拟。

7.3 基础设计

7.3.1 地下连续墙基础根据墙段单元之间的连接组合、平面布置以及使用功能可分为下列类型。

1)条壁式地下连续墙基础:由平面长度不小于 2.5 倍宽度的一个或多个墙段单元组成的分离或连接组合但不封闭的地下连续墙基础,可分为下列类型。

①单壁式:地下连续墙的一个单体构成一个基础[图 7-3a)]。单壁式地下连续墙相当于一异形灌注桩(矩形桩)。可以不设置顶板。

②平行复壁式:两个或多个地下连续墙单体在平面内分离并平行布置,通过顶板相连构成基础[图 7-3b)]。其平行桥轴和垂直桥轴两个方向刚度差别较大。

③自由复壁式:两个或多个地下连续墙单体在平面内分散布置,通过顶板相连构成基础[图 7-3c)]。根据荷载作用方向,可自由布置。

④组合复壁式:两个或多个地下连续墙单体在平面内连接组合并通过顶板相连而成的地下连续墙基础,可分为 T 形、十形、H 形、工形、辐射形等几种形式[图 7-3d) ~ h)]。

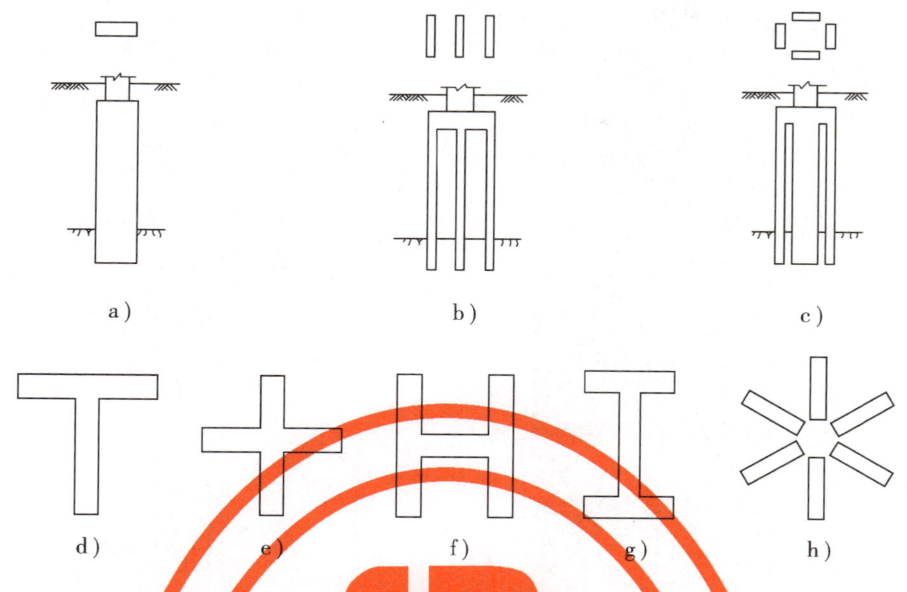

图 7-3 条壁式地下连续墙基础类型

a)单壁式;b)平行复壁式;c)自由复壁式;d)T形;e)十形;f)H形;g)工形;h)辐射形

2)井筒式地下连续墙基础:由多个墙段单元相互刚性连接或外周墙刚性连接而内隔墙铰接组成平面封闭断面并通过顶板相连而成的地下连续墙基础,可分单室型和多室型两种形式[图7-4a)、图 7-4b)]。

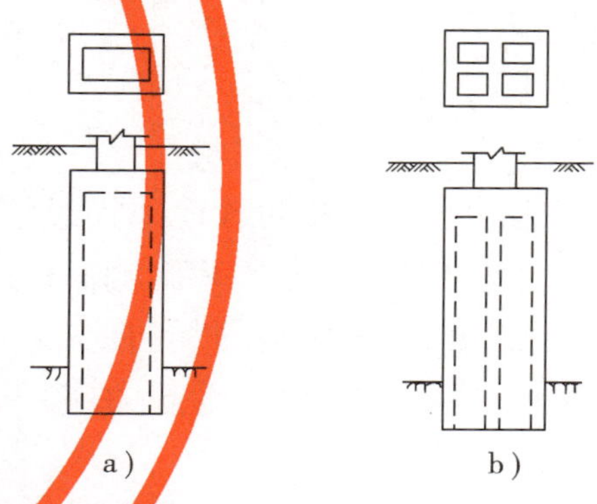

图 7-4 井筒式地下连续墙基础类型

a)单室型;b)多室型

3)部分地下连续墙基础:以地下连续墙作为基坑开挖支护结构,内部土体开挖到要求的深度后,在基坑内部构筑钢筋混凝土结构而形成的基础形式,地下连续墙作为基础结构的一部分参与承担上部结构荷载作用。根据地下连续墙平面布置可分为矩形[图 7-5a)]、圆形[图 7-5b)]或复合异形等形式。

7.3.2 地下连续墙基础竖向承载力主要由墙体侧壁摩擦力和墙端支承力组成。当持力层为非岩石地基时,增加墙体深度能较快地增加侧壁摩擦力和墙端支承力,比增大平面规模更具经济性,且施工也较易实现,因此,应首先考虑增加墙体的埋置深度以提高竖向承载力。

7.3.3 地下连续墙基础平面布置灵活多样。井筒式地下连续墙基础槽段平面布置可做成一室断面、二室断面、多室断面。平面布置使其形心与作用基本组合的合力作用点一致或相近有利于基础结构的受力。

7.3.5 地基承载力计算是地下连续墙基础结构设计的重要内容。目前国内经验较少,设计者可参考相关资料进行设计。条壁式地下连续墙基础的竖向地基承载力可参照桩基

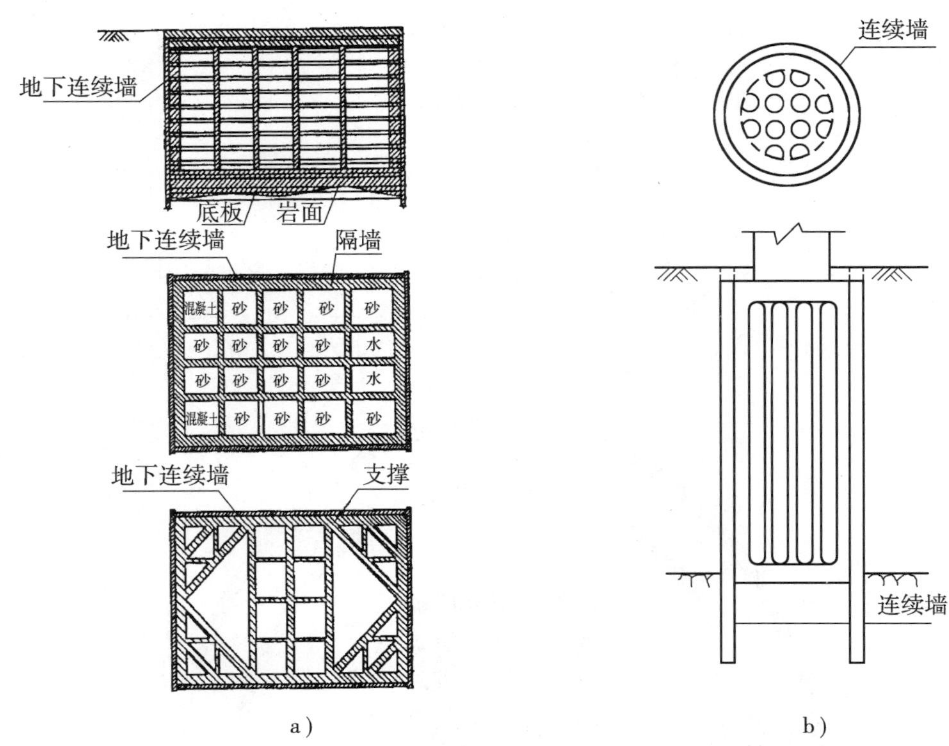

图 7-5　部分地下连续墙基础类型

a)矩形;b)圆形

础进行计算。井筒式地下连续墙基础的地基承载力计算应包括基底竖向承载力、基础正面地基水平承载力、基础侧面地基水平剪切承载力、基底地基剪切承载力等;其竖向承载力应考虑基底地基的竖向地基反力、基础外周面的竖向侧壁摩擦力及内部土的四周面摩擦力;基底地基剪切承载力应考虑基础本体与地基之间的摩擦力、内部土体间的摩擦力。

7.3.7　本条与钻孔灌注桩的试桩试验要求具有相同的性质。

7.3.8　构造规定:

2　墙体作为重要受力部件,需具有一定的承载能力,因此对最小厚度作出规定。根据日本经验,取最小厚度为 800mm。

考虑施工过程及泥浆影响,墙厚可分为成槽厚度、设计厚度和有效厚度。成槽厚度为挖掘机或铣槽机成槽实际尺寸;有效厚度是设计厚度减去泥膜厚度,一般可取两侧各 20mm 共 40mm。在进行稳定性计算时应采用设计厚度,在截面验算时应采用有效厚度。

井筒式地下连续墙基础单室宽度过小则施工困难,过大则经济性差,借鉴日本经验,规定单室最小宽度不宜小于 5m,单室最大宽度不宜大于 10m。

地下连续墙成槽机械台班费用高。从最大程度发挥成槽机械工作效率,同时减少施工工艺转换、方便施工的角度出发,要求井筒式地下连续墙基础的外周墙和隔墙尽量采用相同厚度。

3　顶板相当于钻孔灌注桩的承台,将地下连续墙各墙段连成整体共同受力。因此,对于由多个墙段组成的非单壁式地下连续墙基础顶部应设置顶板,并应具有足够刚度。

地下连续墙应与顶板形成一个整体,同桩基础一样,墙体应进入顶板,其钢筋也应伸入顶板一定长度。借鉴日本经验,规定墙体应进入顶板 100 ~ 200mm,钢筋伸入顶板内长度不应小于 $b/2$ 及钢筋锚固长度 l_a 之和。

5 井筒式地下连续墙基础作为整体基础必须保证具有较大的整体刚度。外周墙直接承受外侧的水土压力,并由内隔墙作为支承,外周墙内产生较大的弯矩和剪力,因此必须采用刚性接头。内隔墙作为外周墙的支承,主要承受轴力,因此可以采用不能承受弯矩的铰接接头,但若条件容许,宜尽量采用刚性接头,以增加基础的整体刚度。

7.3.9 地下连续墙基础结构受力计算需考虑土体与结构的共同作用,受力比较复杂,目前国内尚缺乏系统的理论分析及试验研究,因此,设计时可参考有关资料或根据经验采用可靠的方法按空间结构进行计算分析。

附录 H　中国季节性冻土标准冻深线图及其冻胀性分类

H.0.1　中国季节性冻土标准冻深线图取自《建筑地基基础设计规范》(GB 50007—2002)附录 F“中国季节性冻土标准深度图”。

H.0.2　季节性冻土分类根据黑龙江交通科学研究所专题研究成果,按冻胀率 k_d(冻胀量与冻结深度之比)划分为不冻胀、弱冻胀、冻胀、强冻胀、特强冻胀和极强冻胀六类。

1)根据黏性土地基冻胀率与有效冻胀水分关系式 $k_d = 0.78(\overline{w} - w_p)$(保证率 95%)计算并推荐各冻胀类别的黏性土地基冻前天然含水量值(%)。以上 k_d 为土的冻胀率(%);$\overline{w}$为冻层范围内冻前平均含水量(%);w_p 为土的塑限含水量(%)。

2)根据冻前地下水对黏性土地基冻胀影响表达式 $k_d = 35.1\exp^{-0.0019z}$计算并推荐各冻胀类别黏性土地基冻前地下水位至地表的距离。以上 z 为冻前地下水位至地表的距离(mm)。

3)根据冻前地下水对细砂地基冻胀影响表达式 $k_d = 24.12 - 5.2\ln z$,计算并推荐了各冻胀类别细砂地基冻前地下水位至地表距离。

4)其他判别条件,采用《公路桥涵地基与基础设计规范》(JTJ 024—85)、《建筑地基基础设计规范》(GB 50007—2002)相关数据。

H.0.3　多年冻土分类采用《冻土地区建筑地基基础设计规范》(JGJ 118—98)表 3.1.6。

附录L 冻土地基抗冻拔稳定性验算

设置在季节性冻土地区和多年冻土地区的墩台基础(包括桩基),如本规范附录图L.0.2所示,河床以下各层,有向上的切向冻胀力 T、向下的摩阻力 Q_s 和向下的冻结力 Q_p。基础埋置深度应根据受力情况满足抗冻胀(拔)稳定要求。据黑龙江省调查,有不少小桥涵,尤其是下部采用桩基础、桥面为板式的小桥,冻胀上拔破坏的较多。因为小桥上部自重较轻,基础埋置也较浅,冻胀上拔力大于自重竖向力。为克服这种冻胀破坏,一是加深基础的埋置深度,二是加大上部自重。但对小桥涵结构来说,增大上部自重是困难的,通常是根据力的平衡条件,恰当确定基础的埋置深度,并验算切向冻胀力和基础薄弱截面处的抗拉强度。

1 墩台基础或桩基础切向冻胀力

附录表L.0.1季节性冻土切向冻胀力标准值 τ_{sk} 系经黑龙江省交通科学研究所在安庆冻土科学试验场,在不同冻胀条件、冻胀率为6%~28%条件下,对5—d250mm、3—d370mm、2—d500mm、2—d750mm、13—d800mm、2—d1 000mm和1—d1250mm(d为桩直径),共28组桩切向冻胀真形试验,在室内采用三种比例做的模型试验和数十根冻拔桩验算取得大量数据,以及采用五种试回归方法(直线、对数曲线、幂函数曲线、指数曲线和双曲线)进行数据分析,采用三种检验方法(相关系数、剩余平方和及相关指数)对方程进行检验,从中选出最佳的对数方程:

$$\tau_{sk} = 63.45\ln k_d - 2.38 \tag{L-1}$$

式中:τ_{sk}——单位切向冻胀力标准值(kPa);

k_d——地基土冻胀率(%)。

桩径与单位切向冻胀力的关系如表L-1所示。

表L-1 桩径与单位切向冻胀力的关系

桩径(mm)	500	750	1 000	1 250
切向冻胀力(kPa)	60	58	56	58
以500mm桩径为1的比值	1.00	0.97	0.93	1.00

表L-1表明,桩径对切向冻胀力影响很小,计算可不考虑桩径对切向冻胀力的修正问题。

2 抗冻拔稳定力

季节性冻土地基墩台基础(含条形基础)抗冻拔稳定按公式(L.0.1-1)计算,抗冻拔稳定力包括基础上的结构自重 F_k、基础及其上土的自重 G_k 和融化层摩阻力 Q_s。多年冻土地基墩台基础(含条形基础)抗冻拔稳定按公式(L.0.2-1)计算,抗冻拔稳定力除上述 F_k、

G_k、Q_s外,尚有多年冻土层冻结力 Q_p。

多年冻土地基桩(柱)抗冻拔稳定按公式(L.0.3-1)计算,冻拔稳定力为桩(柱)顶的结构自重 F_r、桩(柱)自重 G_k 和桩(柱)在季节性冻深线以下各层土的摩阻力之和 Q_f,摩阻力标准值可自本规范表 5.3.3-1 和表 5.3.3-4 选用。

3 条形基础单位切向冻胀力

过去对长宽比较大的条形基础(长宽比等于 10 或大于 10)缺乏研究,一般设计时均采用桩基切向冻胀力。实际上根据野外试验观测和理论分析,表明条形基础所受的切向冻胀力比相同条件下的桩基受到的切向冻胀力为小。

如将条形基础取出 $D/2$ 的长度(如图 L-1),则其与冻土接触的侧表面长度为 $2\times D/2 = D$。设桩直径为 d,桩的周长为 πd。令 $\pi d = D$,即令桩的周长等于条形基础两侧面的长度。设冻深为 h,并设条形基础和桩基对冻土约束范围相等并为 l。于是,在设计冻深范围参与冻胀的土体积 V_1、V_2 为图 L-1 和公式(L-2)及公式(L-3)所示。

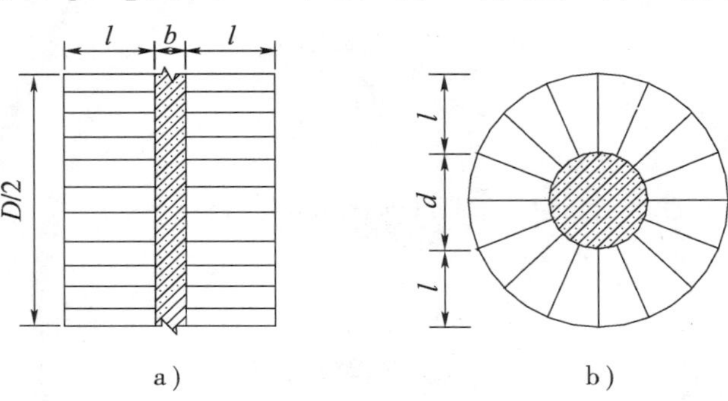

图 L-1 桩基和条基切向冻胀力平面示意图(冻深 h 未示出)

a)条基;b)桩基

b-条基宽度;$D/2$-条基截取长度;d-桩基直径,取为 $d = D/\pi$;l-条基或桩基对冻土约束范围

条基
$$V_1 = h\times 2l\times\frac{D}{2} = hlD \tag{L-2}$$

桩基
$$\begin{aligned}V_2 &= h\pi(2l+d)^2\times\frac{1}{4} - h\pi d^2\times\frac{1}{4}\\ &= h\pi(4l^2+2\times 2ld+d^2)\times\frac{1}{4} - h\pi d^2\times\frac{1}{4}\\ &= h\pi l(l+d) = h\pi l^2 + h\pi ld\end{aligned} \tag{L-3}$$

因 $D=\pi d$,所示 $V_2 = h\pi l^2 + hlD$。

从式(L-2)和式(L-3)可知,在参与冻胀的土体积中,桩基 V_2 多一项 πhl^2。现场试验又表明,桩基影响冻胀范围 l 不仅超过冻深 h,而且还大于桩径 d 两倍以上,说明条基受到的切向冻胀力还不及桩基的一半。

4 关于公式(L.0.3-1)内桩(柱)自重标准值 G_k 和桩(柱)在最大季节冻深线以下融化层中摩阻力 Q_s 的说明

本规范表 5.3.3-1 钻孔桩桩周土的摩阻力标准值 q_{ik}是试验荷载作用下测得的,它没有包括桩身自重对摩阻力的影响。也就是说,在施加试验荷载之前,桩身自重已在地基中引起抗力。当灌注混凝土尚在流体状态时,其自重主要由桩端承受,当混凝土凝固后,主要由桩壁摩阻力承受。因此,验算桩抗拔时应考虑桩身自重;在水位以下且桩端为透水土时,则应考虑浮力而计算浮重度。

桩(柱)在最大季节冻深线以下的摩擦桩桩周摩阻力 Q_f 是抗冻胀的稳定力,在公式(L.0.3-2)内乘以系数 0.4。黑龙江省交通科学研究所结合实际工程,通过用不同系数 0.35、0.40、0.50 计算桩入土深度与实际入土深度比较。结果表明,以系数 0.50 计算的桩的入土深度,不冻拔率为 61%;以 0.40 计算的不冻拔率为 98%;以 0.35 计算的不冻拔率为 100%。最后采用系数 0.40。

5　防治切向冻胀力的措施

防治或减小切向冻胀力,可采用下列措施:

1)采用粗砂、砾(卵)石等非冻胀性材料换填基础周围冻胀土。换填范围为 0.5 ~ 1.0m,换填深度可取:冻胀、强冻胀地基换填 75%设计冻深;特强冻胀换填 90%设计冻深;极强冻胀换填全部设计冻深。

2)将墩台身和基础侧面,在冻层范围内做成平整、顺畅的表面。

3)在冻层范围内的墩台基础侧面上涂敷沥青、工业凡士林或渣油。

4)基础可做成正梯形的斜面基础,斜面坡度(竖:横)宜等于或大于 1:7[见《冻土地区建筑地基基础设计规范》(JGJ 118—98)第 5.1.4.3 条]。

附录 P 按 m 法计算弹性桩水平位移及作用效应

附录 P 根据原规范附录六“基础按 m 法的计算”内 $\alpha h > 2.5$(弹性基础)改写，除两层土 m 值换算计算方法及其桩身最大弯矩修正进行了改进外，其他内容不变，仅在文字上作较大简化，表达更为清晰。

P.0.1 对于桩的计算宽度的内容，本规范计算方法的实质与原规范相同，表达方式进行了简化，主要简化过程说明如下：

1 对 $d \geqslant 1.0$m 的桩，原规范采用式(P-1)计算单桩的计算宽度 b_1：

$$b_1 = k_\varphi k_0 b \tag{P-1}$$

式中：k_0——空间工作系数，按式(P-2)计算；

$$k_0 = 1 + \frac{1}{b} \tag{P-2}$$

k_φ——形状换算系数，圆形桩取 0.9，矩形取 1.0；

b——垂直于水平力作用方向的桩宽度。

将式(P-2)代入式(P-1)，可得：

$$b_1 = k_\varphi (b + 1) \tag{P-3}$$

原规范规定：对垂直于水平力的作用方向，若存在多根桩，则将各单桩的计算宽度进行累加，得到多根桩总的计算宽度；对于水平力的作用方向存在多根桩的情况，即为多排桩，原规范又在式(P-1)的基础上引入桩间相互影响系数 k，得到：

$$b_1 = k k_\varphi k_0 b \tag{P-4}$$

k 采用式(P.0.1-4)计算，$k = b_2 + \frac{1 - b_2}{0.6} \cdot \frac{L_1}{h_1}$。

对于单桩，不存在相互影响的问题，$k = 1$；而 $L_1 \geqslant 0.6 h_1$ 的多排桩，桩间也不会互相影响，故 $k = 1$。

因此原规范计算 $d \geqslant 1.0$ 的单排桩、多排桩的通式为：

$$b_1 = k k_\varphi (b + 1) \tag{P-5}$$

将 b 用 d 代替，将 k_φ 用 k_f(f 为 *figure* 的首字母)即得到附录 P.0.1 的公式(P.0.1-1)。

2 对于 $d < 1.0$m 的桩，公式(P-1)不适用，按下式计算：

$$b_1 = k k_f (1.5d + 0.5) \tag{P-6}$$

公式(P-6)即本规范附录 P.0.1 的公式(P.0.1-2)。

3 b_1 的计算值不得大于 $2d$,即 $b_1 \leqslant 2d$(见原规范在附录六第二条第 1 款的“注”),这是为了不致计算宽度发生重叠现象。

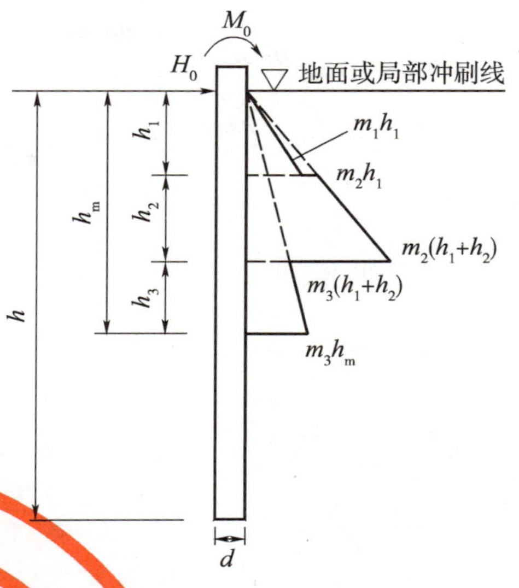

图 P-1 多层地基示意图

P.0.2 关于多层地基当量 m 值的换算

1 多层地基横向受荷桩位移和内力精确计算方法

如图 P-1 所示,设桩侧土地基系数随深度线性增加。第一层土的地基比例系数为 m_1,土层厚 h_1,相应的桩的变形系数为 α_1;第二层土的地基比例系数为 m_2,土层厚 h_2,桩的变形系数为 α_2。若桩径不变,则不同土层中的桩的变形系数为:

$$\alpha = \sqrt[5]{\frac{m_i b_1}{EI}}$$

式中:下标 i——表示第 i 层土;

b_1——桩的计算宽度;

EI——桩的抗弯刚度。

则各土层内桩的内力及位移为:

$$\left.\begin{aligned} x_{iz} &= \alpha_{i0}A_1 + \alpha_{i1}B_1 + \alpha_{i2}C_1 + \alpha_{i3}D_1 \\ \frac{\varphi_{iz}}{\alpha_i} &= \alpha_{i0}A_2 + \alpha_{i1}B_2 + \alpha_{i2}C_2 + \alpha_{i3}D_2 \\ \frac{M_{iz}}{\alpha_i^2 EI} &= \alpha_{i0}A_3 + \alpha_{i1}B_3 + \alpha_{i2}C_3 + \alpha_{i3}D_3 \\ \frac{Q_{iz}}{\alpha_i^3 EI} &= \alpha_{i0}A_4 + \alpha_{i1}B_4 + \alpha_{i2}C_4 + \alpha_{i3}D_4 \end{aligned}\right\} \tag{P-7}$$

其中 $A_1 \sim D_4$ 为无纲量系数,$\alpha_{i0} \sim \alpha_{i3}$ 为待定常数,可根据边界条件和连续条件确定。对于双层地基,由此可得一八阶线性方程组,联立求解即可得到桩身任意点的内力和位移。

2 原规范的多层地基横向受荷桩位移和内力简化计算方法

在缺乏相关软件的情况下,原规范对单层地基的横向受荷桩位移和内力建立计算表格供设计人员使用,对于多层地基横向受荷桩的计算,通过将多层地基换算成单层地基而求得多层地基横向受荷桩位移和内力。由于单层地基的横向受荷桩位移和内力表格是精确的,因此,将此表格应用于多层地基,其准确性取决于多层地基 m 值的取值方法。为简便起见,原规范给出的换算方法如下:如图 P-1 所示,当基础侧面为数种不同土层时,将地面或局部冲刷线以下 h_m 深度内各土层 m_i 换算为一个当量 m 值作为整个深度的 m 值。根据换算前后地基系数图形面积在深度 h_m 内相等,以 3 层地基为例,可得:

$$\frac{1}{2}m_1h_1^2+\frac{m_2h_1+m_2(h_1+h_2)}{2}h_2+\frac{m_3(h_1+h_2)+m_3h_m}{2}h_3=\frac{mh_m^2}{2} \tag{P-8}$$

将 $h_m=h_1+h_2+h_3$ 代入上式,整理可得:

$$m=\frac{m_1h_1^2+m_2(2h_1+h_2)h_2}{h_m^2}+\frac{m_3(2h_1+2h_2+h_3)h_3}{h_m^2} \tag{P-9}$$

若为两层地基,则令 $m_3=0$,可得:

$$\frac{1}{2}m_1h_1^2+\frac{m_2h_1+m_2(h_1+h_2)}{2}h_2=\frac{mh_m^2}{2} \tag{P-10}$$

$$m=\frac{m_1h_1^2+m_2(2h_1+h_2)h_2}{h_m^2} \tag{P-11}$$

在得到当量地基系数 m 后,采用单层匀质地基的精确解答就可以得到桩顶位移与转角。该换算方法思想简单,易于推导的优点,易为广大设计人员掌握。

但是如果将(P-8)变为下式:

$$\frac{1}{2}h_1^2\cdot m_1+\frac{h_1+(h_1+h_2)}{2}h_2\cdot m_2+\frac{(h_1+h_2)+h_m}{2}h_3\cdot m_3=m\frac{h_m^2}{2} \tag{P-12}$$

可以发现,这种换算方法实际上是按深度进行加权换算当量地基系数 m,即埋深越大的土体,其 m 值在桩的内力及位移计算中所起的作用越大。事实上,桩周土对抵抗水平力所起的作用与其本身的变形有关:土体压缩得越厉害,其抗力发挥的程度越大,而自桩顶向下,桩的水平方向变形是越来越小的,土体埋深越大,土体对抵抗水平荷载的贡献应该是越低,其 m 值的大小也越不重要。在换算中,埋深越大的土体在换算中所应分配的权重应越低,因此本规范予以修订。

3 本规范的 m 值换算方法和桩身最大弯矩计算方法

考虑桩身位移的影响对 m 值进行换算是更科学的方法,因此采用根据桩身位移挠曲线确定上下两层土的加权权值,计算得到的当量 m 值,再按照规范采用单层地基的计算方法和数据表格得到的结果必然更准确(详见《公路交通科技》,2006 年第 12 期"双向地基横向受荷桩简化计算方法研究")。该文献采用按桩身挠曲曲线的形状[图 P-2b)]与深度建立综合权函数计算当量 m 值。其权函数为:

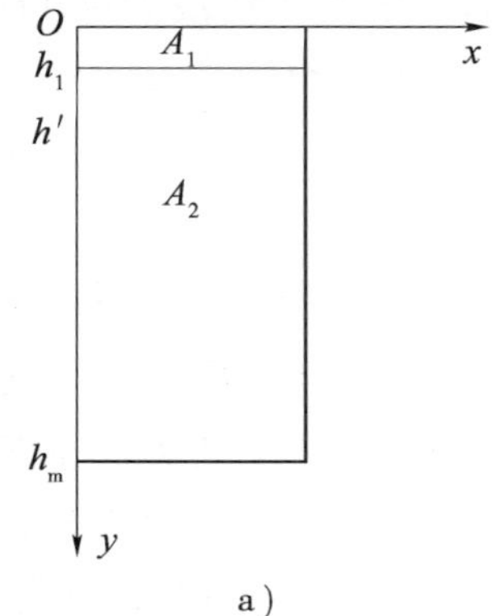

a)

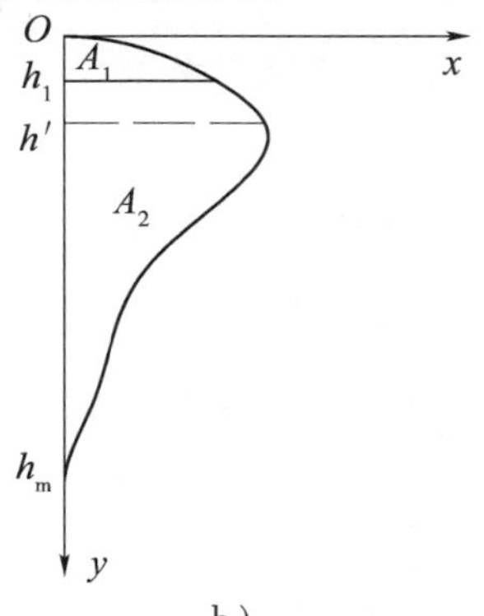

b)

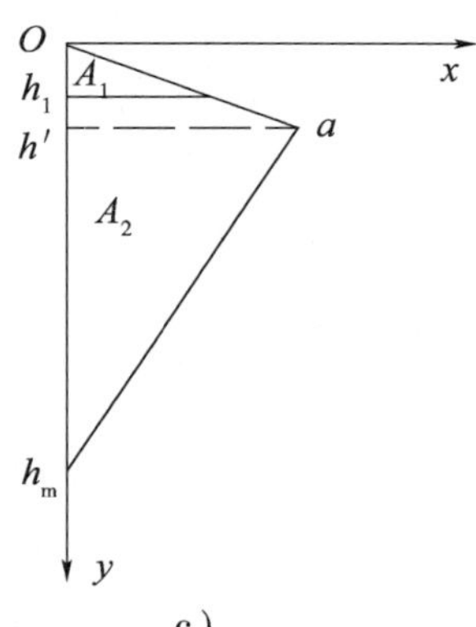

c)

图 P-2 权函数比较

a)深度加权;b)挠曲线加权;c)简化方法加权

$$x_z = \left(1 - \frac{z}{h_m}\right)^n \frac{z}{h_m} \tag{P-13}$$

由此可得双层地基的当量 m 值为：

$$m = \beta^{n+1}[n + 2 - (n+1)\beta](m_2 - m_1) + m_1 \tag{P-14}$$

其中：

$$\beta = \begin{cases} 1 - h_1/h_m & h_1 < h_m \\ 0 & h_1 \geqslant h_m \end{cases} \tag{P-15}$$

尽管该法大大提高了计算精度，但是采用该文献所采用的换算方法需进行迭代计算，其过程复杂，不适于手工计算。因此将权函数简化为一三角形，如图 P-2c)所示，换算深度为：

$$h_m = 2(d+1)，且\ h_m \leqslant h \tag{P-16}$$

权值最大点深度由式(P-10)可得：

$$h' = 0.2h_m \tag{P-17}$$

故双层地基当量 m 值为：

$$m = \frac{m_1 A_1 + m_2 A_2}{A_1 + A_2} \tag{P-18}$$

进一步简化可得 m 值的计算式为：

$$m = \gamma m_1 + (1 - \gamma) m_2 \tag{P-19}$$

其中：
$$\gamma = \begin{cases} 5(h_1/h_m)^2 & h_1/h_m \leqslant 0.2 \\ 1 - 1.25(1 - h_1/h_m)^2 & h_1/h_m > 0.2 \end{cases}$$

由式(P-19)得到的当量 m 值只能保证桩顶位移的计算精度，而桩身最大弯矩尚存在较大偏差，有必要进一步对桩身最大弯矩进行修正。修正公式为：

$$M_{max} = \xi M_{zmax} \tag{P-20}$$

其中 M_{zmax}为计算的桩身最大弯矩值，ξ 为最大弯矩修正系数，可按下式计算：

$$\begin{cases} \xi = \dfrac{2\delta}{\delta + 2}\dfrac{h_1}{h_m} + 1 & \dfrac{h_1}{h_m} \leqslant \dfrac{1}{6}(\delta + 2) \\ \xi = \dfrac{2\delta}{\delta - 4}\dfrac{h_1}{h_m} + \dfrac{4 + \delta}{4 - \delta} & \dfrac{h_1}{h_m} > \dfrac{1}{6}(\delta + 2) \end{cases} \tag{P-21}$$

其中：

$$\delta = \frac{H_0}{H_0 + 0.1M_0} \lg \frac{m_2}{m_1} \tag{P-22}$$

该公式为回归公式，使用该公式约定：H_0 单位为 kN；M_0 单位为 kN·m。经偏差分析，采用本规范的计算方法，在常见各种工况下的计算精度较原规范方法有了显著的提高。

4 关于三层土的换算公式

对于当 h_m 内存在三层不同的土时，原规范给出了以下换算公式：

$$m=\frac{m_1h_1^2+m_2(2h_1+h_2)h_2+m_3(2h_1+2h_2+h_3)h_3}{h_m^2} \tag{P-23}$$

但是,实际工程中,$h_m=2(d+1)$m 多小于 6m,在局部冲刷线以下 6m 范围内很少存在 3 种以上土层,因此该公式实际使用很少。因此本规范不再推荐 3 层土的换算公式。如果在工程中遇到 h_m 内存在三层不同土的情况,可视土质情况将上两层或下两层当作一种土层计算。

5 算例:原规范方法和现规范对比

某圆截面桩桩径 $d=1$m,地面处水平荷载 150kN,弯矩 $M_0=0$,桩身混凝土弹性模量 $E_c=3.237\times10^7$kN/m²。地基土表层为流塑状,回填土厚 2m,$m_1=3\ 000$kN/m⁴,其下为硬塑状黏性土,$m_2=20\ 000$kN/m⁴,如图 P-3 所示:

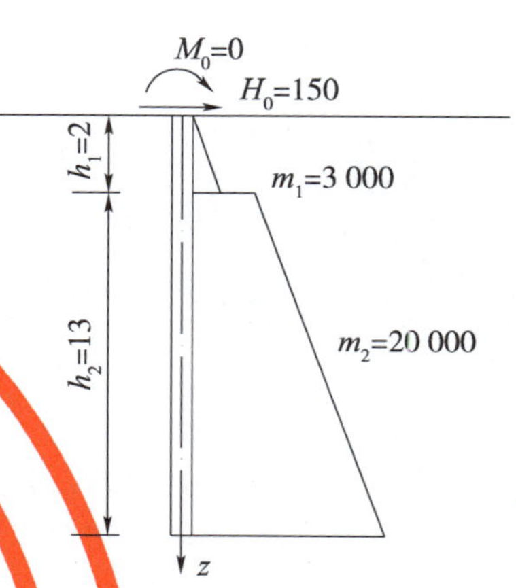

图 P-3 计算实例示意图

根据现规范方法计算,可得:$h_m=4$m,$h_1/h_m=0.5$,$\delta=0.824$,由式(P-19)得 $\gamma=0.687\ 5$,$m=8\ 312.5$kN/m⁴。将此 m 值按单层地基计算可得桩顶位移 $x_0=4.44$mm,桩身最大弯矩 $M'_{max}=270.21$kN·m;由式(P-21)得:$\xi=1.259$,再由式(P-20)得:$M_{max}=\xi M_{zmax}=340.31$kN·m。以幂级数法、原规范法、现规范法计算桩身挠曲曲线和桩身弯矩如表 P-1 和图 P-4、图 P-5 所示。可见,现规范法较原规范有较大的改进。

表 P-1 最大弯矩 M_{max} 及桩顶位移 x_0 比较表

项目	幂级数解	原规范解		现规范解	
		结果	误差	结果	误差
x_0(mm)	4.35	3.02	−31.05%	4.44	2.01%
M_{max}(kN·m)	335.49	238.95	−28.78%	340.31	1.44%

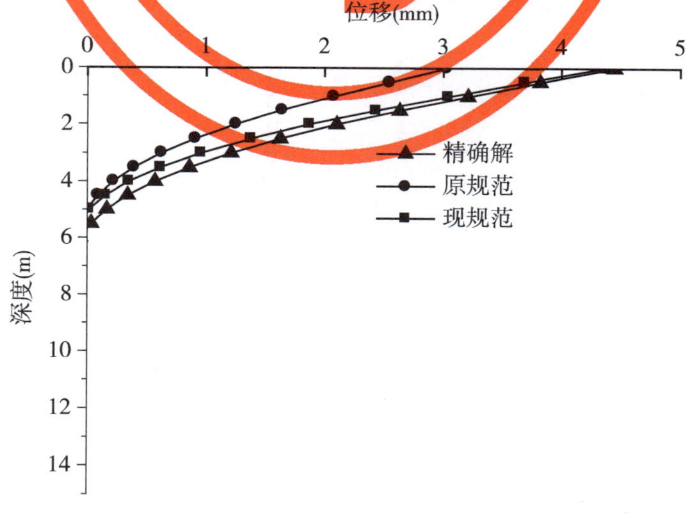

图 P-4 位移曲线

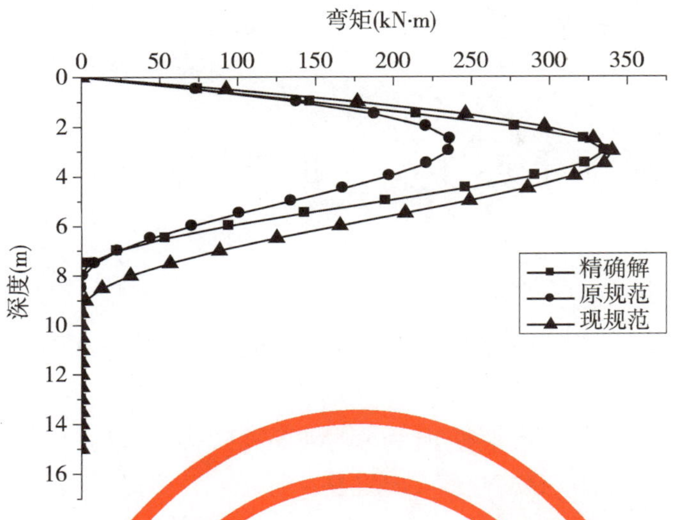

图 P-5　弯矩曲线

P.0.6、P.0.7　说明如下:

1　表 P.0.6 和表 P.0.7 适用于对称布置的高桩承台竖直桩,其中表 P.0.6 适用于桩身无土侧压力,表 P.0.7 适用于桩身有土侧压力。表 P.0.7 中土侧压力仅外排桩承受,其余各排因有外排桩遮挡,不考虑承受土侧压力;如为梅花形布置桩,未被前面遮挡的桩应计入土侧压力(图 P.0.7)。

2　不对称布置的高桩承台竖直桩,可根据表 P.0.6 和表 P.0.7 的说明,分别按其第 2 款第 1)项和第 2)项计算。桩身无土侧压力时,可按公式(P.0.6-1)计算求解,桩身有土侧压力时,可按公式(P.0.7-1)计算求解。

3　当地面或最低冲刷线位于承台底以上时,即承台埋入土的低桩承台,应将承台周围的土视作弹性介质,按表 P.0.6 和表 P.0.7 的说明第 2 款第 3)项计算。此时,由于承台已埋入土中,不考虑桩身承受土侧压力。

附录 S　直线形地下连续墙支护结构计算

S.0.1　当采用弹性地基梁法计算地下连续墙土压力、内力和变形时,按下列步骤进行迭代计算:

1　初始状态假设墙体的水平变形为 0,按公式(7.2.11-1)计算墙两侧水平土压力强度。

2　计算墙体的水平变形。

3　用求得的墙体水平变形再按公式(7.2.11-1)计算墙两侧水平土压力强度。

4　用新求得的墙两侧水平土压力强度,再按上述步骤计算结构内力和变形。

5　重复第 3 项和第 4 项的步骤进行计算,直至相邻两次计算变形的差值足够小时为止。

附录T 圆形地下连续墙支护结构计算

T.0.2 一道环梁或内衬的有效截面面积 A_z,为设计截面面积考虑施工偏差导致截面削弱后的平面有效“真圆环”截面面积。截面削弱主要指环梁或内衬的水平圆环宽度的折减。影响因素主要包括:由多段直线形槽段组成的“多边形”地下连续墙导致环梁或内衬水平圆环外边理论“真圆”的折减、地下连续墙槽段竖直度施工误差引起墙段间错台导致环梁或内衬水平圆环外边线的偏移、环梁或内衬自身的平面施工误差导致理论“真圆”的折减。

T.0.3 地下连续墙墙体有效厚度 d,为设计厚度考虑施工偏差后的平面有效“真圆环”厚度。影响因素主要包括:由多段直线形槽段组成的“多边形”地下连续墙导致理论“真圆”墙体厚度的折减、槽段竖直度施工误差引起墙段间错台导致墙体厚度的折减。

公式(T.0.3)中的修正系数 α 主要考虑墙段间存在的泥皮对圆形地下连续墙墙体环向受压刚度的削弱。槽段混凝土是分期浇注的,由于采用泥浆护壁,二期槽段浇注时,在一、二期墙段间必然存在一定厚度的泥皮。基坑开挖时,外侧水土压力作用导致墙体环向受压,泥皮在压力作用下产生变形,从而削弱了墙体的环向刚度。圆形地下连续墙直径越大、槽段接头数越多、泥皮厚度越大,则削弱程度越大。削弱程度的取值,与施工单位的技术水平、经验密切相关,应根据工程具体情况研究采用。武汉阳逻大桥南锚碇基础圆形地下连续墙支护结构受力计算中,采用了法国基础公司根据其多年经验提供的建议方法对 α 值进行了计算,算得 α 为0.417。根据信息化施工监测结果,墙体受力及变形状态与计算结果非常吻合。武汉阳逻大桥南锚碇基础圆形地下连续墙支护结构外径达73m,墙厚1.5m,最大墙深约61m,最大开挖深度约45m,已达相当规模,因此本条取用 α 低限值为0.4,应能包括一般情形下的圆形地下连续墙支护结构。α 高限值取0.7主要参考了《港口工程地下连续墙结构设计与施工规程》(JTJ 303)。